庆祝改革开放 40 周年丛书

外资助推工业化之路

——40 年改革开放大潮下的中国利用外资

商务部国际贸易经济合作研究院　编

执行主编　马　宇

中国商务出版社
CHINA COMMERCE AND TRADE PRESS

图书在版编目（CIP）数据

外资助推工业化之路：40年改革开放大潮下的中国利用外资／商务部国际贸易经济合作研究院编 . -- 北京：中国商务出版社，2018.11（2019.5 重印）

（庆祝改革开放 40 周年丛书）

ISBN 978-7-5103-2605-9

Ⅰ . ①外… Ⅱ . ①商… Ⅲ . ①外资利用–研究–中国
Ⅳ① F832.6

中国版本图书馆 CIP 数据核字 (2018) 第 199731 号

庆祝改革开放 40 周年丛书

外资助推工业化之路 ——40 年改革开放大潮下的中国利用外资
WAIZI ZHUTUI GONGYEHUA ZHILU

商务部国际贸易经济合作研究院　编

执行主编　马　宇

出　　版：中国商务出版社
地　　址：北京市东城区安定门外大街东后巷 28 号　　邮编：100710
责任部门：国际经济与贸易事业部（010-64269744　gjjm@cctpress.com）
责任编辑：魏红

总 发 行：中国商务出版社发行部（010-64266119　64515150）
网　　址：http://www.cctpress.com
邮　　箱：cctp@cctpress.com

印　　刷：廊坊市蓝海德彩印有限公司
开　　本：787 毫米 ×1092 毫米　1/16
印　　张：21.25　　　　　　　字　　数：284 千字
版　　次：2018 年 11 月第 1 版　　印　　次：2019 年 5 月第 2 次印刷
书　　号：ISBN 978-7-5103-2605-9
定　　价：60.00 元

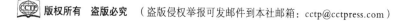

总　序

2018 年是中国改革开放 40 周年，也是商务部国际贸易经济合作研究院（以下简称研究院）建院 70 周年。改革开放 40 年，是中国和世界共同发展进步的 40 年，是中国特色社会主义理论体系得以创立的 40 年，是中国特色社会主义道路得以开辟的 40 年，是科学的指导思想在中国得以形成和中国小康社会得以发展的 40 年。

在这 40 年中，研究院秉承"为政府决策服务、为地方经济服务、为企业发展服务"的宗旨，锐意进取，开拓创新，为政府决策和社会大众提供了许多既有战略性和学术性又有实用性和可读性的研究成果。进入新时代，作为国家高端智库之一，研究院不仅继续肩负着服务商务中心工作的重担，更承担着服务党中央、国务院决策的重大使命。

为宣传中国改革开放 40 年的伟大成就，研究院决定编纂出版庆祝改革开放 40 周年丛书。本丛书包括：《迈向贸易强国之路——40 年改革开放大潮下的中国对外贸易》《外资助推工业化之路——40 年改革开放大潮下的中国利用外资》《"走出去"全球拓展之路——40 年改革开放大潮下的中国对外投资与国际经济技术合作》《国际发展合作之路——40 年改革开放大潮下的中国对外援助》《参与全球经济治理之路——40 年改革开放大潮下的中国融入多边贸易体系》《迈向流通强国之路——40 年改革开放大潮下的中国流通》《消费发展升级之路——40 年改革开放大潮下的中国消费》。丛书凝聚了研究院科研人员的心血，是研究院对中国改革开放 40 年伟大成就的致敬和献礼！

当前，国际形势波谲云诡，世界经济和国际贸易环境正处于大变革时期，中国的改革开放也进入了新时代。面对复杂多变的外部环境和新时代国内经济快速发展所带来的问题，我们必须深入研究并提出切实可行的应对之策，这是时代赋予我们的使命。

今天，我们为研究院 70 年辉煌历史和不平凡的贡献而自豪！未来，我们将不忘初心，砥砺前行，为崭新的时代奉献我们的智慧和力量，谱写研究院历史的新篇章！

商务部国际贸易经济合作研究院院长　顾学明

2018 年 11 月

前　言

利用外资是我国对外开放基本国策的重要内容。习近平总书记多次强调，中国利用外资的政策不会变，对外商投资企业合法权益的保护不会变，为各国在华投资企业提供更好服务的方向不会变。李克强总理也指出，中国要成为外商投资的乐土。

截至 2017 年底，我国非金融类领域累计吸收外国投资达 1.9 万亿美元，2017 年当年达到 1360 亿美元。1992 年以来，我国吸收外商投资金额一直位列发展中国家首位，在全球也名列前茅。利用外资推动了我国的改革开放，推动了思想观念更新、政府职能转变和宏观经济管理制度的改革，为建立开放型经济新体制发挥了重要作用；外资经济在我国市场经济中占据了重要地位，为我国税收、就业做出了重要贡献；利用外资带动了我国对外贸易的快速发展，促进了技术引进和技术创新，推动人员交流和人才引进，带来了先进的管理经验，促进了中国经济转型升级。

近年来，我国外商投资环境持续优化。党中央、国务院高度重视利用外资工作，做出一系列重大部署，彰显了中国坚持对外开放、积极利用外资的坚强决心。国务院先后印发了三份重要文件，推出多项扩大开放、优化环境措施。各部门和各地方加大工作力度，出台配套政策细则，确保放宽准入、财税支持、权益保护等具体措施落实到位，积极营造优良的营商环境，优化招商引资方式，提升服务质量和水平，有效提振了外国投资者信心，投资规模稳定增长，质量和水平稳步提升。外商投资企业占全国企业数不足 3%，但贡献了近一半的对外贸易、1/4 的规模以上工业企业利润、1/5 的税收收入，为促进国内实体经济发展、推进供给侧结构性改革发挥了重要作用。

改革开放 40 年之际，我国政府多次重申，中国将继续全面深化改革、进一步扩大开放。积极吸收外资，是当前以及今后构建开放型经济新体制、圆满完成两个百年目标不可或缺的重要组成部分。可以相信，中国今后会为外商投资提供更多投资机会、更好投资环境、更高投资回报；同时，外商投资也会为中国经济社会高质量发展做出更多贡献。

本书由马宇任主编，设计全书框架，对全书进行统稿。具体撰稿分工如下：第一部分历程篇，聂平香负责第一章、第二章，李洪涛负责第三章、第四章；第二部分宏观篇，张菲负责第五章、第七章，郝红梅负责第六章，孙宇负责第八章，张彩云负责第九章，林志刚负责第十章；第三部分区域篇，聂平香、张彩云负责协调；第四部分开发区篇，聂平香、张彩云负责协调；第五部分企业篇，聂平香、孙宇负责协调。

作者

2018 年 9 月

目　录

第五部分 企业篇 275

表目录

图目录

第三部分

第四部分

第五部分

第一部分 **历程篇**

第一章 利用外资起步阶段(1979—1991年)

1978年12月18日，党的十一届三中全会召开，决定把全党和全国的工作重点转移到经济建设上来，制定了以经济建设为中心、坚持四项基本原则、坚持改革开放的基本路线，并将对外开放确定为我国的一项基本国策。在党的基本路线指引下，我国破除了"一无外债，二无内债"思想的束缚，开始积极有效利用国外资金加速现代化建设，拉开了我国利用外商直接投资的历程。

第一节 我国利用外资理论的形成

利用外资源于思想观念的突破。随着利用外资实践的发展，我国利用外资的理论认识逐步形成并不断深化。作为我国改革开放的总设计师，邓小平坚持解放思想，实事求是，积极探索，逐步形成了具有中国特色的利用外资理论。

一、对外开放利用外资的前提是坚持社会主义道路

对外开放利用外资的必要性和紧迫性。在深刻反思中国近现代史和当代史以及基于当时世界政治经济发展环境的基础上，邓小平得出了一

个基本结论："当今世界是开放的世界。中国在西方国家产业革命以后变得落后了，一个重要的原因就是闭关自守。建国以后，人家封锁我们，在某种程度上我们也还是闭关自守，这给我们带来了一些困难。三十几年的经验是，关门来搞建设是不行的，发展不起来。"① "经验证明，关起门来搞建设是不能成功的，中国的发展离不开世界……需要对外开放，吸收外国的资金和技术来帮助我们发展。"② "要尊重社会经济发展规律，搞两个开放，一个对外开放，一个对内开放。对外开放具有重要意义，任何一个国家要发展，孤立起来，闭关自守是不可能的，不加强国家交往，不引进发达国家的先进经验、先进科学和资金，是不可能的。"③邓小平立足于世界开放形势和我国经济发展的历史经验教训，论证了我国对外开放利用外资的必要性和紧迫性。

对外开放利用外资具有可行性。由于发达资本主义国家在世界经济中占据垄断地位和优势地位，我国作为发展中国家处于劣势和不利地位，因此在积极参与国际经济交往中，要寻找自己的比较优势和长处，在充分利用国际优势资源的同时，充分发挥本国的优势资源，实现资源互补。一是我国有市场的优势。"中国是一个大的市场，许多国家都想同我们搞点合作，做点买卖，我们要很好利用。这是一个战略问题。"④二是我国有劳动力优势。早在1979年我国刚刚开始利用外资，邓小平就提道："我们的劳动力比较便宜，有这个优越条件。但是，特别吃亏的我们不干。"⑤三是资源优势。"外国人为什么要来，他们判断，中国确实有偿付能力。我们有稀有金属，有各种矿藏，有油水。如果没有偿付能力，他不会干的。"⑥ "现在搞经济建设，门路要多一点，可以利用国外的

---

① 《邓小平文选》第 2 卷，人民出版社，1994 年第 2 版，第 64 页。
② 《邓小平文选》第 2 卷，人民出版社，1994 年第 2 版，第 78 页。
③ 《邓小平文选》第 3 卷，人民出版社，1993 年第 1 版，第 117 页。
④ 《邓小平文选》第 3 卷，人民出版社，1993 年第 1 版，第 32 页。
⑤ 《邓小平文选》第 2 卷，人民出版社，1993 年第 1 版，第 199 页。
⑥ 《邓小平文选》第 2 卷，人民出版社，1994 年第 2 版，第 199 页。

资金和技术，华侨、华裔也可以回来办工厂。吸收外资可以采取补偿贸易的方法，也可以搞合营，先选择资金周转快的行业做起。"①

对外开放利用外资的前提是要坚持社会主义道路。中国的对外开放是在坚持社会主义道路前提下进行的，而绝不是要改变社会主义制度。经济上的对外开放是要服从于社会主义现代化建设的总体目标，绝不是另搞一套。邓小平指出，在资本主义制度下所发展的科学和技术，所积累的各种有益的知识和经验，都是我们必须继承和学习的。我们要有计划、有选择地引进资本主义国家先进的技术和对我们有益的东西。技术问题是科学，生产管理是科学，在任何社会，对任何国家都是有用的。我们学习先进的技术、先进的科学、先进的管理为社会主义服务，而这些东西本身并没有阶级性。

二、利用外资能够加速社会主义现代化建设

利用外资的目的是发展社会主义生产力。邓小平多次强调，社会主义的本质是解放生产力，发展生产力。坚持社会主义的发展方向，就是要肯定社会主义的根本任务是发展生产力。实行改革开放政策，是发展社会主义生产力，壮大和发展社会主义经济的必由之路。利用外资正是为了有效补充和更快发展社会主义社会的生产力，使得社会主义公有制经济的实力得以增强，赢得社会主义和资本主义相比较的优势。②他明确指出："搞社会，中心任务是发展社会生产力。一切有利于发展生产力的办法，包括利用外资和引进先进技术，我们都采用。"③

利用外资是社会主义经济建设的有益补充。在分析利用外资可能带来的积极和消极影响时，邓小平进一步明确指出，我们学习外国的技术、

---

① 《邓小平文选》第2卷，人民出版社，1994年第2版，第156页。
② 李岚清《中国利用外资基础知识》，中共中央党校出版社、中国对外经济贸易出版社，1995年，第21页。
③ 《邓小平文选》第3卷，人民出版社，1993年第1版，第130页。

利用外资，只是社会主义建设的有益补充，而不是要离开社会主义道路。"我们欢迎外资，也欢迎国外先进技术，管理也是一种技术。这些会不会冲击我们的社会主义制度呢？我看不会的。因为我国是以社会主义为主体的，社会主义的经济基础很大，吸收几百亿、上千亿外资，冲击不了这个基础。吸收外国资金肯定可以作为我们社会主义建设的重要补充，今天看来可以说是不可缺少的补充。"[1]"无论怎么样开放，公有制经济始终还是占主体。同外国人合资经营，也有一半是社会主义的。合资经营的实际收益，大半是我们拿过来了。"[2]"一个三资企业办起来，工人可以拿到工资，国家可以得到税收，合资合作的企业收入还有一部分归社会主义所有。更重要的是，从这些企业中，我们可以学到一些好的管理经验和先进技术，用于发展社会主义经济。"[3]

三、正确处理利用外资与自力更生的关系

自力更生是基本立足点。自力更生为主，被邓小平称为"中国的经验第一条"。[4]自力更生为主是我国社会主义革命和建设一贯坚持的指导方针。在我国进入社会主义现代化建设新时期之际，邓小平重申了这一原则。他指出："独立自主，自力更生，无论过去、现在和将来，都是我们的立足点。"[5]

自力更生并不排斥对外开放利用外资。在利用外资和自力更生的关系上，邓小平始终倡导以自己为主，吸收别人的科技成果、管理经验和资金，来增强我们自己的自力更生能力，决不能把自力更生理解为自我孤立、封闭起来，拒绝国际经济合作与交流。邓小平明确指出："像中

---

① 《邓小平文选》第 3 卷，人民出版社，1993 年第 1 版，第 65 页。

② 《邓小平文选》第 3 卷，人民出版社，1993 年第 1 版，第 91 页。

③ 《邓小平文选》第 3 卷，人民出版社，1993 年第 1 版，第 139 页。

④ 《邓小平文选》第 2 卷，人民出版社，1993 年第 1 版，第 406 页。

⑤ 《邓小平文选》第 3 卷，人民出版社，1993 年第 1 版，第 3 页。

国这样大的国家搞建设，不靠自己不行，主要靠自己，这叫自力更生。但是在坚持自力更生的同时，还需对外开放，吸收外国的资金和技术来帮助我们发展。"①

四、利用外资应遵循平等互利的原则

平等互利是我国对外开放利用外资一贯坚持的一个基本原则。平等互利，作为我国对外开放一个基本原则，首先是主权独立原则的体现。作为一个独立的主权国家，在对外经济交流活动中，以平等的地位参与并获得自己应有的利益，是我国始终不渝地坚持的一个原则。邓小平指出："中国人民珍惜同其他国家和人民的友谊和合作，更加珍惜自己经过长期奋斗而得来的独立自主权利。任何外国不要指望中国做它们的附庸，不要指望中国会吞下损害我国利益的苦果。我们坚定不移实行对外开放政策，在平等互利的基础上积极扩大对外交流。"②

在利用外资方面平等互利表现为互相"利用"。一方面，我国作为参与国际资本流动的一方，吸收和利用外国资金，并通过利用外资获得技术、管理、信息、市场、税收、就业等方面的利用，从而加速现代化建设；另一方面，外资也要"利用"我们，我们也会对国际经济有贡献。必须接受外国资本追逐剩余价值的这一本质特征，为此在吸收外资时就要允许外资能够有利可图。邓小平指出："人家来做生意，就是要赚钱，我们应该使得他们比到别的地方投资得利得多,这样才有竞争力。"③"一方面我们取得了国家的特别是发达国家的资金和技术，反过来，中国对国际的经济也会做出较多的贡献。"④

---

①《邓小平文选》第 3 卷，人民出版社，1993 年第 1 版，第 79 页。

②《邓小平文选》第 3 卷，人民出版社，1993 年第 1 版，第 3 页。

③《邓小平文选》第 2 卷，人民出版社，1994 年第 2 版，第 199 页。

④《邓小平文选》第 3 卷，人民出版社，1993 年第 1 版，第 79 页。

五、对外开放利用外资具有长期性

对外开放利用外资是一项长期的基本国策。对外开放吸收外资是以邓小平为代表的党中央领导集体面对国际形势的变化，结合中国国内的实际情况，借鉴国外的发展经验，经过深思熟虑而提出的战略性决策，绝非权宜之策，是一项长期的、坚定不移的基本国策。在十一届三中全会上，党中央明确提出要努力采用世界先进技术和先进设备，从而确立了吸收外资的基本政策。1979 年，邓小平在中共省、市、自治区委员会第一书记座谈会上再次强调，"利用外资是一个很大的政策，我认为应该坚持。"[①]

绝不因国际风云变幻而改变对外开放利用外资基本国策。面对国内外形势的变化，不少人对中国对外开放利用外资抱有怀疑，邓小平不断强调中国改革开放政策的稳定和持续性。他指出："我国的对外开放、吸收外资的政策是一项长期持久的政策……本世纪内不能变，下个世纪的前 50 年也不能变。50 年以后又怎么样？那时，中国同外国的经济将更加紧密地联系起来，千丝万缕的联系怎么能断得了呢？"[②]在 1992 年的南方谈话中，他再次指出，"要坚持党的十一届三中全会以来的路线、方针、政策，关键是坚持'一个中心、两个基本点'。不坚持社会主义，不改革开放，不发展经济，不改善人民生活，只能是死路一条。基本路线要管一百年，动摇不得。"[③]邓小平在吸收外资政策上所表明的一贯的、坚定的态度，为中国吸收外资事业的稳步推进起到了积极的作用。

---

①《邓小平文选》第 2 卷，人民出版社，1994 年第 2 版，第 198 页。

②《邓小平会见香港核电投资有限公司代表团》，人民日报，1985 年 1 月 20 日。

③《邓小平文选》第 3 卷，人民出版社，1993 年第 1 版，第 370-371 页。

第二节　外商投资从沿海开放突破

我国地域辽阔，东西南北差异性较大。改革开放以前长期实行计划经济，大规模的对外经济贸易交流较少。改革开放之初，很多人对于打开国门引进发达资本主义国家的资金、技术和管理心存疑虑。我国采取了由点到面开放布局，外资从经济特区扩展到所有沿海省（市、自治区），从珠三角扩展到长三角、环渤海地区，在沿海地区实施了外向型经济发展战略，极大地促进了我国利用外商投资的力度。

一、建立经济特区

我国的对外开放利用外资是从经济特区起步的。1978 年 12 月 13 日，邓小平在《解放思想，实事求是，团结一致向前看》中强调："在全国的统一方案拿出来之前，可以先从局部做起，从一个地区、一个行业做起，逐步推开。"[①]创办经济特区，利用外资是其主要任务，在对外开放方面"杀出一条血路来"。1979 年，中央批准在广东省、福建省实行特殊政策和灵活措施。为了使两省能充分发挥毗邻港澳地区和侨胞、台胞较多的优势，积极扩大出口，借鉴一些国家和地区举办出口加工区或自由贸易园区的经验，决定在深圳、珠海、汕头和厦门举办 4 个出口特区。1980 年 8 月，全国人大常委会批准了国务院有关举办经济特区的议案。1988 年 4 月，七届全国人大一次会议通过《关于建立海南经济特区的决议》，海南省成为我国最大的经济特区。

（一）经济特区的主要政策

社会主义国家举办经济特区，是一项开创性的开放实践。经济特区

---

① 《邓小平文选》第 2 卷，人民出版社，1994 年第 2 版，第 150 页。

是我国完全行使主权管辖的行政区域，在政治上坚持四项基本原则，思想文化上坚持社会主义精神文明建设；但在经济活动中实行特殊政策，在经济管理上实行特殊的管理体制。1981年，党中央和国务院批了《广东、福建两省和经济特区工作会议纪要》，肯定了广东、福建两省在对外经济活动中实行特殊政策、灵活措施和试办经济特区。同年11月，全国人大常委会通过了《关于授权广东省、福建省人大及其常委会制定所属经济特区的各项单行经济法规的决议》，经济特区特殊政策和灵活措施逐步形成。主要有：

所有制是以社会主义公有制为主导的多种经济成分并存的结构，外商投资企业所占经济比重（特别是工业方面）可以大于内地。

经济特区具有立法权。根据全国人大的授权，经济特区作为一级地方行政区划，可以根据具体情况和实际需求，制定各项单行经济法规，在经济特区范围内实施。

经济特区鼓励外商投资。特区鼓励外国公民、华侨、港澳同胞及其公司、企业（简称客商）投资设厂或者与中方合资设厂，兴办企业和其他事业，并依法保护其资产、应得利润和其他合法权益。同时向到特区投资的外商提供优惠政策，包括企业所得税减按15%征收，对进出特区的客商和境外人员简化手续、给予方便等。

对特区政府授予相当于省级的经济管理权限。属于中央统一管理外事、边防、公安、海关、金融、港口、铁路、邮电等方面的业务，由国务院主管部门结合特区实际情况，制定专项管理办法。

在国家宏观经济指导下，经济运行主要采取市场调节手段，充分发挥市场机制的作用。允许经济特区体制率先进行改革。一是土地使用制度改革，外商可以依法有偿获得土地使用权，发给土地使用证书。二是劳动用工制度改革。特区企业职工一律实行合同制，企业有偿自行招聘、试用和解雇，工资分为基本工资和浮动工资两部分。三是计划体制改革。特区企业生产经营主要由市场来调节。四是外贸体制改革。对外贸易在国家统一政策指导下，由特区企业自主经营，可以接受内地省、市、自治区委托，代理其进出口业务。五是外汇管理改革。特区企业可以保留一部分自有外汇，特区市场需要的国内出口商品可以由特区企业向国内订货，以外汇结算。六是基本建设管理改革。引进招标、投标制度，自行筹措一定建设资金，等等。

国家对特区建设实行政策倾斜，给予支持。如增加银行信贷资金规模，放宽特区贷款和借用外债的限制，财政收支实行包干制，在一定年限内财政收入不上缴，用于特区建设，允许特区设立银行、保险公司等金融机构，等等。

（二）经济特区发挥了窗口和示范效应

在邓小平倡导的实事求是和"大胆地试，大胆地创"的精神鼓励下，特区按照"新事新办，特事特办，立场不变，方法全新"的原则，借鉴国际上通行的招商引资做法，利用毗邻港澳和华侨较多优势，积极引进港资和华侨投入基础设施建设，发展出口加工，使特区在短时间内集聚起人气、资金、先进技术和设备。特区经济快速发展，城市面貌焕然一新。先进的企业经验管理被引进，旧的经济体制和思维方式被冲破。特区作为我国改革开放的排头兵，以其令人耳目一新的管理体制、发展道路、发展速度和发展成就，发挥了全国改革开放和现代化建设的窗口和示范作用。1984年，邓小平视察深圳、珠海、厦门三个特区后，在谈到特区的作用时指出："特区是个窗口，是技术的窗口，管理的窗口，知识的窗口，也是对外政策的窗口"。[1]

二、推进沿海城市开放

在经济特区对外开放利用外资取得巨大成功之后，国家将相关经验及政策措施首先推广至沿海地区及其相应的经济技术开发区。

---

[1]《邓小平文选》第3卷，人民出版社，1993年第1版，第51页。

（一）沿海实行外向型经济发展战略

改革开放初期几年，我国吸收外资刚刚起步，缺乏经验，立法还很不完善，外商来华投资顾虑也较多，吸收外资外商投资数量不多。1983年，国务院召开第一次全国利用外资工作会议，总结了对外开放以来利用外资的初步经验，统一了认识，进一步放宽了吸收外商投资的政策。1984年2月，邓小平视察了深圳、珠海、厦门3个经济特区，指出："深圳的发展和经验证明，我们建立经济特区的政策是正确的。""除现在特区，可以考虑再开放几个点，增加几个港口城市。"随后，党中央和国务院召开了沿海部分城市座谈会，根据邓小平的建议，在总结前5年对外开放经验的基础上，1984年4月，决定进一步开放沿海的天津、上海、大连、秦皇岛、烟台、青岛、连云港、南通、宁波、温州、福州、广州、湛江和北海14个港口工业城市。为了扶持这些城市充分发挥原有的工业技术基础、港口运输、科教事业等方面的优势，增强国际经济技术联系，放宽这些城市开展对外经济合作的权限，给予中外合资、中外经营和外商独资企业以优惠待遇，在这些城市兴办经济技术开发区，大力发展加工出口产业。邓小平指出："沿海地区要加快对外开放，使这个拥有两亿人口的广大地带较快地先发展起来，从而带动内地更好地发展，这是一个事关大局的问题。"

1985年2月，党中央、国务院又将长江三角洲、珠江三角洲和闽南厦漳泉三角地区的51个市、县开辟为沿海经济开放区，实行沿海开放城市政策。1988年党中央、国务院决定将沿海经济开放区扩展到北方沿海的辽东半岛和胶东半岛以及其他沿海地区的一些市、县。1988年海南全省成为经济特区。这样，我国所有的沿海省（市、自治区）全都成为开放地区，形成沿海开放带。党和政府根据国际产业结构调整、劳动密集型生产和投资转移的新情况，要求沿海地区实行发展外向型经济的战略，即以拓展出口贸易为导向，带动产业结构的调整和升级，积极参与国际商品交换，增加外汇收入；借助吸收外国的资金、先进技术和管理经验，优化生产要素，加速经济发展。为此，1988 年国务院制定了《关于沿海地区发展外向型经济的若干补充规定》，对扩大地方外经贸权限、采取中外合资或合作的方式改造老企业、发展"两头在外"的加工贸易、进一步搞活外汇调剂、建立出口风险基金、加强发展外向型经济的运输保障、组织好科技支持等都做了明确规定。1990 年，国家决定开发和开放上海浦东新区，推动上海建设成为国际性经济、贸易、金融、航运中心，带动长三角乃至整个长江流域的经济起飞。整个沿海地区的开放和沿海发展战略的实施，打破了原有计划经济的束缚，有力促进了我国沿海地区转入由外向型经济带动的快速发展时期。

（二）设立经济技术开发区

在经济特区对外开放利用外资取得巨大成功之后，1984 年和 1985年，国家先后批准在大连、秦皇岛、天津、烟台、青岛、连云港、南通、宁波、福州、广州和湛江 11 个沿海城市设立经济技术开放区，1986 年和 1988 年又批准在上海的闵行、虹桥和漕河泾建立 3 个开发区。为了应对世界新科技革命的挑战，加速我国高新技术产业的发展，1988 年国家批准建立了北京新技术产业开发试验区，后来为了推动各地高新技术产业发展的需要，国务院于 1991 年和 1992 年又先后批准在智力资源相对集中的大中城市建立 51 家高新技术产业开发区。

经济技术开发区实行的主要政策有：

1. 实行管理委员会制度

与经济特区不同，经济技术开发区不设地方政府，而是设置开发区管理委员会，作为所在城市政府的派出机构对开发区进行管理。

2. 大力鼓励引进外资发展现代制造业和出口企业

1984 年，在党中央和国务院批准转发的《沿海部分城市座谈会纪要》中就明确提出，经济技术开发区要大力引进我国急需的先进技术，集中兴办中外合资、合作、外商独资企业和中外合作的科研机构，发展合作生产、合作研究设计，开发新技术，研制高档产品，增加出口收汇，向内地提供新型材料和关键零部件，传播新工艺、新技术和科学的管理经验，有的经济技术开发区还要发展为国家转口贸易的基地。

3. 实行类似于经济特区的优惠政策

包括对在开发区设立的生产型企业，同样按 15% 的税率征收企业所得税；进口自用的机器设备、零配件、原材料、运输工具和其他生产资料，免征进口税；国家对开发区土地使用、基础设施建设、项目审批、融资、财政税收等给予一定的支持和政策倾斜等。

第三节　外资法律法规及政策体系构建

早在 1979 年，改革开放总设计师邓小平在谈到怎样利用外资的问题上明确提出我们现在有条件利用外资：一是我国有偿付能力，"外国人为什么要来，他们判断，中国确实有偿付能力。我们有稀有金属，有各种矿藏，有油水。如果没有偿付能力，他不会干"。二是我国有政策优势。三是我国有劳动力优势，"我们的劳动力比较便宜，有这个优越条件"。[1]因此，这一时期，我国主要是充分利用资源和劳动力优势，构建外商投资政策法律体系，出台外商投资优惠政策，更好地引导外资进入。

一、外商投资法规和政策逐步形成

（一）出台外商投资基本法律法规

1979 年我国出台了第一部外商投资法律《中华人民共和国中外合资经营企业法》，标志着我国外商投资立法的开始。1980 年又先后出台了《中华人民共和国中外合资经营企业所得税法》《中华人民共和国

---

①《邓小平文选》第 2 卷，人民出版社，1994 年第 2 版，第 199 页。

外汇管理暂行条例》以及《中华人民共和国中外合资经营企业登记管理办法》，从根本上确立了外商投资企业在我国的法律地位，为外商企业来华投资提供了法律保障。1983年，国务院又发布了《中华人民共和国中外合资经营企业法实施条例》，对合资企业申请设立、经营管理等进行了明确规定。1986年，国务院出台了《中华人民共和国外资企业法》，1988年出台了《中华人民共和国中外合作经营企业法》。此后我国还相继出台了外资法律的实施细则和配套法规，为外商投资企业营造良好的法律环境。

（二）加大对外商投资的政策引导

为了更好地吸收外商投资，我国在外商投资三部基本法律出台的基础上制定外商投资优惠政策法规，从区域和产业方面强化对外商投资的引导，最突出的是对外商投资企业的税收优惠。1980年8月我国出台了《广东省经济特区条例》，1980年9月出台了《中华人民共和国中外合资经营企业所得税法》以及《中外合资经营企业所得税法实施细则》，1981年12月和1982年2月又分别出台了《中华人民共和国外国企业所得税法》及《外国企业所得税法实施细则》。1984年11月，随着利用外资区域的不断扩大，国务院发布了《关于经济特区和沿海十四个港口城市减征、免征企业所得税和工商统一税的暂行规定》，直接对不同地区外商投资企业的税收优惠给予了规定：第一，经济特区的外商投资减按15%的税率征收所得税，其中经营十年以上的生产性企业，从开始获利年度起，第一年和第二年免征所得税，第三年到第五年减半征收所得税；经营十年以上的服务性行业且投资超过500万美元的，从开始获利年度起，第一年免征所得税，第二年和第三年减半征收所得税。第二，经济开发区生产性外商投资减按15%的税率征收所得税，经营十年以上的，从开始获利年度起，第一年和第二年免征所得税，第三年到第五年减半征收所得税。第三，沿海十四个港口城市的老市区和汕头、珠海、厦门市市区的外商投资企业生产性企业，凡属技术密集、知识密集型的项目，或者客商投资额在 3000 万美元以上、回收投资时间长的项目，或者属于能源、交通、港口建设的项目，经财政部批准，减按 15% 的税率征收企业所得税；属于机械制造、电子工业、冶金、化学、建材工业、轻工、纺织、包装、医疗器械、制药工业、农业、林业、牧业、养殖业以及这些行业的加工工业、建筑业减按 24% 征收所得税。1986 年 10 月，国务院发布了《关于鼓励外商投资的规定》，对于符合产品出口以及先进技术型的外商投资企业给予特别优惠，产品出口企业按照国家规定减免企业所得税期满后，凡当年企业出口产品产值达到当年企业产品产值 70% 以上的，可以按照现行税率减半缴纳企业所得税。经济特区和经济技术开发区的其他已经按 15% 的税率缴纳企业所得税的产品出口企业，符合前款条件的，减按 10% 的税率缴纳企业所得税。先进技术企业按照国家规定减免企业所得税期满后，可以延长三年减半缴纳企业所得税。1987 年，国家有关部门制定了指导吸收外资投资方向的有关规定。1991 年，国家公布《中华人民共和国外商投资企业和外国企业所得税法》，实现了外商投资企业所得税法的统一，外商投资企业的企业所得税统一为 30%，地方所得税税率为 3%。进一步明确规定，设在经济特区的外商投资企业、在经济特区设立机构、场所从事生产经营的外国企业和设在经济技术开发区的生产性外商投资企业，减按 15% 的税率征收企业所得税；设在沿海经济开放区和经济特区、经济技术开发区所在城市的老市区的生产性外商投资企业，减按 24% 的税率征收企业所得税；设在沿海经济开放区和经济特区、经济技术开发区所在城市的老市区或者设在国务院规定的其他地区的外商投资企业，属于能源、交通、港口、码头或者国家鼓励的其他项目的，可以减按 15% 的税率征收企业所得税，具体办法由国务院规定；对生产性外商投资企业，经营期在十年以上的，从开始获利的年度起，第一年和第二年免征企业所得税，第三年至第五年减半征收企业所得税。

二、利用外资初见成效

（一）规模明显扩大

尽管这一阶段，我国利用外商直接投资还处于试点和起步阶段，但实际利用外资规模已明显扩大，从 1983 年的 9.2 亿美元增长为 1991 年的 43.7 亿美元，年均增幅 22.6%。截至 1991 年底，我国累计引入的外商投资项目 42503 个，实际利用外资 250.6 亿美元（见表 1-1）。

表 1-1　1979—1991 年我国利用外商投资情况

单位：个，亿美元

年份	外商投资项目	实际利用外资金额
1979—1982	920	17.69
1983	638	9.16
1984	2166	14.19
1985	3073	19.56
1986	1498	22.44
1987	2233	23.14
1988	5945	31.94
1989	5779	33.93
1990	7273	34.87
1991	12978	43.66
累计	42503	250.58

资料来源：《中国商务年鉴 2013》。

（二）外商投资结构逐步完善

这一时期，从我国外商投资结构变化来看，有两个阶段：第一阶段是 1979—1986 年。我国吸收的外商投资主要来自港澳地区，以劳动密集型的加工项目和宾馆、服务设施等第三产业项目居多。而且我国兴办中外合资经营企业是从建设（合资）合作国际旅游饭店开始的。1979年，国务院发出《关于大力发展对外贸易，增加外汇收入若干问题的规定的通知》，要求各地、各部门要掌握有利时机和条件，在不长的时间内把对外贸易搞上去，把旅游搞上去，把一切能增加外汇收入的工作搞上去。随着外国游客的迅速增多，涉外饭店少、床位缺、住宿难是我国改革开放后遇到的第一个难题。邓小平多次指出："要解决旅游饭店，可以利用外资建饭店。"为此，国务院专门成立了侨资、外资建设旅游饭店领导小组。我国最早的三家合资企业都是和旅游服务相关，第一家是 1980 年 4 月 2 日中国民航北京管理局与香港中国航空食品公司合资成立的"北京航空食品公司"，外商投资总额 190.6 万美元，占比为 49%，主营业务是航空配餐。其次是 1980 年 4 月 21 日，中国国际旅行社北京分社分别和香港中美旅馆发展有限公司及美国伊沈建设发展有限公司成立的北京建国饭店和北京长城饭店，其外商投资总额分别为 862 万美元和 3528 万美元，外资股比都是 49%。随后，1980 年 7 月 2 日，中国国际旅行社总社和香港益和股份有限公司合资成立太阳宫饭店公司，外商投资 2940 万美元，占比 49%。

第二阶段是 1987—1991 年。随着我国外资政策的逐步完善，加大鼓励生产型企业的投资，吸收外商投资的结构也有了较大改善，生产性项目及产品出口企业大幅度增加，宾馆、旅游服务项目的比重大大降低，外商投资的区域和行业都有所扩大。中国台湾厂商的投资开始进入，并且迅速增加。

第二章　快速发展阶段（1992—2001 年）

　　从 20 世纪 80 年代中后期开始，我国对外开放出现徘徊，社会上出现了姓"资"姓"社"问题的争论。1992 年邓小平在南方谈话中深刻指出："改革开放迈不开步子，不敢闯，说来说去就是怕资本主义的东西多了，走了资本主义道路。要害是'姓资'还是'姓社'的问题。判断的标准，应该主要看是否有利于发展社会主义社会的生产力，是否有利于增强社会主义国家的综合实力，是否有利于提高人民的生活水平。"[①]"多搞点'三资'企业，不要怕。只要我们头脑清醒，就不怕。我们有优势，有国营大中型企业，有乡镇企业，更重要的是政权在我们手里。……因此，'三资'企业受到我国整个政治、经济条件的制约，是社会主义的有益补充，归根到底是有利于社会主义的。"[②]南方谈话明确了判断利用外资和三资企业"姓资"还是"姓社"的"三个有利于"标准，为我国进一步利用外资指引了方向，带动了外资蓬勃发展。党的十四大提出建立社会主义市场经济体制目标，为了不断建立并完善社会主义市场经济体制，十四大报告再次强调，必须大胆吸收和借鉴世界各国包括资本主义发达国家的一切反映现代社会化生产和商品经济一般规律的先进经营方式和管理方法。我国利用外资进入了快速发展的新阶段。

[①]《邓小平文选》第 3 卷，人民出版社 1993 年版，第 372 页。
[②]《邓小平文选》第 3 卷，人民出版社 1993 年版，第 372-373 页。

第一节　初步形成全面开放格局

1992 年邓小平南方谈话之后，我国对外开放出现新局面。对外开放步伐逐步由沿海向沿江及内陆和沿边城市延伸，国务院进一步开放了芜湖等 6 个沿江港口城市、黑河等 13 个内陆边境城市和合肥等 18 个内陆省会城市，初步形成了多层次、全方位的开放格局。

一、上海浦东新区开发开放

以上海浦东新区为龙头的长三角的开发开放成为我国新一轮开放的重点。1990 年 4 月，党中央、国务院宣布浦东开发开放，鼓励浦东新区和上海市在很多方面率先先行先试。20 世纪 90 年代上海浦东开发开放成为国家重大的发展战略，我国开发开放的重点逐渐从珠三角向长三角转移。1992 年 6 月芜湖等沿江港口城市的开放为长三角的开放开发提供了广阔的市场和辐射地。1992 年 10 月，国务院批复设立上海市浦东新区。1993 年 1 月上海浦东新区管理委员会成立，2000 年 8 月上海浦东新区人民政府成立。以上海浦东开发开放为龙头，进一步开放长江沿岸城市，尽快把上海建成国际经济、金融、贸易中心之一，带动长江三角洲和整个长江流域地区经济的新飞跃。

二、国家级经济技术开发区高速扩张

1992 年，国务院先后批准了海南杨浦、温州、昆山、福建融侨、营口、威海 6 个经济技术开发区，1993 年又批准了惠州大亚湾、宁波大榭、长春、哈尔滨、杭州、沈阳、芜湖、重庆、东山、萧山、广州南沙 11 个国家级开发区，1994 年批准了乌鲁木齐和北京两个经济技术开发区，为促进中西部区域发展，2000—2001 年，国务院又先后批准将长沙、成都、贵阳、合肥、昆明、西安、郑州、南昌、石河子、武汉、呼和浩特、西宁、南宁、太原、银川、拉萨 16 个国家级经济技术。截至 2001 年，算上 1984—1986 年国家首先设立的 14 个经济技术开发区，国家级经济开发区数量达到 49 个。

三、保税区快速发展

1990 年 6 月，在上海外高桥设立了我国的第一个保税区。1992 年以来，国务院又陆续在天津港、大连、张家港、深圳沙头角、盐田港、福田、福州、海口、厦门象屿、广州、青岛、宁波、汕头、珠海设立了 14 个保税区。保税区按照国际惯例运作，实行更加优惠的政策，是我国当时政策最优惠、运作最便捷、对外开放程度最高的特殊经济区域。

四、在沿边开放城市设立边境经济合作区

1992 年，我国开放黑河、绥芬河市、满洲里、珲春、伊宁、塔城、博乐、凭祥、东兴、畹町、瑞丽、河口 13 个沿边城市，以及批准设立丹东边境经济合作区，进一步完善了我国对外开放布局。边境经济合作区实行鼓励投资和贸易的优惠政策，积极推动了沿边城市开放和边境发展，促进了我国与周边国家（地区）的经济贸易交往。

第二节　外资法律法规体系逐步完善

1992 年党的十四大召开，明确提出建立社会主义市场经济体制目标，我国利用外资政策和法律法规也朝着市场化方向不断完善。这一时期外资政策法律体系的完善主要涉及两大方面的内容：一是通过法律法规的建立进一步规范利用外资；二是适应加入世贸组织规则要求，制定和修订我国外商投资法律法规。

一、开创利用外资新局面

1992 年邓小平南方谈话为我国进一步利用外资指明了方向。1997 年底，国务院召开了第二次全国利用外资工作会议，总结了 20 年来我国吸收外资的经验，提出了进一步扩大对外开放，提高利用外资水平。1998 年，中共中央、国务院提出《进一步扩大对外开放提高利用外资水平的若干意见》，总结了近二十年我国利用外资取得的成就、获得的经验和存在的问题，提出积极合理有效地利用外资是必须长期坚持的方针，并对我国下一步做好利用外资工作提出了基本要求：适应经济持续增长的需要，保持利用外资的一定规模，使吸收外商直接投资继续处于发展中国家的前列。引导外资投向，调整引进外资结构，为提高国民经济素质和效益服务。坚持以市场换技术的方针，加大引进高新技术产业和先进适用技术的力度，推动产业升级。促进解决经济和社会发展的突出矛盾，创造更多的就业机会，弥补资源不足。坚持国际收支基本平衡，保持必要的外汇储备。正确处理扩大对外开放与独立自主、自力更生的关系，维护国家经济安全。这一时期，我国在继续保持吸收外资相当规模的同时，更加注重优化利用外资的产业和区域结构，提升利用外资质量。

二、优化外商法律政策体系

（一）建立健全外资法律法规

20 世纪 90 年代中后期，我国以中小型项目为主的外商投资出现了增长放缓迹象。为进一步拓宽利用外资方式，我国探索 BOT、股份制合作等方式提升利用外资水平，利用外资的法律法规不断完善。1994 年，外经贸部下发了《关于以 BOT 方式吸收外商投资有关问题的通知》，首次确认可以通过 BOT 方式吸收外商投资于基础设施领域，规定外商可以建立 BOT 项目公司，实施公路、铁路、电站、废水处理等项目。1995 年，外经贸部颁布了《关于设立外商投资股份有限公司若干问题的暂行规定》，对外商设立股份有限公司进行了规定。1996年，经国务院批准，外经贸部颁布了《外商投资企业清算办法》，规定了外商投资企业的清算事项。1997外经贸部、国家工商行政管理局联合发布了《外商投资企业投资者股权变更的若干规定》，规范了外商投资企业投资者股权变更手续。1995年、1996年、1999年和2001年外经贸部多次发布《关于外商投资举办投资性公司的暂行规定》及其有关问题的解释和补充规定，对外商在我国设立投资性公司进行了明确规定。1999年外经贸部和国家工商行政管理局发布了《关于外商投资企业合并与分立的规定》，并于2001年进行了修订。2000年对外经贸部和国家工商行政管理局联合出台了《关于外商投资企业境内投资的暂行规定》，明确了外商投资企业境内投资的相关事宜。

（二）完善外资产业政策体系

1995年6月，经国务院批准，国家计委、国家经贸委、外经贸部发布了《指导外商投资方面暂行规定》和《外商投资产业指导目录》，明确规定外商投资的产业分为鼓励、允许、限制和禁止四类，规定鼓励类外商投资项目除依照国家有关法律、行政法规的规定享受优惠待遇外，从事投资额大、回收期长的能源、交通基础设施（煤炭、电力、地方铁路、公路、港口）建设并经营的，经批准可以扩大与其相关的经营范围。限制类（甲）外商投资项目，产品出口销售额占其产品总销售额70%以上的，经批准可以视为允许类外商投资项目。1997年为鼓励外商进一步来华投资，抵消亚洲金融危机的影响，我国对外商投资产业指导目录进行了第一次修订。服务业开放成为我国全方位开放的重要内容和标志。党的十四大报告指出，引导外资适当投向金融、商业、旅游、房地产等领域。1998年，中共中央、国务院提出《进一步扩大对外开放提高利用外资水平的若干意见》，明确指出，有步骤地推进服务贸易的对外开放：积极进行旅游资源开发、水上运输等领域利用外资的试点；扩大国内商业、外贸、旅行社开放的试点范围；扩大会计、法律咨询服务业和航空运输、代理业务等领域的开放；有步骤、有控制地开放金融和通信等领域的试点，并建立健全有效的监管机制。我国逐渐向外资开放了旅游、房地产、银行、金融、运输、商业零售、商务服务等领域。20世纪90年代中后期，外商投资产业链不断延伸，规模不断扩大，外资企业开始在我国设立研发企业。2000年，外经贸部下发了《关于外商投资设立研发中心有关问题的通知》，鼓励外商来华设立研发中心。

（三）鼓励外商到中西部投资

20世纪90年代中后期，国家出台相关的政策措施，积极引导外商直接投资区域布局的优化。1996年8月，国务院发布了《关于扩大内地省、自治区、计划单列市和国务院有关部门等单位吸收外商直接投资项目审批权限的通知》，明确了符合条件的外商直接投资项目的审批权限，由1000万美元以下提高到3000万美元以下。1998年4月，中央和国务院决定，鼓励东部地区的外商投资企业到中西部地区再投资，外商投资比例超过25%的项目视同外商投资企业，享受相应待遇。1999年国务院规定，对设在中西部地区的国家鼓励类外商投资企业，在现行税收优惠政策执行期满后的三年内，可以减按15%的税率征收企业所得税。2000年6月，在国家实施西部大开发战略后，国务院批准，国家经信委、国家计委和外经贸部联合发布了《中西部地区外商投资优势产业目录》，列出了中西部各省、自治区、直辖市外商投资优势产业，鼓励外商进行投资。

三、修订外商投资法律法规

为适应世界贸易组织的规则和要求，1999年底，外经贸部完成了对《中外合资经营企业法》《中外合作经营企业法》和《外资企业法》修正案（草案）的报告，九届全国人大常委会会议于2000年和2001年通过了上述三部法律的修正案，法律的修改内容主要集中在三个方面：

第一，删去了外汇收支平衡的要求。修正案删去《中外合作经营企业法》第二十条"合作企业应当自行解决外汇收支平衡。合作企业不能自行解决外汇收支平衡的，可以依照国家规定申请有关机关给予协助。"《外资企业法》也做了类似修改。

第二，修改了当地含量的要求。《中外合资经营企业法》的修正案将原法第九条第二款"合营企业所需原材料、燃料、配套件等，应尽先在中国购买，也可由合营企业自筹外汇，直接在国际市场购买"修改为："合营企业在批准的经营范围内所需的原材料、燃料等物资，按照公平、合理的原则可以在国内市场或在国际市场购买。"《中外合作经营企业法》和《外资企业法》也做了类似的修改。

第三，取消了出口实绩的要求。《外资企业法》原法第三条第一款"设立外资企业，必须有利于中国国民经济的发展，并且采用先进的技术和设备，或者产品全部出口或者大部分出口"修改为："设立外资企业，必须有利于中国国民经济的发展。国家鼓励举办产品出口或者技术先进的外资企业。"

随后，国务院对《中外合资经营企业法实施条例》和《外资企业法实施细则》也做了相应的修改。同时《指导外商投资方向规定》也进行了修改，并于 2002 年 4 月 1 日起实施。

根据我国对世界贸易组织的承诺，我国对服务业行业利用外资相关法律法规进行了修改和制定。根据承诺，国务院出台了《外国律师事务所驻华代表机构管理条例》《外资保险公司管理条例》《外商投资电信企业管理规定》《外商独资船务公司审批管理暂行办法》；文化部、外经贸部制定了《中外合作音像制品分销企业管理办法》，国家广播电影电视总局、外经贸部、文化部制定了《外商投资电影院暂行规定》，交通运输部、外经贸部出台《中华人民共和国国际海运条例》，铁道部、外经贸部制定《外商投资铁路货物运输业审批与管理暂行办法》；国务院修订了《外资金融机构管理条例》《音像制品管理条例》《电影管理条例》《旅行社管理条例》。

第三节 利用外资呈现新特点

随着全方位对外开放格局的初步形成，我国投资环境不断改善，利用外资在广度和深度上都有新的发展，外资规模大幅增长，外资质量明显提升，平均单项投资金额明显增大，外商行业和来源结构不断优化，在国民经济中的地位显著增强。

一、外资规模快速扩张

我国实际利用外资保持了较快的增长。1992—2001年，我国实际利用外资额从192亿美元增长为496.7亿美元，年均增幅保持了11.1%，1993年还保持了102.9%的增速。截至2001年底，我国累计实际利用外资金额为5685.9亿美元，比1992年底增加了近5倍（见表2-1）。

表2-1 我国实际利用外资概况

单位：亿美元

年份	累计实际利用外资		当年实际利用外资	
	总值	外商直接投资	总值	外商直接投资
1992	988.3	343.6	192	110.1
1993	1377.9	618.7	389.6	275.2
1994	1810	956.4	432.1	337.7
1995	2291.4	1331.6	481.3	375.2
1996	2839.4	1748.8	548.0	417.3
1997	3483.5	2201.4	644.1	452.6
1998	4069.1	2656	585.6	454.6
1999	4595.6	3059.2	526.6	403.2
2000	5189.2	3466.4	593.6	407.1
2001	5685.9	3935.2	496.7	468.8

资料来源：2001年和2002年《中国对外经济贸易年鉴》。

我国外商直接投资规模大幅增长。1992—2001 年我国实际利用外商投资金额从 110.1 亿美元增长为 2001 年的 468.8 亿美元,年均增幅为 17.5%,远高于实际利用外资的增速。除了 1999 年受亚洲金融危机的影响,实际外商投资出现 11.3% 的降幅之外,实际利用外资都保持了较高的增速,尤其是 1992 年邓小平南方谈话之后,我国实际利用外资出现了高潮,1992 年和 1993 年的增长分别达到 152.1% 和 150%(见表 2-2)。

表 2-2 我国外商直接投资概况

单位:家,亿美元

年份	企业数	合同金额	实际金额
1992	48764	581.2	110.1
1993	83437	1114.4	275.2
1994	47549	826.8	337.7
1995	37011	912.8	375.2
1996	24556	732.8	417.3
1997	21001	510.0	452.6
1998	19799	521.0	454.6
1999	16918	412.2	403.2
2000	22347	623.8	407.2
2001	26140	692.0	468.8

资料来源:2001 年和 2002 年《中国对外经济贸易年鉴》。

我国实际利用外商直接投资平均单项规模大幅增长。1992—2001 年,尽管我国实际利用外商直接投资平均单项有过波动,但总体上呈现了大幅上涨的趋势。1992 年我国实际外商直接外资平均单项规模仅为 22.6 万美元,此后逐年上升,1999 年达到 238.2 万美元,随后两年有所回落,但 2001 年仍然为 179.3 万美元,是 1992 年的近 8 倍。这表明 20 世纪 90 年代我国利用外资质量大幅度提升(见图 2-1)。

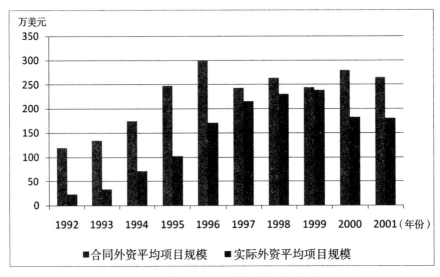

图 2-1　我国外商直接投资平均单项规模

资料来源: 2001 年和 2002 年《中国对外经济贸易年鉴》。

二、外商直接投资成为我国最主要利用外资方式

我国利用外资的方式有对外借款、外商直接投资和外商其他方式。从 1992 年开始，外商直接投资开始取代对外借款成为我国最主要的利用外资方式，并且份额逐渐上升。1992 年外商直接投资占我国实际利用外资总额的 57.3%，2001 年已经上升为 94.4%，增加了 37.1 个百分点，1992—2001 年，外商直接投资占我国实际利用外资的平均比重为 74.8%。与此同时，对外借款占我国实际利用外资的比重逐年下降，1992 年比值为 41.2%，1993 年已下降了 12.5 个百分点，降为 28.7%，2001 年已经降为 0（见表 2-3）。

表2-3 我国利用外资方式

单位：%，亿美元

年份	对外借款		外商直接投资		外商其他投资	
	金额	增长	金额	增长	金额	增长
1992	79.1	41.2	110.1	57.3	2.8	1.5
1993	111.9	28.7	275.2	70.6	2.6	0.7
1994	92.7	21.5	337.7	78.2	1.8	0.4
1995	103.3	21.5	375.2	78.0	2.9	0.6
1996	126.7	23.1	417.3	76.1	4.1	0.7
1997	120.2	18.7	452.6	70.3	71.3	11.1
1998	110	18.8	454.6	77.6	20.9	3.6
1999	102.1	19.4	403.2	76.6	21.3	4.0
2000	100	16.8	407.2	68.6	86.4	14.6
2001	0	0.0	468.8	94.4	27.9	5.6

资料来源：1993—2002年《中国对外经济贸易年鉴》。

三、制造业成为利用外资最主要的行业

受我国外商实际直接投资产业和行业统计数据的限制，本部分的统计数据从1997年开始。从表2-4可以看出，第二产业是我国外商直接投资进入的主要产业，1997—2001年外商平均有71.3%的金额是投资于第二产业；平均有27.1%的金额是投资于第三产业；投资第一产业的金额非常少，平均仅占外商直接投资总额的1.6%（见表2-4）。

表2-4 我国实际外商直接投资分产业情况

单位：%，亿美元

年份	指标	第一产业	第二产业	第三产业
1997	金额	6.3	325.7	120.6
	占比	1.4	72.0	26.7

续表

年份	指标	第一产业	第二产业	第三产业
1998	金额	6.2	313.3	135.1
	占比（%）	1.4	68.9	29.7
1999	金额	7.1	277.8	118.3
	占比（%）	1.8	68.9	29.3
2000	金额	6.8	295.7	104.6
	占比（%）	1.7	72.6	25.7
2001	金额	9.0	348.0	111.8
	占比（%）	1.9	74.2	23.9

资料来源：1998—2002 年《中国统计年鉴》。

　　从具体行业看，制造业是 20 世纪 90 年代外商直接投资的第一大行业。1997—2001 年，制造业利用外资从 218.2 亿美元增加为 309.1 亿美元，年均增幅 2.4%，占我国实际利用外商直接投资总额的 60.8%，2001年比重为 65.9%，占我国第二产业实际利用外商直接投资总额的份额平均高达 85.3%。房地产业是我国实际利用外商直接投资的第二大行业，1997—2001 年，平均每年超过 50 亿美元的外资进入了房地产业，平均占我国实际利用外资直接总额的 12.4%。房地产业也是我国利用外资最多的服务行业，1997—2001 年第三产业吸收的外资总额平均有 45.7%进入了房地产业。电力、燃气及水的生产和供应业也是外商投资较多的行业，1997—2001 年平均每年有 26.8 亿美元的进入，占同期我国外商投资总额的 6.2%。此外，以旅店业为主的社会服务业也吸引了较多的外商投资，1997—2001 年外商直接投资总额的 5.6%是投资于社会服务业（见表 2-5）。

表 2-5　我国实际外商直接投资分行业情况

单位：亿美元，%

行业	1997		1998		1999		2000		2001	
	金额	比重	金额	比重	金额	比重	金额	比重	金额	比重
总计	452.6	100	454.6	100	403.2	100	407.1	100	468.8	100
农、林、牧、渔业	6.3	1.4	6.2	1.4	7.1	1.8	6.8	1.7	9.0	1.9
采掘业	9.4	2.1	5.8	1.3	5.6	1.4	5.8	1.4	8.1	1.7
制造业	218.2	62.1	255.8	56.3	226.0	56.1	258.4	63.5	309.1	65.9
电力、燃气及水的生产和供应业	20.7	4.6	31.0	6.8	37.0	9.2	22.4	5.5	22.7	4.9
建筑业	14.4	3.2	20.6	4.5	9.2	2.3	9.1	2.2	8.1	1.7
地质勘查业、水利管理业	–	–	–	–	–	–	0.1	0.0	0.1	0.0
交通运输、仓储和邮政业	16.6	3.7	16.5	3.6	15.5	3.8	10.1	2.5	9.1	1.9
批发和零售贸易、餐饮业	14.0	3.1	11.8	2.6	9.7	2.4	8.6	2.1	11.7	2.5
金融保险业	–	–	0.4	0.1	–	–	0.8	0.2	0.4	0.1
房地产业	51.7	11.4	64.1	14.1	55.9	13.9	46.6	11.4	51.4	11.0
社会服务业	19.9	4.4	29.6	6.5	25.5	6.3	21.9	5.4	26.0	5.5

行业	1997		1998		1999		2000		2001	
	金额	比重	金额	比重	金额	比重	金额	比重	金额	比重
卫生、社会保障和社会福利业	2.0	0.4	1.0	0.2	1.5	0.4	1.1	0.3	1.2	0.3
教育文化艺术及广播电影电视业	0.7	0.2	0.7	0.1	0.6	0.2	0.5	0.1	0.4	0.1
科学研究和综合技术服务业	-	-	-	-	-	-	0.6	0.1	1.2	0.3
其他行业	15.8	3.5	10.7	2.3	9.7	2.4	14.5	3.6	10.5	2.2

资料来源：1998—2002 年《中国统计年鉴》。

四、港澳成为我国外资最主要来源地

中国香港、中国台湾、日本、欧盟和美国是我国最主要的外商投资来源地。港澳尤其是香港一直是我国外商直接投资的最重要来源地。1992—2001 年，港澳对内地投资从 77.1 亿美元增为 170.4 亿美元，年均增幅为 9.2%，占我国外商投资总额的比重逐渐下降，从 70% 下降为36.4%，下降了 33.6 个百分点。中国台湾对大陆直接投资从 1992 年的10.5 亿美元增长到 2001 年的 29.8 亿美元，年均增幅为 12.3%，占我国实际利用外商直接投资的份额也呈现下降趋势，从 1992 年的 10.5% 降为 2001 年的 6.4%，下降了 4.1 个百分点。1992—2001 年日本对华直接投资从 7.1 亿美元上升为 43.5 亿美元，年均增幅 22.3%，在我国实际利用外资投资总额中的份额逐渐增长，从 6.5% 增为 9.3%。欧盟对华直接投资高速增长，从 1992 年的 2.4 亿美元增为 2001 年的 41.8 亿美元，年均增幅高达 37.4%，占我国吸收外商直接投资的比重明显提升，从 1992 年的 2.2% 增长为 8.9%，增加了 6.5 个百分点。美国对华投资也保持了快速增长，从 1992 年的 5.1 亿美元上升为 2001 年的 44.3 亿美元，年均增幅为 27.1%，占我国利用外商直接投资的比重也相应从 4.6% 上升为 9.5%，2000 年还一度达到 10.8%。

20 世纪 90 年代，随着我国全面融入世界经济中，外商投资政策法规不断完善，投资环境得到较大改善，外商投资来源结构不断优化。90 年代初期，来自港澳台的中小型项目占据我国外商直接投资的绝大部分。到了 2001 年，来自美国、欧盟和日本的跨国公司对我国的投资已经占据了重要位置。1992—2001 年来自台港澳的投资占我国外商直接总额的比重从 79.5% 下降为 42.8%；相应地，来自欧美日对华投资占我国外商直接投资的比重从 13.3% 上升为 27.7%。

外资来源地不断多元化。1992 年，来自中国港澳、中国台湾、日本、欧盟和美国的投资占我国外商直接投资的比重高达 92.8%，此后基本上逐渐下降，到 2001 年，这几大外资来源地的外商投资占我国外商投资总额的份额下降到 70.5%，占比下降了超过 30 个百分点（见表 2-6）。

表 2-6　我国实际外商直接投资分行业情况

单位：%，亿美元

年份	中国港澳		中国台湾		日本		欧盟		美国	
	金额	比重	金额	比重	金额	比重	金额	比重	金额	比重
1992	77.1	70	10.5	9.5	7.1	6.5	2.4	2.2	5.1	4.6
1993	178.6	64.9	31.4	11.4	13.2	4.8	6.7	2.4	20.6	7.5
1994	201.7	59.8	33.9	10	20.8	6.2	15.4	4.6	24.9	7.4
1995	205	54.6	31.6	8.4	31.1	8.3	21.3	5.7	30.8	8.2
1996	212.6	51	34.7	8.3	36.8	8.8	27.4	6.6	34.4	8.3
1997	210.3	46.5	32.9	7.3	43.3	9.6	41.7	9.2	32.4	7.2

续表

年份	中国港澳		中国台湾		日本		欧盟		美国	
	金额	比重	金额	比重	金额	比重	金额	比重	金额	比重
1998	189.3	41.6	29.2	6.4	34	7.5	39.8	8.8	39	8.6
1999	166.7	41.3	26	6.4	29.7	7.4	44.8	11.1	42.2	10.5
2000	158.5	38.9	23	5.6	29.2	7.2	44.8	11	43.8	10.8
2001	170.4	36.4	29.8	6.4	43.5	9.3	41.8	8.9	44.3	9.5

资料来源：1993—2002 年《中国统计年鉴》。

五、外资在国民经济中发挥越来越重要的作用

随着我国利用外商直接投资规模的扩张和质量的提升，外资在国民经济中发挥着越来越重要的作用。

外商直接投资资金是我国固定资产投资的重要来源。以外商实际投资金额占我国固定资产比重看，1992—2001 年，平均份额为8.2%。1992 年占比为 5.8%，随后年份一直上升，1995 年突破 10%，为11.2%。1996 年达到历史新高，占比为 11.8%。1997 年亚洲金融危机，我国加大了对固定资产的投资，外商直接投资所占比重有所下降（见表2-7）。

表 2-7　我国外商投资金额占固定资产的比重

单位：%，亿元

年份	实际使用外资金额	占固定资产投资的比重
1992	468.7	5.8
1993	954.3	7.3
1994	1769.0	9.9
1995	2295.9	11.2
1996	2746.6	11.8
1997	2683.9	10.6
1998	2617.0	9.1

续表

年份	实际使用外资金额	占固定资产投资的比重
1999	2006.8	6.7
2000	1696.2	5.1
2001	1730.7	4.6

资料来源:《中国统计年鉴2002》。

外商直接投资带来的涉外税收高速增长,成为我国税收的重要组成部分。1992—2001年我国涉外税收从122.3亿元增长为2883亿元,年均增幅高达42.7%,远高于同期全国工商税收平均的20.3%的增幅;涉外税收占全国工商税收总额的比重相应从4.3%上升为19.0%,10年增加了14.7个百分点(见表2-8)。

表2-8　我国涉外税收状况

单位: %, 亿元

年份	全国工商税收		涉外税收		涉外税收占比
	金额	增速	金额	增速	
1992	2876.1	–	122.3	–	4.3
1993	3970.5	38.1	226.6	85.3	5.7
1994	4728.7	19.1	402.6	77.7	8.5
1995	5515.5	16.6	604.5	50.1	11.0
1996	6436.0	16.7	764.1	26.4	11.9
1997	7548.0	17.3	993.0	30.0	13.2
1998	8551.7	13.3	1230.0	25.9	14.4
1999	10311.9	13.4	1648.9	33.8	16.0
2000	12665.0	12.7	2217.0	35.5	17.5
2001	15165.0	19.7	2883.0	30.0	19.0

资料来源:中国外资统计。

外商投资企业创造的工业产值是我国工业总产值的重要部分。外商投资企业创造的工业产值从 1992 年的 2065.6 亿元增为 26515.7 亿元，年均增幅为 32.7%，比同期全国工业总产值的平均增幅高出近 20 个百分点；占全国工业总产值的比重相应从 1992 年的 7.1% 上升为 2001 年的 28.1%，增加了 21 个百分点（见表 2-9）。

表 2-9　我国外商投资工业产值状况

单位：%，亿元

年度	外商投资企业工业产值	占全国工业总产值的比重
1992	2065.6	7.1
1993	3704.4	9.2
1994	8649.4	11.3
1995	13154.2	14.3
1996	15077.5	15.1
1997	10427.0	18.6
1998	14162.0	24.0
1999	17696.0	27.8
2000	23145.6	22.5
2001	26515.7	28.1

资料来源：中国外资统计。

第三章 迈入全球引资大国阶段(2002—2012)年

第一节 进入全球引资大国行列

一、外商投资稳定增长

入世以后，中国外商投资迈入一个新发展阶段。2001 年 12 月 11 日，我国加入世界贸易组织，标志着对外开放进入新的发展阶段。从 2002 到 2012 年，中国外资规模总体保持稳定增长的态势。

从投资规模看，中国实际使用外资金额从 2002 年的 550.1 亿美元增至 2012 年 1117.2 亿美元；受全球金融危机的影响，2009 年中国实际使用外资金额小幅同比下降了 2.6%；2010 年大幅反弹至 17.4%，随后波幅收窄，逐渐恢复增长。2002—2012 年，中国实际使用外资年复合增长率为 7.8%，每年平均使用外资规模为 800.8 亿美元，总体呈现稳定增长的态势。截至 2012 年 12 月底，中国累计使用外资金额为 8859 亿美元。从新设立的外商企业数量看，2002 年为 3.4 万个，2003—2006 年保持在 4 万个以上，2008—2011 年约 2.7 万个，2012 年为 2.5 万个，同比下降 10.1%。2002—2012 年，中国新设立的外商企业数量总计 37 万个，年均设立 3.39 万个。从外商企业的平均投资额看，外商企业的平均投资规模稳步增加，从 2002 年的 154.4 万美元增长至 2012 年的

448.2 万美元，每年的年均投资规模为 262.1 万美元。上述数据表明，入世 10 年来，中国外资投资无论是总体规模、还是外商企业平均投资规模都有着大幅的增长。

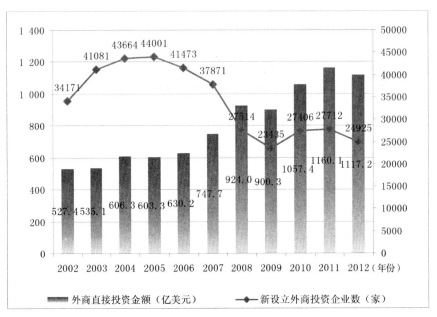

注：不包含银行、保险、证券领域数据，下同。

图 3-1 2002—2012 年中国外商直接投资

资料来源：商务部外资统计。

中国已迈入全球引资大国的行列。2002 年以后，中国吸引外商直接投资（FDI）流量在全球总量中占比趋于稳定，2002—2012 年该份额年平均值为 7.6%。2002 年，中国吸引 FDI 流量在全球排名第三位；从 2003 至 2008 年，中国在全球排名经历一定的波动；2009—2012 年连续 4 年最终稳定在第二名，排名仅次于美国，长期成为发展中国家吸收 FDI 最多的国家。

表 3-1　2002—2012 年中国 FDI 流量在全球占比及排名

单位：%，位

年份	中国 FDI 流量在全球占比	中国 FDI 流量在全球排名
2002	8.9	3
2003	9.7	1
2004	8.8	2
2005	7.6	4
2006	5.2	3
2007	4.4	7
2008	7.3	5
2009	8.1	2
2010	8.4	2
2011	7.9	2
2012	7.7	2

资料来源：UNCTAD 数据库。

二、外商投资营商环境持续改善

加入世界贸易组织以后，中国改革开放迈上了新台阶，中国更深入地参与并推动经济全球化。按照入世承诺，中国积极践行自由贸易理念，全面履行加入承诺，大幅开放市场，实现更广互利共赢，在对外开放中展现了大国担当。在外商投资领域，中国全面完善外商投资环境，促进市场机制建设，激活市场活力。

（一）重点调整外商投资法律

根据世界贸易组织规则和我国对外开放承诺，中国需要调整国内法律法规有关规定以适应新形势。自 1999 至 2005 年底，全国人大及其常委会共制定、修订有关法律 20 件，国务院制定和修订行政法规 47 件并对 2000 年底前颁布的 756 项行政法规进行了清理，2001 年公布清理结果。同年，国务院下发通知，要求各地对有关的地方性法规、地方政府规章和其他政策措施予以清理。中国加入世界贸易组织后的4年，由65个行政审批职能部门清理出来的3948项行政审批项目中，取消1195项，改变管理方式82项。新颁布的《行政许可法》对各级政府依法行政正在产生着深刻影响。

1. 取消外商投资企业外汇收支平衡的限制

我国加入世界贸易组织后，承诺取消与《与贸易有关的投资措施协议》不一致的所有措施，包括要求企业进口用汇与其外汇收入相平衡、要求企业达到特定的出口目标以实现外汇收支平衡等。

2. 取消当地含量的要求

原外商投资企业法要求中外合资企业和外资企业所需原材料、燃料、配套件等应尽先在中国购买，即当地含量的要求。修改后的外商投资企业法取消了当地含量要求，甚至没有再保留"在同等条件下"等建议或者鼓励性的措施，而是直接将选择在国内或者国际市场上购买的权利赋予了外商投资企业自身。

3. 取消先进技术和出口业绩要求

原外商投资企业法对外商投资企业产品出口有一定要求，产品出口达到规定比例的外商投资企业可以享受特殊的优惠政策。加入世界贸易组织之后，取消要求外资企业必须采用先进技术及其产品必须全部或者大部分出口，符合了市场经济规则，更加有利于国内外市场公平竞争。

4. 取消生产计划备案条款

在我国计划经济体制下，国家要求企业向政府备案经营计划。显然，备案经营计划违背市场经济发展规律。加入世界贸易组织之后，新外商投资企业法取消了生产计划备案条款。

（二）修订《外商投资产业指导目录》

2002年公布施行的《指导外商投资方向规定》和2004年、2007年、2011重新修订后公布施行的《外商投资产业指导目录》两个文件具体体现了中国政府对外商投资的产业政策，是指导审批外商投资项目和外商投资企业适用有关政策的依据。

（三）修订行业外资规章

1.农业、采矿业和建筑业

2001年9月修订了《对外合作开采海洋石油资源条例》和《对外合作开采陆上石油资源条例》；2002年8月颁布了《外商投资稀土行业管理暂行规定》；2001年9月颁布了《外商投资建筑企业管理规定》和《外商投资建设工程设计企业管理规定》；2003年2月颁布了《外商投资城市规划服务企业管理规定》；2003年4月颁布了《建设部关于外商投资建筑企业管理规定中有关资质管理的实施办法》等。

2.非金融服务业

加入世界贸易组织以来，我国按承诺开放了包括金融、电信、建筑、分销、法律、旅游、交通等在内的众多服务领域，在世界贸易组织分类的160多个服务贸易部门中开放了104个，占62.5%，接近发达成员108个的平均水平。

在非金融服务领域，主要涉及商品流通、拍卖、租赁、汽车品牌销售、成品油及原油市场开放、建筑、交通运输和文化娱乐等。例如：在商业领域，2004年颁布了《外商投资商业领域管理办法》和《对外贸易法》，2005年颁布了《直销管理条例》《商业特许经营条例》《拍卖管理办法》《汽车品牌销售管理实施办法》《成品油市场管理办法》《原油市场管理办法》等；在文化娱乐领域，2001年颁布了《中外合作音像制品分销企业管理办法》，2003年颁布了《外商投资图书、报纸、期刊分销企业管理办法》、《电影制片、发行、放映经营资格准入暂行规定》和《中外合作摄制电影片管理规定》等。

3.金融保险证券领域

从2000年开始，我国陆续颁布了《外商投资租赁公司审批管理办法》《外资金融机构管理条例》《外资金融机构管理条例实施细则》《外资保险公司管理条例》《金融资产管理公司吸收外资参与资产重组与处置的暂行规定》《外资参股证券公司设立规则》等有关规定。

另外，2002 年 12 月，我国颁布了《合格境外机构投资者境内证券投资管理暂行办法》，这是目前我国在人民币未实现完全自由兑换情况下，有限度地引进外资、开放资本市场的过渡性举措。

（四）拓宽利用外资方式

目前，中国利用外资的主要方式有外商直接投资、对外借款和其他，其中外商直接投资是重点。外商直接投资又分为中外合资经营企业、中外合作经营企业、外商独资经营企业、中外合作开发、外商投资股份制企业、投资性公司、BOT 投资、创业投资企业等。为了适应跨国投资方式的变化，政府自 2003 年以来制定或修订了一系列部门规章和规范性文件。

2003 年，颁布了《外商投资创业投资企业管理规定》和《金融资产管理公司吸收外资参与资产重组与处置的暂行规定》。

2005 年，出台了《外国投资者对上市公司战略投资管理办法》。

2006 年，颁布新修订的《关于外国投资者并购境内企业的规定》。

（五）提高政府服务效率

为了改善投资环境和投资服务，方便中外投资者办理审批手续，提高政府工作效率，打造"服务型政府"，目前我国许多地方政府可提供"一站式审批"，商务部门和相关政府部门采取联合办公形式，对外商投资事项进行集中受理。另外，各省市区和计划单列市均成立了外商投资服务中心或促进中心，为外国投资者提供全过程的服务，即"一条龙服务"。

借鉴国际投资促进的经验，商务部成立了相应的投资促进机构，各省市区也成立了投资促进和招商引资机构。这些机构的设立有利于实施外商投资促进战略和计划，有利于对投资促进工作进行指导，有利于组织实施境内外投资促进活动，也有利于加强与境外投资促进机构的联系。

（六）全面开放外商投资地区

伴随着西部大开发战略、东北老工业基地振兴战略和中部崛起战略的先后实施，对进入这些地区的特定外商投资项目也给予一些鼓励。这些特殊经济区域是我国吸收外商直接投资的重要载体。

三、适时修订产业指导目录

为了更好地利用外商投资，促进我国国民经济的发展和产业结构的调整，我国于20世纪90年代中期开始以法规形式引导外商投资方向。随着入世后构建全面开放新格局，我国外商投资产业指导目录不断放宽和调整，目前已建立全方位、多层次、多领域的外商投资产业指导目录系列，更好地利用外商投资适应世界产业结构调整的新趋势，适应中国转变增长方式，调整我国产业结构。

《指导外商投资方向规定》和《外商投资产业指导目录》是我国外商投资的基础产业政策，是指导审批外商投资项目和外商投资企业适用有关政策的根本依据。1995年6月，我国制定并颁布了《指导外商投资方向暂行规定》和《外商投资产业指导目录》，第一次以法规形式引导外商投资。2002年2月公布施行了《指导外商投资方向规定》，2002年3月发布了《外商投资产业指导目录》，2012年1月发布了《外商投资产业指导目录（2011年修订）》，是第五次修订。

进一步扩大对外开放，提升制造业、培育新兴产业、促进服务业发展。2011年版《目录》总条目473条，其中鼓励类354条、限制类80条、禁止类39条，分别比原来增加3条、减少7条、减少1条。同时，取消了部分领域对外资的股比限制，鼓励类和限制类中有股比要求的条目比原来减少11条。将高端制造业作为鼓励外商投资的重点领域，促进外商投资使用新技术、新工艺、新材料、新设备，改造和提升传统产业。抓住国际战略性新兴产业发展机遇，鼓励战略性新兴产业发展。积极引导外商投资服务业，推动产业结构调整。

为了实施国家西部大开发战略，鼓励外商投资我国中西部地区，促进中西部地区经济快速发展，2000年6月国家颁布了《中西部地区吸收外商投资优势产业目录》，2004年7月进行了第一次修订。2006年9月，国务院批准了《辽宁省外商投资优势产业目录》作为《中西部地区外商投资优势产业目录》的一部分予以发布，成为我国落实《国务院办公厅关于促进东北老工业基地进一步扩大对外开放的实施意见》的重要政策，增列部分的外商投资项目享受鼓励类外商投资项目优惠政策。

为了贯彻建立创新型国家战略，加快促进外商投资高新技术产业发展，积极引进国外先进技术步伐，提高我国科学技术水平，增强我国自主创新能力，2003年6月国家颁布了《鼓励外商投资高新技术产品目录》。2006年12月，基于我国在技术上、装备上亟须发展或与国外有较大差距的高新技术产品以及国家安全、环保等方面的要求，第一次修订了该目录。新目录分为电子信息，软件和服务外包，航空航天，先进制造，生物医药与医疗器械，新材料，新能源与高效节能，环境保护，地球、空间与海洋，现代农业等10个技术领域，共计596项。

第二节　本阶段利用外资特点

一、服务业吸引外商投资首超制造业

入世以后，外商投资产业结构逐渐发生变化，吸收外资的主角从制造业转为服务业。2002—2012年，服务业累计吸收外资3368.7亿美元，占全国总量的38%；同期，制造业利用外资金额为4906.6亿美元，占同期外资金额的55.5%。动态来看，2002年服务业吸收外资121亿美元，占当年全国总量的22%；2011年服务业吸收外资在全国总量占比为47.6%，首超制造业2.71个百分点；自此，服务业和制造业吸收外资在全国总量中占比开始发生调转。2012年，服务业吸收外资继续升

至全国总量的48.2%。同时，制造业从2002年的66.9%降至2012年的43.7%。

2012年，服务业实际使用外资538.4亿美元，同比下降2.6%，高于制造业488.7亿美元的水平。从行业分布来看，在2012年外商投资总额中，制造业占43.7%，房地产业占21.6%，批发和零售业占8.5%，租赁和商务服务业占7.3%。

二、外商投资来源地集中度提升

从实际使用外资金额占比看，中国香港是中国内地最重要的外商投资来源地，2002年占外商投资流入总量的33.9%，2012年上升至58.7%；日本2002年占7.9%，2012年排名第二，占6.6%；2012年，新加坡是中国实际使用外资金额的第三大来源地，比重为5.6%，多年来占比幅度变化不大；韩国从2002年的5.2%降至2012年的2.7%，排名第四；中国台湾从2002年的7.5%降至2012年的2.6%，排名第五；美国2002年占比为10.3%，2012年降到2.3%，由第三位降至第六位，是实际使用外资额占比降幅最大的来源地。

2002年前五个国家或地区（中国香港、美国、日本、中国台湾、韩国）占外商投资总量的64.8%，2012年前五个国家或地区（中国香港、日本、新加坡、韩国、中国台湾）的总比重提高到76.2%。10年来，除中国香港和新加坡，其他国家或地区的对华投资呈现下降趋势。

三、外资并购显著增多

外商在华投资的主要方式是绿地投资，跨国并购在中国外商投资中占比较低，但总体呈现逐年稳定增长的态势。

2004—2012年，外资并购在交易数量和交易金额上增长很快。2004年，在华跨国并购交易482件，占外资总项目数的1.2%，并购金额为3.3亿美元，占中国吸引外资总额的0.5%。2012年，跨国并购交易 1213 件，占外资项目总数的 4.9%，交易金额 45.6 亿美元，占中国实际吸收外资总额的 4.1%。[①]

并购交易的主要方式是股权并购和资产并购，其中以对非国有企业的股权并购为主。2012 年，外资对非国有企业股权的并购交易 1132 件，实际使用外资金额 40.5 亿美元，同比上涨 31.4%；对非国有企业资产的并购交易 55 件，实际使用外资金额 4.5 亿美元，同比上涨 8.1%；对国有企业股权并购和资产并购的金额都较少，分别为 4800 万美元和 300 万美元，均比 2011 年下降 95% 以上。

并购交易的主要形式是采用中外合资企业和中外合作企业。2012 年，以中外合资企业形式开展的并购交易 712 件，占并购交易总数的 58.7%；交易金额 30.4 亿美元，占跨国并购实际使用外资总额的比重为 66.7%；以中外合作企业形式开展的并购交易数和交易额分别是 476 件和 12.1 亿美元，所占比重分别为 39.2% 和 26.5%。

并购交易无论从数量还是金额看均主要集中在东部地区。2012 年有 82.6% 的并购交易发生在东部地区，其中广东、江苏、上海最多，合计占交易总量的 63%；68% 的并购交易金额集中在东部地区，为 31 亿美元，交易金额最多的广东、江苏、浙江、上海、辽宁等五个省市合计占到东部地区并购交易总额的 75%。从并购交易金额看，西部地区占全国的比重为 17%，其中四川占西部地区总额的 30%；中部地区占 15%，其中江西占中部地区总额的 40%。

四、外资集中在东部地区

2012 年，东部地区新设立外商投资企业 2.1 万个，占全国项目总数的 86.2%，同比下降 8.9%；东部地区实际使用外资金额为 925.1 亿美元，占全国实际使用外资总额的 82.8%，同比下降 4.2%。中部地区新

---

① 资料来源：《2013 中国外商投资报告》，下同。

设立外商投资企业 2327 个，占全国比重的 9.3%，同比下降 14.7%；中部地区实际使用外资金额 92.9 亿美元，占全国比重的 8.3%，同比上升 18.5%。西部地区新设立外商投资企业 1106 个，占比 4.4%，同比下降 20%；西部地区实际使用外资金额 99.2 亿美元，占比 8.9%，同比下降 14.3%。从各省 (自治区、直辖市) 新设立企业数来看，江苏、广东、上海、浙江、北京位列前五，合计占全国企业总数的 70.6%；从各省 (区、直辖市) 实际使用外资金额来看，排名前五的地区是江苏、广东、上海、浙江、辽宁，合计占比为 64.3%。

第四章　高质量发展阶段（2013年以后）

第一节　新常态下我国利用外资进入新阶段

一、外商投资总体稳健发展

2013年以来至今，中国外商投资总体增长缓中趋稳，稳中有进。

注：不包含银行、保险、证券领域数据，下同。

图4-1　2013—2017年中国外商直接投资

资料来源：商务部外资统计。

2013—2017 年，中国外商投资年复合增长率从 2002—2012 年的 7.8%
降至 2.7%，增速有所放缓。在国内经济转型的攻坚阶段、国际市场风
险加大的背景下，中国外商投资虽增速放缓，但仍保持稳步增长的势头。
2017 年，全国新设立外商投资企业 35652 家，同比增长 27.8%；实际使
用外资 1310.4 亿美元，同比增长 4%，实现平稳增长。

2013 年以后，中国吸引 FDI 流量在全球总量占比进一步提升，夯
实全球引资大国的地位。2013—2017 年，中国吸引 FDI 流量在全球总
量占比从 2002—2012 年平均值 7.6% 升至 8.4%。2013 年，中国吸引 FDI
总量在全球排名第二位；2014 年，中国排名首次升为全球首位，随后
2015—2016 年下降至第三位，2017 年恢复第二名，排名仅次于美国。

表 4-1　2013—2017 年中国 FDI 流量在全球占比及排名

单位：%，位

年份	中国 FDI 流量在全球占比	中国 FDI 流量在全球排名
2013	8.7	2
2014	9.6	1
2015	7.1	3
2016	7.2	3
2017	9.5	2

资料来源：UNCTAD 数据库。

二、外资管理体制改革不断推进

过去 5 年，我国围绕探索实行准入前国民待遇加负面清单管理制度，
深入推进外资领域"放管服"改革，管理体制实现重大变革，利用外资
规模稳定增长，质量和水平稳步提升。

加快自由贸易试验区建设，开放大门将越开越大。自 2013 年 9 月
起，我国先后在上海、广东、福建、天津等地相继设立了 11 个自贸试
验区，深入试点外商投资准入前国民待遇加负面清单管理模式；2018 年，
宣布海南全岛建设自由贸易试验区，探索建设自由贸易港。从 2013 年

公布实施的自贸区负面清单开始,放宽外资市场准入就是一项重点工作。2013 版负面清单有 190 项外商投资准入特别管理措施,历年逐步"瘦身",到 2018 年版负面清单进一步缩减到 48 项。2018 年版外商投资准入负面清单,在一、二、三产业全面放宽市场准入,涉及金融、交通运输、商贸流通、专业服务、制造、基础设施、能源、资源、农业等各领域,共推出 22 项重大开放措施。

《外商投资准入特别管理措施(负面清单)(2018 年版)》(以下简称 2018 年版负面清单)是对《外商投资产业指导目录(2017 年修订)》中的外商投资准入负面清单进行的修订,并单独发布。2018 年版负面清单大幅度放宽市场准入,清单长度由 63 条减至 48 条,共在 22 个领域推出开放措施。2018 年版负面清单还列出了汽车、金融领域对外开放路线图时间表,逐步加大开放力度,给予相关行业一定过渡期,增强开放的可预期性。

汽车和金融领域的开放力度前所未有。取消专用车、新能源汽车外资股比限制,2020 年取消商用车外资股比限制,2022 年取消乘用车外资股比限制以及合资企业不超过两家的限制。2018 年取消对中资银行的外资单一持股不超过 20%,合计持股不超过 25% 的持股比例限制;2018 年将证券公司、证券投资基金管理公司由中方控股改为外资股比不超过 51%,2021 年取消外资股比限制;2018 年将期货公司由中方控股改为外资股比不超过 51%,2021 年取消外资股比限制;2018 年将寿险公司外资股比由 50% 放宽至 51%,2021 年取消外资股比限制。

三、营商环境持续改善

党中央、国务院高度重视利用外资,做出一系列重大部署,显示出中国坚持对外开放、积极利用外资的坚强决心。近年来,出台了一些重要的促进利用外资政策。2017 年,国务院先后印发了两份重要文件,推出 42 条措施。各部门和各地方加大工作力度,出台配套政策细则,确保放宽准入、财税支持、权益保护等具体措施落实到位，积极营造优良的营商环境，优化招商引资方式，提升服务质量和水平，有效提振了外国投资者信心。2018年5月，国务院常务会议原则通过了《关于积极有效利用外资推动经济高质量发展若干措施的通知》，这是贯彻落实党中央关于扩大开放、改善投资环境的重要举措。其主要目的是积极有效利用外资推动经济高质量发展，营造公平透明便利的、更有吸引力的投资环境，借鉴国际通行引资政策的框架，从投资自由化、投资便利化、投资促进、投资保护、优化区域开放布局、推动国家级开发区创新这六个方面提出具体优化措施。

中国的营商环境持续改善。世界银行发布的年度《全球营商环境报告》显示，中国营商环境从2014年的96位升至2018年的78位，中国营商便利度全球跃升了18位。联合国贸发会议发布的《2017年世界投资报告》中关于对全球跨国公司高管调研显示，中国在2017—2019年全球最佳投资目的地排名为全球第二、发展中国家第一，继续成为全球最佳外商投资目的地，美国和印度分别占据全球最佳外商投资目的地第一和第三的排名。

四、服务业进一步开放

服务业利用外资发展潜力巨大。一方面，市场需求加速释放。十九大报告对我国社会主要矛盾提出新论断：现阶段我国社会的主要矛盾已经转化为人民日益增长美好生活的需要和不平衡不充分发展之间的矛盾。人民美好生活需要远超越物质文明范畴，不仅包含高品质的医疗、教育、养老、文化、娱乐、旅游等服务领域，还包含精神文明、生态文明等具有更丰富内涵的需求。发达国家的服务业发展已经非常成熟，具备高品质、完善的服务产品体系。FDI的进入将有效地提高服务业供给端的数量和质量，弥补我国服务业的不平衡不充分发展问题。在生产性服务业方面，我国在向"制造强国"转变中，对生产性服务业产生了大量需求，如研发、设计、金融、物流管理、营销网络建设等将极大地促进制造业的转型升级。在生活性服务业方面，我国消费结构升级也将带动生活性服务业市场的急剧爆发，高收入群体的增加对养老、医疗、教育、旅游、文化娱乐等提出了更多更高的需求。另一方面，政策环境不断优化。2017 年 6 月出台的《服务业创新发展大纲（2017—2025 年）》提出把服务领域开放作为我国新一轮对外开放的重中之重，提出服务业增加值"十年倍增"的高要求，政策首先在营造包容创新和公平竞争的市场环境上发力，提出了三个重点的改革领域：一是放松管制、促进竞争。明确要求清理废除妨碍统一市场和公平竞争的各种规定和做法；二是扩大开放、融入全球，在坚守国家安全底线的前提下，深度融入全球服务业分工体系，以高水平对外开放提升我国服务业国际化水平；三是完善机制、提高标准。建立政府、市场、企业三方协调配合的标准体系，不断提高服务标准化水平。从政策上看，服务业的对外开放力度前所未有，构建公平竞争的市场环境、深度融入国际服务分工体系将为服务业FDI 的高速发展创造良好条件。

国家已经对服务业扩大开放进行了重要对战略布局，服务业扩大开放工作已经取得积极进展，将有力地促进我国服务业 FDI 的发展。2015年 5 月 5 日，国务院批复同意北京市开展服务业扩大开放综合试点，北京成为全国首个、目前也是唯一一个服务业扩大开放综合试点城市，在放宽外资准入方面主要从增加行业、减少限制、拓宽领域三个方面推进，已获批复的 141 项任务将在 2017 年全部完成。北京的试点工作成效显著，不但促进北京本地服务业的开放发展，还形成了一批在全国可复制推广的创新成果。2016 年，北京市服务业增加值占地区总值的比重达80.3%，服务业吸收外资约占全市的 95%，约占全国的 13%。北京已经涌现出 10 项国内首创的新业态和 8 个与服务业和服务贸易发展相适应、具有可复制推广价值的体制机制创新模式。目前，服务业扩大开放综合试点虽然只在北京展开，但其具有服务业开放试验田的战略性示范作用。

第二节 本阶段利用外资特点

一、外商投资质量提升

外资总体发展呈现出与我国经济转型升级相吻合的新特征。随着中国经济进入新常态，我利用外资结构也在不断调整中，与国内供给侧结构性改革目标相匹配，外资质量提升取得积极进展。2013 年以来，高技术业引进外资年均增长 11.7%，2016 年占比达 19.1%，比 2012 年提高 5 个百分点。外资企业高新技术产品进出口年均增长 10.4%、出口年均增长 17%，均高于全国平均水平。外资研发中心超 2400 家。[1]2017 年，高技术产业实际吸收外资同比增长 61.7%，占比达 28.6%，较 2016 年底提高了 9.5 个百分点。高技术制造业实际使用外资 665.9 亿元，同比增长 11.3%。其中，电子及通信设备制造业、计算机及办公设备制造业、医疗仪器设备及仪器仪表制造业同比增长 7.9%、71.1% 和 28%。高技术服务业实际使用外资 1846.5 亿元，同比增长 93.2%。其中，信息服务、科技成果转化服务、环境监测及治理服务同比分别增长 162%、41% 和 133.3%。[2]

二、服务业利用外资占据主导地位

服务业占比逐渐增加，目前服务业利用外资占据主导地位。2017 年全年，服务业实际使用外资金额为 954.4 亿美元，在外资总量的份额为 73.6%，比 2016 年份额增加 3.3 个百分点，在我国利用外资中占据主

---

[1] 资料来源：商务部网站，营造优良营商环境 优化区域开放布局，http://www.mofcom.gov.cn/article/zt_dlfj19/fbdt/201710/20171002656578.shtml

[2] 资料来源：商务部外资司负责人谈 2017 年全年全国吸收外资情况，http://www.mofcom.gov.cn/article/zhengcejd/bq/201801/20180102699393.shtml

导地位。2017 年，制造业实际使用外资为 335.1 亿美元，在外资总量的份额为 25.8%，服务业份额是制造业份额的 2.85 倍。2011 年，我国服务业利用外资在总量中的比重首超制造业，此后服务业利用外资比重不断增加，外资在服务业和制造业分配比例发生对调，产生了服务业利用外资在总量中占据七成左右。从 FDI 存量来看，截至 2015 年，第二产业吸引的 FDI 在总量中占比仍为主导，达到 55.03%；未来，服务业在存量结构的比重也将逐渐增加。

利用外资的外部环境和内部条件都发生深刻变化，造成我国利用外资产业结构发生巨大变化。加入世界贸易组织以来，我国很好地承接全球制造业产业转移的机遇，制造业利用外资高速发展，成为全球制造业大国。随着我国人口红利的逐渐减少、要素成本上升、资源环境压力不断加大，我国传统制造业一度面临着产能过剩、转型升级的挑战，大量的劳动密集型外资撤离中国，导致制造业外资在新增外资总量的占比大幅下降。同时，服务业利用外资增长迅猛，及时地填补了制造业利用外资减少的空白。有人就此产生了制造业利用外资不再重要、将其归入夕阳产业等观念，这对地方的招商引资环境产生了一定影响。

三、外商投资来源仍较为集中

外商投资来源地投资趋于平衡，但仍较为集中。传统发达国家对华投资一改以往颓势，增长迅猛。美国、欧盟 28 国对华投资增长分别为 129.8% 和 35.6%。其中，英国、德国对华投资同比增长为 96.8% 和 96.6%，而 2015 年美国和欧盟 28 国对华投资同比分别为 -2% 和 4.6%。

2017 年，前十位国家 / 地区（以实际投入外资金额计）实际投入外资总额 1246.1 亿美元，占全国实际使用外资金额的 95.1%，同比增长 5.2%；其中来自中国香港的外资金额占实际使用外资金额的 75.5%，占据绝对地位。外商投资前十位国家 / 地区依次为：中国香港（989.2 亿美元）、新加坡（48.3 亿美元）、中国台湾（47.3 亿美元）、韩国（36.9

亿美元)、日本（32.7 亿美元)、美国（31.3 亿美元)、荷兰（21.7 亿
美元)、德国（15.4 亿美元)、英国（15 亿美元)、丹麦（8.2 亿美元)。

四、东部吸引外资继续占主导地位

中国东部利用外资占据主导地位。从外资流量看，2016 年，中国东
部、中部和西部地区实际使用外资金额分别为 7047 亿元人民币、458.3
亿元人民币和 626.9 亿元人民币，整体占当年中国实际使用外资总额的
比重分别为 86.7%、5.6% 和 7.7%。从外资存量上看，截至 2016 年，中
国外商投资在东部、中部、西部地区实际使用外资金额分别为 15084 亿
美元、1410 亿美元和 1189 亿美元，占整体累计实际外资金额的比重分
别为 80.46%、7.52% 和 6.34%。[①]

努力促进外资区域布局不断优化。东部地区具有优越的区位，因长
期对外开放形成了优良营商环境、成熟的产业生态环境、较高的科技创
新水平、高素质人才聚集等，有利于高端制造、高技术服务业等产业聚
集，形成了吸引外商投资的新优势。为促进外商投资的区域平衡发展，
国家出台了《关于支持沿边重点地区开发开放若干政策措施的意见》(国
发〔2015〕72 号)，两次修订《中西部地区外商投资优势产业目录》，
增加鼓励条目 228 条，以增强中西部和沿边地区对外商投资的吸引力。

---

① 资料来源：《2017 中国外商投资报告》。

第二部分 宏观篇

第五章　外商投资对于我国经济增长的贡献

　　外商投资可以从多方面促进经济的发展。一方面，资本是促进经济增长的要素之一，外商投资进入增加资本供给总量，从而促进经济增长；另一方面，外商投资流入会带来先进的生产和管理技术，提高劳动生产效率，从而促进经济增长。此外，外商投资的溢出效应、外商投资对于总体制度环境和市场环境改善的推动也会在更广泛的领域促进东道国经济的发展。正因为如此，为加快经济发展，各国都对吸引外商投资非常重视。

　　在拉动经济增长的三驾马车中，投资和出口在中国的地位尤为突出，改革开放以后，外商投资成为中国投资增长的重要部分，并且重点投资于工业，为我国成为"世界工厂"做出了突出贡献。外商投资投向的地区差异也成为中国东中西部经济增长差距的重要原因之一。除此之外，外商投资还对中国的税收等做出了一定贡献，增强了国家的财政实力。从总体上看，吸收外商投资与中国经济增长高度相关，并成为推动中国改革开放 40 年经济增长的主要动力之一。

第一节 外商投资是改革开放以后我国资本形成的重要部分

资金短缺是长期制约我国经济增长的重要因素之一。实行对外开放政策初期，我国经济处于全面短缺状况，国内投资能力不足以满足大量的投资机会。因此，我国允许外商投资的最直接目的是将外资视为一种补充性的资金来源。微观上，外商直接投资与我国企业合资或合作经营，解决了困扰我国大多数企业的资金短缺问题，推动企业技术水平提高，增强我国企业的市场竞争能力和国际竞争能力。宏观上，外商直接投资缓解了制约我国经济发展的资金"瓶颈"。

一、外商投资是中国外部资本的重要来源

（一）我国改革开放前后对"资本"的认识变迁

从新中国成立到改革开放前，国内更多以意识形态的眼光看待"资本"，认为"资本"是带着"原罪"的剥削工具，是资本主义专有的。在单一公有制经济建立之后，认为资本形成中的各类投资已不是资本主义经济范畴中的"资本"，因而称之为"资金"，国家以调拨方式使用社会资金，这些"资金"投入后形成了"固定资产"，实质是形成了物质资本。改革开放后，实践中我国经济成分的多元化促使理论界重新重视资本的自然属性，并开始使用"资本"概念，认识到资本对社会主义经济建设的重要作用。政府在承认资本要素社会属性存在差异的基础上，充分吸收资本要素的自然属性，引导资本进行经济建设，推动了中国经济的快速发展。

（二）当代中国资本形成来源的变迁

1949 年中华人民共和国成立后，经济建设的资本来源包括国内和

国际两个层面。中国资本形成的来源经历了从几乎全靠国内积累到大力吸收国外资本的变迁。特别是在改革开放进程中，积极吸收国内国际两个市场、两种资源，积极吸收外商投资，扩大资本形成的来源渠道，激发经济发展活动。

国内资本主要有五个来源：一是农业剩余，从农业方面获得的资本积累主要来自农业税和以工农业产品剪刀差方式获得的农业剩余；二是来自国有企业的贡献，即国有企业上缴的利润、工商业税款和工厂折旧基金；三是社会储蓄；四是公债及企业债；五是股票市场。国外资本来源包括：一是海外国家或机构的贷款，二是外商直接投资，三是海外资本市场募集资金。

（三）改革开放以来外商对华投资保持较高速度增长

改革开放初期，我国吸引外资的能力低下。以 1992 年邓小平南方谈话、2001 年中国入世、2008 年国际金融危机等重大事件为节点，中国吸收外资在规模数量上取得了显著突破，已逐步成为全球跨国投资主要目的地之一。

1979—1991 年中国年均吸收外资的规模一直在 50 亿美元以下，这一时期我国吸收外资的数额有限，但是增长的趋势很稳定。1992 年邓小平南方谈话后，1992—1997 年间我国吸收外资规模发生了飞跃，从43.66 亿美元增长至 400 多亿美元。我国外商直接投资规模从 1992 年起连续 26 年居发展中国家首位。2001 年中国加入世界贸易组织后，外商直接投资规模从 2001 年的 468.8 亿美元增加到 2017 年的 1363.2 亿美元，年均增长 6.9%。

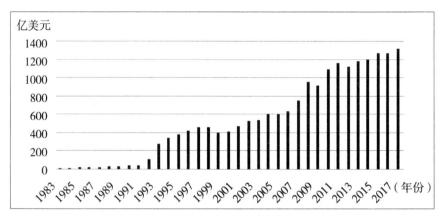

图 5-1　1983—2017 年中国实际使用外资金额

表 5-1　1983—1989 年中国实际吸收外资的数量

单位：%，亿美元

年份	实际使用外资	实际使用外资金额同比	项目个数	项目同比
1983	9.20	0	470	0
1984	14.20	54.35	1856	294.89
1985	19.56	37.75	3073	65.57
1986	22	14.72	441498	−51.25
1987	23.14	3.12	2233	49.07
1988	31.94	38.03	5945	166.23
1989	33.92	6.2	5779	−2.79

资料来源：商务数据中心。

表 5-2　1990—1999 年中国实际吸收外资的数量

单位：%，亿美元

年份	实际使用外资	实际使用外资金额同比	项目个数	项目同比
1990	34.87	2.8	7273	25.85
1991	43.66	25.21	12978	78.44
1992	110.08	152.13	48764	275.74
1993	275.15	149.95	83437	71.10

续表

年份	实际使用外资	实际使用外资金额同比	项目个数	项目同比
1994	337.67	22.72	47549	−43.01
1995	375.21	11.12	37011	−22.16
1996	417.26	11.21	24556	−33.65
1997	452.57	8.46	21001	−14.48
1998	454.63	0.46	19799	−5.72
1999	403.19	−11.31	16918	−14.55

资料来源：商务数据中心。

表5-3 2000—2009年中国实际吸收外资的数量

单位：%，亿美元

年份	实际使用外资	实际使用外资金额同比	项目个数	项目同比
2000	407.15	0.98	22347	32.09
2001	468.78	15.14	26140	16.97
2002	527.43	12.51	34171	30.72
2003	535.05	1.44	41081	20.22
2004	606.30	13.32	43664	6.29
2005	603.25	−0.5	44001	0.77
2006	630.21	4.47	41473	−5.75
2007	747.68	18.64	37871	−8.69
2008	952.53	21.6	27514	−27.40
2009	918.04	−3.62	23435	−14.83

资料来源：商务数据中心。

表 5-4　2010—2017 年中国实际吸收外资的数量

单位：%，亿美元

年份	实际使用外资	实际使用外资金额同比	项目个数	项目同比
2010	1088.21	18.54	27406	16.94
2011	1160.11	9.72	27712	1.12
2012	1117.16	−3.7	24925	−10.06
2013	1175.86	5.25	22773	−8.63
2014	1195.60	1.7	23778	4.40
2015	1262.70	5.6	26575	11.80
2016	1260.00	−0.2	27900	5.0
2017	1310.40	4	35652	27.80

资料来源：商务数据中心。

二、中国实际吸收外资占全球跨国投资的比重逐步增长

从表 5-5 可以看出，1983—1991 年中国实际吸收外资占全球 FDI 比重在 1%~3% 之间徘徊，占比极低。1992 年邓小平南方谈话之后，中国吸收外资突破百亿美元大关，占比世界 FDI 比重上升到 6% 以上。1994 年中国实际吸收外资占世界 FDI 比重为 13.25%，达到改革开放 40 年来的顶峰。2001 年中国加入世界贸易组织之后，实际吸收外资占世界 FDI 比重保持较快增长，特别是 2003 年中国实际吸收外资占世界 FDI 比重为 9.72%，达到 2000—2017 年间的一个顶点。2012—2017 年以来，尽管中国实际吸收外资同比增速不稳定，而且较低，但是中国实际吸收外资占世界 FDI 比重平稳增长，平均为 7.85%。

表 5-5　1978 年以来中国实际吸收外资占当年世界 FDI 流量的比重

单位：亿美元

年份	1978	1979	1980	1981	1982	1983	1984	1985	1986	1987
世界 FDI	342.43	418.95	543.96	695.80	582.22	503.93	561.60	558.31	866.95	1368.66
中国 FDI						9.20	14.20	19.56	22	23.14
占比（%）						1.83	2.53	3.50	2.54	1.68
年份	1988	1989	1990	1991	1992	1993	1994	1995	1996	1997
世界 FDI	1642.28	1969.36	2049.05	1539.73	1629.24	2201.10	2549.20	3415.15	3888.16	4814.92
中国 FDI	31.94	33.92	34.87	43.66	110.08	275.15	337.67	375.21	417.26	452.57
占比（%）	1.94	1.72	1.70	2.84	6.76	12.49	13.25	10.98	10.73	9.39
年份	1998	1999	2000	2001	2002	2003	2004	2005	2006	2007
世界 FDI 流量	6906.94	10763.19	13586.13	7726.62	5898.36	5506.33	6925.98	9489.33	14035.48	18938.15
中国 FDI	454.63	403.19	407.15	468.78	527.43	535.05	606.30	603.25	630.21	747.68
占比（%）	6.58	3.74	3.0	6.07	8.94	9.72	8.75	6.35	4.49	3.95
年份	2008	2009	2010	2011	2012	2013	2014	2015	2016	2017
世界 FDI	14852.05	11790.64	13719.19	15676.77	15747.12	14253.77	13385.32	19213.06	18675.33	14298.07
中国 FDI	952.53	918.04	1088.21	1160.11	1117.16	1175.86	1195.60	1262.70	1260.00	1363
占比（%）	6.41	7.78	7.93	7.40	7.09	8.25	8.93	6.57	6.75	9.53

资料来源：世界 FDI(IN FLOW) 流量来自 UNCTED 数据库，中国实际吸收外资数据来自商务数据中心。

三、外商投资在我国固定资产投资中占有重要地位

（一）中国的固定资产投资来源

固定资产投资是以货币形式表现的、企业在一定时期内建造和购置固定资产的工作量以及与此有关的费用变化情况，包括企业用于基本建设、更新改造、大修理和其他固定资产投资等。中国的固定资产投资按资金来源统计，分为国家预算内投资、银行贷款、利用外商投资、企业自筹资金和其他投资。

（二）不同时期外商投资在固定资产投资中的作用和地位差异较大

1. 改革开放初期外商投资占我国固定资产投资比重不大

1981—1987 年间，外商投资在固定资产投资中占比在 3%～4% 之间，1988—1992 年间占比上升为 5%～6%，仍然远低于其他资金来源。

2.1992—1998 年外商投资占固定资产比重快速增长

随着外商投资法规的不断健全和投资环境的日益改善，我国外商投资进入快速增长期，对固定资产投资的重要性明显增强。尤其是 1992 年以后，跨国公司巨额资金的投入大大缓解了中国国内重大项目资金短缺的压力。1993—1998 年间，外商投资占固定资产比重快速增长，在 1996 年达到顶峰 11.8%，成为增长最快的资金来源。

3.1999—2014 年外商投资固定资产金额上升，但是占比逐年下降

随后受外商投资流入结构性调整的影响，国内资金对固定资产投资大幅增加，相比之下，外商投资固定资产在 2008 年达到顶峰为 5311.9 亿元，此后数量趋于下降，并逐步下降到 4000 多亿元，占比也逐渐下降，2013 年占比下降为 0.9%。外商投资对固定资产投资的影响逐渐弱化。

4.2015—2016 年外商投资固定资产规模和占比均大幅下降

由于近年来我国服务业扩大开放，外商投资从偏重固定资产投资的制造业向轻资产型的服务业转移，制造业外商投资占比下降到 30% 左右。新设立外商投资企业更多为服务行业，固定资产投资很少或者几乎没有。加之近年来部分外商投资企业的关停和转移，2015—2016 年外商投资固定资产大幅下降到 2000 多亿元，占固定资产投资比重降为 0.4%～0.5%。在我国大力提高外商投资质量效益、鼓励外商投资高端制造业的情况下，外资固定资产投资规模和占比大幅萎缩的现象必须引起高度重视。

表 5-6　　中国固定资产投资资金来源（1981—2016 年）

单位：%，亿元

年份	国家预算内资金	国内贷款	利用外资	自筹和其他资金	外资占固定资产投资比重
1981	269.8	122.0	36.4	532.9	3.8
1982	279.3	176.1	60.5	714.5	4.9
1983	339.7	175.5	66.6	848.3	4.7
1984	421.0	258.5	70.7	1082.7	3.9
1985	407.8	510.3	91.5	1533.6	3.6
1986	455.6	658.5	137.3	1869.2	4.4
1987	496.6	872.0	182.0	2241.1	4.8
1988	432.0	977.8	275.3	2968.7	5.9
1989	366.1	763.0	291.1	2990.3	6.6
1990	393.0	885.5	284.6	2954.4	6.3
1991	380.4	1314.7	318.9	3580.4	5.7
1992	347.5	2214.0	468.7	5050.0	5.8
1993	483.7	3072.0	954.3	8562.4	7.3
1994	529.6	3997.6	1769.0	11531.0	9.9
1995	621.1	4198.7	2295.9	13409.2	11.2
1996	625.9	4573.7	2746.6	15412.4	11.8
1997	696.7	4782.6	2683.9	17096.5	10.6
1998	1197.4	5542.9	2617.0	19359.6	9.1
1999	1852.1	5725.9	2006.8	20169.7	6.7
2000	2109.5	6727.3	1696.3	22577.4	5.1
2001	2546.4	7239.8	1730.7	26470.0	4.6
2002	3161.0	8859.1	2085.0	30941.9	4.6
2003	2687.8	12044.4	2599.4	41284.8	4.4
2004	3254.9	13788.0	3285.7	54236.3	4.4

年份	国家预算内资金	国内贷款	利用外资	自筹和其他资金	外资占固定资产投资比重
2005	4154.3	16319.0	3978.8	70138.7	4.2
2006	4672.0	19590.5	4334.3	90360.2	3.6
2007	5857	23044.2	5132.7	116769.7	3.4
2008	7954.8	26443.7	5311.9	143204.9	2.9
2009	12685.7	39302.8	4623.7	193617.4	1.8
2010	13012.7	44020.8	4703.6	224042.0	1.6
2011	14843.3	46344.5	5062.0	279734.4	1.5
2012	18958.7	51593.5	4468.8	334654.7	1.1
2013	22305.3	59442.0	4319.4	405545.8	0.9
2014	26745.4	65221.0	4052.9	447461.2	0.7
2015	30924.3	61054.0	2854.4	489366.0	0.5
2016	36211.7	67200.3	2270.3	511251.2	0.4

资料来源：《中国统计年鉴》。

第二节 外商投资对于我国经济增长发挥重要作用

一、外商投资对我国区域经济发展产生了重要影响

外商投资推动了中国各地区经济的发展，同时，各地区外商投资数量和质量的差异也成为导致地区经济发展速度差异的重要因素之一。

（一）外商投资在东中西部的区域分布

20 世纪 70 年代末，我国实施经济体制改革和对外开放政策以来，外商投资主要分布在我国东部地区，中西部外商投资很少，外商投资分布的差异使外商投资企业对不同地区产出和出口的贡献有明显差异。1985—1999 年间，我国东部地区与西部地区之间 GDP 增长率的差异大约有 90% 是由外商投资引起的。东部地区外商投资始终保持在我国利

用外资额的 85% 以上，中西部地区外商投资较少，外商投资企业占当地总产出的比重及对出口的贡献率，远远低于全国平均水平和东部地区水平。从 2004 年开始，外商投资出现向西部转移的趋势，西部地区外商直接投资的比重逐步上升，西部地区廉价的劳动力资源和其他生产要素的独特优势是外商投资进入的主要因素，也逐步形成外商投资和地区经济增长的区域循环累积效应。

相比之下，进入 2000 年以来，个别年份东部地区吸收外资占比略有下降，但是始终保持在 80% 以上，而中部和西部地区实际利用外资的占比是不稳定的，两者均没有超过 10%。例如：2012 年东、中、西部实际使用外资占比分别为 82.8%、8.3%、8.9%，2015 年依次为 83.8%、8.3%、7.9%，2016 年依次为 86.7%、5.6%、7.7%。

（二）外商投资造成了中国中西部地区经济发展的差异

外商投资的大规模进入通过增加资本形成、扩大出口和创造就业等途径，推动了东部沿海地区经济的快速发展。同时，东部沿海地区经济的快速增长又提高了该地区居民的收入水平，扩大了市场的容量，改善了外部条件，产生集聚经济效益，从而进一步扩大外商投资的进入，在外商投资和地区经济增长之间形成一种区域循环累积因果效应。在中西部地区，尽管投资有较高的社会效益，但投资的直接收益总体上低于东部地区。因此，中西部地区总体外商投资的数量和比例较小。这种吸收外商投资的差异也是造成中国地区差距的重要因素之一。

外商投资区域分布差异是我国东、中、西部经济市场化差别的重要影响因素，外商投资与我国经济市场化发展密切相关，东部地区吸引了超过 85% 的外商投资额，使得东部地区的经济市场化水平相对较高，中西部地区的外商投资落后于东部地区，中西部地区经济市场化的发展相对滞后。

二、外商投资对我国经济增长产生重要影响

2000 年以来，外商投资在资本形成总额占比不足 3%，在固定资产投资占比不足 1%，与 20 世纪 90 年代的历史最高值相比均下降约 10 个百分点，但其影响力并未减弱。改革开放 40 年来，外资在华投资地区总部、研发中心超过 2800 家。外资企业占中国企业数量不到 3%，但提供了 1/10 的城镇就业，贡献了 1/5 的税收收入、1/4 的工业总产值、近 1/2 的进出口额，为促进国内实体经济发展、推进供给侧结构性改革发挥了重要作用。

外商投资企业已成为中国某些产业的主要参与者。以 2013 年统计为例，在计算机、通信和其他电子设备制造业中，外资企业占到总资产的 59%，在汽车制造业中达到 40%，而该年度外资工业企业整体占中国工业总资产的比例为 22%。高端制造业、服务业将成为新的外资关注焦点。

外资企业的价值中最重要的部分却恰恰是难以量化衡量的，它为中国带来了广泛的催化影响和溢出效应，如促进中国产业现代化、培育本土供应商和分销商、完善研发与技术开发、促进管理培训和教育的现代化、完善金融体系、引入区域和全球化管理方式等。特别需要强调的是，吸引外商投资是中国构建开放型经济和融入经济全球化的重要方式，以"开放促改革"，借助外资的存在、影响和运营，才能更快改善中国整体经济及其配套结构。

当然，我们也必须看到外商投资对中国经济发展也有负面影响。例如：挤压国内产业、影响技术进步、对金融市场造成结构性影响、放大 GDP 缺口的可能性，等等。

第六章 外商投资对于我国工业化的贡献

第一节 外商投资助推我国工业化发展

改革开放后，外商投资对我国工业化加快发展发挥了极其重要的推动作用，不仅弥补了国内资金短缺，还带来了先进技术和境外市场需求，使我国在国际市场的比较优势得以充分发挥。

一、外国投资推动我国成为世界工厂

1978 年，我国开始进行工业化战略的重大调整，放弃了单纯发展重化工业的思路，实施改善人民生活第一、工业全面发展、对外开放和多种经济成分共同发展的工业化战略。制造业是我国较早实现对外开放的部门。按照现有统计口径，我国制造业包括原材料加工制造业 9 个行业、消费品加工制造业 14 个行业和装备制造业 8 个行业等共计 31 个行业。在行业对外开放过程中，我国对外资开放的首先是属于竞争性产业的一般加工制造业、劳动和资源密集型产业，对一些重要产业的开放则实施渐进原则，国家掌握控制权和审批权。改革开放之初，我国对外向型加工制造业提供用地、税收和融资方面的优惠，除享受"两免三减"外，只要企业年出口额占企业总销售额的 70% 以上，均可享受减半征收企业所得税的优惠。

20 世纪 90 年代中期，我国采取了产业指导目录的办法来引导外商投资结构，此后根据不同时期经济建设的需要对目录进行调整。90 年代是我国利用外资加速增长阶段，这个阶段的外资主要投向制造业。2001 年制造业吸收了全部外资的 66%，吸收外资较多的制造行业有电子和通信设备、电器机械、交通运输设备和纺织服装等。

2002 年我国加入世界贸易组织后，"中国制造"广泛融入世界，低成本优势和专业化产业集群赢得大量代工生产订单，成为国际制造业的生产外包基地，外资企业在制造业投资、产出、出口等主要指标中的比重显著上升。2007 年，外商投资企业的工业增加值占全国工业增加值的比重达 28%，我国机电产品和高技术产品出口总额中，外资企业的比重分别达到 73% 和 87%。从 2009 年起，我国成为世界第一制造大国，世界 500 种主要工业品中，我国有 220 项产品产量居全球第一。

国家统计局数据表明，2017 年，规模以上外商投资工业企业数量 4.99 万家，占全部规模以上工业企业数量的比重为 12.9%；资产总计 22.5 万亿元，主营业务收入 25.9 万亿元，用工人数 2088.6 万人，占规模以上工业用工人数的比重达 23.6%。外资企业以占全国不足 3% 的数量，创造了 1/4 的规模以上工业企业利润、1/5 的税收收入，为促进国内实体经济发展、推进供给侧结构性改革发挥了重要作用。

表 6-1　我国制造业利用外资总体情况

单位：%，亿美元

年份	制造业利用外资	占外资总量的比重
1985	23.8	37.7
1990	55.7	84.4
1995	616.5	67.5
2000	258.4	63.5
2005	424.5	58.6
2006	400.8	57.7
2007	408.7	48.9

年份	制造业利用外资	占外资总量的比重
2008	499.0	46.0
2009	467.7	49.7
2010	495.9	43.2
2011	521.0	42.0
2012	488.7	40.4
2013	455.6	36.8
2014	399.4	31.1
2015	395.4	29.2
2016	354.9	26.5
2017	335.1	26.9

资料来源：《中国商务年鉴》（1985—1995 年数据为合同外资金额）。

表 6-2 规模以上外资企业工业增加值增幅

年份	全国工业增加值增幅（%）	规模以上外资企业工业增加值增幅（%）
1992	21.0	48.8
1993	20.0	46.2
1994	18.8	28.0
1995	14.0	19.0
1996	12.5	13.1
1997	11.3	13.4
1998	8.9	12.7
1999	8.6	12.9
2000	9.9	14.6
2001	8.7	11.9
2002	10.0	13.3
2003	12.8	20.0

年份	全国工业增加值增幅（%）	规模以上外资企业工业增加值增幅（%）
2004	11.6	18.8
2005	11.6	16.6
2006	12.9	16.9
2007	14.9	17.5
2008	10.0	9.9
2009	9.1	6.2
2010	12.6	14.5
2011	10.9	10.4
2012	8.1	6.3
2013	7.7	8.3
2014	7.0	6.3
2015	6.0	3.7
2016	6.0	4.5

资料来源：2017 中国外资统计。

二、外商投资加工贸易是推进我国工业化进程的一条新道路

改革开放 40 年来，我国加工贸易实现了跨越式发展，总量不断扩大，产业层次逐步提升，加工贸易进出口额从 1980 年的 16.7 亿美元增长到 2017 年的 11900 亿美元。加工贸易的发展，对扩大就业、优化产业结构、促进技术进步、密切与台港澳经贸关系、推动经济社会发展发挥了重要作用。

我国的加工贸易是伴随着改革开放逐步发展起来的，呈现出明显的阶段性，经历了起步、发展和快速发展的不同阶段。改革开放之初，我国处于工业化的初期，资金、技术要素短缺，劳动力大量闲置。1979年 7 月，国务院制定了鼓励"三来一补"的试行办法。由于建厂快，投产快，受益快，这项业务发展很快。1987 年 12 月，国务院办公厅转发

了外经贸部《关于抓住有利时机进一步发展对外加工装配的请示》。次年，广东省和外经贸部相继出台了鼓励发展加工装配业务的进一步放宽政策。1992年，邓小平视察南方发表了重要讲话，国务院迅速做出部署，决定进一步放宽对外商的限制，对外资进入和开展加工贸易实行鼓励政策，提供优惠关税待遇。

整个20世纪90年代，沿海地区利用国际生产结构调整的有利时机，发挥劳动力资源丰富和工业基础较好的优势，大力发展原材料供应和产品销售市场"两头在外"的加工贸易。深圳是我国加工贸易发展最早、规模较大、管理比较规范的地区，至1998年底，深圳市加工贸易企业共14615家，占全市工业企业总数的70%左右，加工贸易出口227.7亿美元，其中高新技术产品占32.8%，占全市高新技术产品出口总额的95%以上，占全国高新技术产品出口总额的66.1%。

从事加工贸易的中小型外商投资企业主要集中于纺织、服装、制鞋、玩具、小家电等轻工行业，广泛分布于沿海乡镇地区，此类企业对出口创汇、吸纳农村富余劳动力、改革落后地区经济格局起到重要作用。

表6-3　外商投资企业加工贸易进出口情况

	1997 年	2007 年	2017 年
外资企业加工贸易进出口（亿美元）	1114.9	8311.3	9829.9
占中国加工贸易进出口的比重（%）	65.7	84.3	82.6
占中国外贸进出口的比重（%）	34.3	38.2	24

资料来源：海关统计。

随着加工贸易规模的扩大，产业集聚效应促使产业链向上下游环节延伸，从而将国内企业纳入生产活动。外商投资加工贸易的发展，培养了大批适应工业化大生产的熟练劳动力和技术与管理人才，加工贸易出口获得的大量外汇为进口工业化所需的先进设备提供了资金。

加工贸易是我国承接跨国产业转移的重要方式，充分发挥了我国在劳动密集型生产活动中的比较优势，解决了社会主义初级阶段存在的二元经济结构的矛盾，增强了产业的国际竞争力，加快了国内产业升级和技术进步的进程，带动了我国外向型经济跨越式发展，对我国工业化进程做出了巨大的历史贡献。

三、外商投资对我国制造业结构变革的积极作用

外商对我国工业部门的直接投资大部分在制造业，其中加工工业的比重较高，轻工业的比重高于重工业。从最初承接以消费品为主体的轻加工制造业开始，通过大规模利用外资，我国从产品制造起步，参与跨国公司全球一体化生产体系的广度和深度不断扩展，在国际分工格局中逐步确立了工业品生产和出口大国的地位。

在我国制造业发展进程中，外资产生的外溢效应很显著，成为推动我国制造业结构变动和消费品工业扩张的一个重要因素。外商投资企业对我国制造业结构变革的积极作用体现在三个方面。

（一）释放了我国的生产要素优势

制造业利用外资的过程，也是我国全方位释放自身比较优势的过程。我国劳动力、土地、自然资源等生产要素丰富而且廉价，这对于吸收制造业尤其是出口导向的外商投资起了关键作用；我国市场广阔，人均消费水平低，原来的市场开发水平远远不够，所以国内市场的开拓余地极大地吸引了当地市场取向的外商投资。外国直接投资带动了国内要素的有效使用，从而形成了高速经济增长。

（二）培育了我国原本不具备大规模出口能力的制造业部门

通过吸引外商投资，电子、通信、家电等行业在较短时间内具备了融入国际供应链的能力，使我国形成了符合国际市场要求的制造业平台，建立了出口导向型劳动密集产业的多元化格局，迅速崛起成为全球最大的产业制造与组装基地，我国外贸出口结构由此实现了由初级产品向劳动密集型轻工产品、继而再由劳动密集型轻工产品向劳动密集型机电产品的转变，中国特色的社会主义工业化道路取得了成功。

表 6-4　2016 年外商制造业投资的行业分布

单位：%，万美元

	实际使用外资	同比
制造业	3549230	−10.24
农副食品加工业	69073	−37.48
石油加工、炼焦及核燃料加工业	24994	−46.23
化学原料及化学制品制造业	223845	−15.03
非金属矿物制品业	175218	−25.45
通用设备制造业	290532	1.98
专用设备制造业	252707	0.99
交通运输设备制造业	370880	0.01
通信设备、计算机及其他电子设备制造业	574724	−16.17

资料来源：商务部外资统计。

表 6-5　2016 年外商投资工业企业主要经济指标

单位：个，亿元，万人

	企业数	工业销售产值（当年价格）	资产总计	主营业务收入	利润总额	平均用工人数
总计	52758	245422.9	201302.7	245697.6	15905.8	2355.4
采矿业	204	2381.4	4091.7	2673.9	284.2	10.5
制造业	51495	237668.9	186085.8	237703.4	14606.6	2316.9
电力、热力生产和供应业	526	2937.7	7084.5	2852.7	715.9	11.0

资料来源：《中国工业统计年鉴 2016》。

（三）推动了我国高技术产业的发展

近年来，外资在中国越来越多地投向了高新技术产业，在通信电子制造业、交通运输设备制造业、通用设备制造业等资金技术密集型新兴行业中,外商投资成为推动行业快速发展的关键力量,这对于我国制造业向高加工度方向升级和技术密集型产业的发展,起到了明显的推动作用。外资对高科技产业投资的溢出效应、示范效应和竞争效应为我国自主创新的开展提供了良好的基础,有力地促进了相关行业整体技术水平的提升。

2013年以来,高技术产业利用外资年均增长11.7%,全国高技术企业中有25%是外商投资企业,近50%的产值来自外商投资企业。2017年,高技术产业实际吸收外资同比增长61.7%,占比达28.6%,较2016年底提高了9.5个百分点。高技术制造业实际使用外资665.9亿元,同比增长11.3%。其中,电子及通信设备制造业、计算机及办公设备制造业、医疗仪器设备及仪器仪表制造业同比增长7.9%、71.1%和28%。

表6-6 2016年先进技术制造业利用外资

单位:%,亿元

	企业个数	企业个数占比	实际使用外资	实际使用外资占比
医药制造业	80	10.03	134.33	22.48
航空、航天器及设备制造业	6	0.75	2.34	0.39
电子及通信设备制造业	487	61.03	400.23	66.99
计算机及办公设备制造业	53	6.64	14.66	2.45
医疗仪器设备及仪器仪表制造业	169	21.18	45.61	7.63
信息化学品制造业	3	0.38	0.29	0.05
总计	798	100	597.46	100

资料来源:《中国外商投资报告2017》。

第二节　外商投资是我国新时代转型升级的重要促进力量

一、把握新时代新型工业化的内涵

2002 年，中共十六大在总结我国工业发展和工业化经验的基础上，根据我国国情正式提出了我国应该走"新型工业化道路"，即"坚持以信息化带动工业化，以工业化促进信息化，走出一条科技含量高、经济效益好、资源消耗低、环境污染少、人力资源优势得到充分发挥"的工业化道路。党的十九大报告再次强调新型工业化，指出"推动新型工业化、信息化、城镇化、农业现代化同步发展"。新时代的新型工业化的重点在于抢抓新一轮科技革命和产业革命的机遇，推进整体技术进步，加快突破若干重要战略性行业的重大关键共性技术、核心零部件生产，着力振兴实体经济，着力解决发展不平衡不充分问题。

二、深刻认识转型升级面临的新形势

（一）我国制造业增长的外部环境日益严峻

联合国工业发展组织发布的《2017 国际工业统计年鉴》显示，近年来全球工业化进程减缓，发展中国家及新兴经济体的制造业生产增长相对疲软，英国退欧对全球投资贸易的潜在影响以及特朗普新政引发的世界经济不确定性导致全球制造业增长前景堪忧。发达国家重振制造业战略的实施以及跨国公司对全球制造业综合成本的重新衡量推动部分制造业回归，智能技术的运用减少了制造业对劳动力的依赖，发达经济体的制造业价值增长（MVA）2016 年下降到不足 1%，我国作为世界最大的制造商，MVA 的增长速度由 2015 年的 7.1% 下降到 2016 年的 6.7%。特别值得注意的是，新兴经济体国家如印度、越南等利用其相对更低的要素成本，快速推进工业化进程，我国制造业生产的比较优势弱化，国

际资本开始寻找更具竞争优势的投资区位。

（二）产能过剩和技术落后是我国制造业发展的主要障碍

经过出口导向型模式和重化工业快速发展两个阶段，我国制造业迅猛扩张后形成巨大产能，在市场需求变化的情况下面临严重过剩。与此同时，我国制造业的国际竞争力仍主要体现在制造成本的比较优势上，高度依赖低端加工组装，缺乏技术创新和品牌，相当数量的制造企业处于经营困难的状态。

近年来，外商投资中也出现了某种程度的脱实向虚现象，外商投资实体经济尤其是制造业的比重有所降低，在某些地区、某些行业表现得甚为明显。这种情况对于我国转变经济发展方式、推进产业结构优化调整和转型升级、加快新旧动能转换都是极为不利的。我国制造业走出困境并维持国际竞争力的唯一出路在于转型升级。在开放环境下，实现《中国制造2025》提出的"三步走"战略，只能在全面参与国际竞争与合作中实现，有效利用外资，与国外的企业在研发、技术、资本和人才等领域开展深度合作，将大大缩短转型升级的过程。

三、新常态下外资对于我国制造业转型升级仍然不可或缺

制造业是国家的立国之本，雄厚的制造业基础才能带来经济长期的可持续发展。首先，增加制造业外资能够稳定就业、工业产出、财政收入等，对经济改革起到"稳定器"的作用；其次，外资带来的先进制造业能够有效地增加制造业的高端供给，助力我国制造业转型升级，恰是我国供给侧结构性改革方向所在，对行业发展起到示范和引导作用，同时满足了市场消费升级的需要；最后，外资进入制造业有助于改善资本"脱虚就实"现象，有利于构建良性的产业生态环境，带动上下游企业的跟进，有效激发实体经济的活力。因而，我国仍要加大吸引制造业外资的力度，推动产业国际合作由加工制造环节为主向合作研发、联合设计、市场营销、品牌培育等高端环节延伸。

（一）改革红利不断释放

近年我国外资管理体制改革不断深化，全面实施准入前国民待遇加负面清单管理制度；大幅度减少外资准入限制，扩大了外商投资市场空间；区域开放布局更加优化，建立了11个自由贸易试验区，又宣布海南全岛建设自由贸易试验区，探索建设自由贸易港。随着上述改革红利的不断释放，我国制造业利用外资也有望突破发展瓶颈，进入新的发展阶段。

（二）完善法制和政策环境

一是健全法律体系，提高法律透明度和确定性。全面依法治国是"四个全面"战略布局中重要组成部分，要加快形成完备的法律规范体系和高效的法治实施体系。很多法律法规与外商紧密相关，如《外国投资法》《专利法》《反垄断法》《环境保护法》《合同法》等，不但要厘清不同法律中不统一、不完善、不明确部分，还要提高法律的透明度，建立通畅的沟通机制，细化并明确法律的相关解释，使执法更加规范，避免选择性执法。二是提高政策制定水平，保持政策的稳定性、统一性和可预期性。经济新常态下，政策制定也应根据现阶段具体情况调整，出台政策前要充分调研和意见征询，发挥政策的引导和正向激励作用，减少政策执行的随意性，保持政策的稳定性和可预期性。三是放宽市场准入，要配套出台具体实施细则，防止"玻璃门"现象。

（三）为制造业利用外资营造创新环境

首先，鼓励外资融入我国制造业创新体系，参与《中国制造2025》，如工业强基专项行动实施方案、智能制造等相关规划、方案和专项，鼓励中外联合研发，充分利用全球智慧。其次，保护和保障知识产权市场健康、有序发展，加强创新服务平台建设，促进技术转移和交易的顺畅，为制造业外资的研发和创新提供国际规范化、专业化服务。最后，创造良好的创新基础设施，方便国际科技信息交流合作，加强实体经济投资环境的国际竞争力。

（四）鼓励外企参与研发，促进中外科研机构合作

首先，落实外资参与研发的优惠政策。在鼓励研发政策上，使外资获得与中国企业同等待遇，如高科技企业税收优惠、研发费用税前扣除、设立研发中心的优惠政策等。其次，为中外科研机构合作创造更多条件。搭建公益性的研发合作平台、科技成果转移／转化平台、高科技企业孵化器等，不断提升我国的国际科技合作形式和水平。最后，引导形成外资研发机构的开放合作机制。外资研发机构大多独立、封闭运作，应鼓励其对国内机构开放，创新中外研发机构合作机制和知识产权分享机制，加速联合创新和成果转化，促进人才培养交流，使中外创新合作产生更好社会效益和经济效益。

（五）降低制造业外商投资成本

目前国际资本竞争加剧，美国采取的减税政策会对其他国家产生外溢性和传递效应，有可能对国际资本流动格局产生重要影响，我国应采取措施降低制造业投资经营成本。必须强调的是，这不仅是为加强我国对外商投资的竞争力，同时也是为加强我国企业自身的竞争力。目前我国很多制造业企业对外大规模投资，美国等发达国家的制造业投资成本在许多方面都低于我国，已经凸显降低制造业生产成本的急迫性。

（六）外资统计应向有利于制造业转型升级方向改革

现阶段我国制造业由大向强转变，提质增效是今后发展的主攻方向，外资统计制度应该做相应的调整，这不仅能更好地反应制造业内部结构的优化，更重要的是对地方招商引资工作起到积极引导作用，增加地方实际操作中对提升外资质量的重视。改革传统外资统计中侧重绝对量的统计，增加对外资质量统计指标，如高新技术利用外资量、外资专利申请量、外资技术转让量、外资研发机构落户量等，以鼓励地方引入高技术外资、促进本地研发水平的提高及技术的外溢。

第七章 外商投资促进我国产业结构优化

第一节 外商投资对我国技术进步的贡献

改革开放前期和初期，我国大多数资本技术密集型工业是在国内市场一定程度的保护下发展起来的，技术基础差，缺乏外部竞争压力，这些工业发展一直很缓慢，与世界先进水平差距较大。20世纪90年代以来，大型跨国公司到中国投资，带来一批先进实用的技术，国际先进技术开始向中国转移，填补了我国许多产品技术空白，促进许多行业产品大批更新换代。目前，世界前500家跨国公司中已有480多家到中国投资，外商投资建立的新兴产业加工平台通过"干中学"提高了劳动力素质，缩小了中国制造业加工工艺与发达国家之间的差距，为中国自主开发产品的批量生产奠定了基础。

一、外商投资企业是我国技术引进的重要主体

（一）外商投资对中国技术进步的促进作用的表现

主要体现在三个方面：一是外商投资企业在华投资使用比较先进的技术，从而为我国直接带来先进技术；二是外商投资企业的技术溢出效应，通过示范模仿机制、竞争机制、前后向联系机制以及人员流动机制提高企业的技术创新能力，对国内相关产业的技术进步产生积极的推动

作用，从而有效提升国内产业的技术水平；三是外商投资在华设立研发中心，引进研发能力，最近几年跨国公司在我国投资了较多带有设计和研发功能的项目，其中有多个项目是全球性的独立研发中心。

（二）外商投资在我国技术引进中的作用非常重要

随着外商投资规模的迅速扩大，外资日渐成为我国引进技术的主要途径之一。外商投资通过设备投资和技术转移直接促进我国技术进步。我国外商投资的方式主要有合资经营、合作经营、合作开发、独资经营等四种，与此相对应，外商投资在技术贸易中的技术引进方式是合作生产、合资技术许可、合资技术设备入股、独资技术许可等。

二、外商投资企业逐步从劳动密集型产业向高技术产业转移

随着外商投资结构的不断优化升级，外商投资在带动相关行业快速发展的同时，逐步从劳动密集型产业向资本密集型及高新技术产业转移。外商投资企业技术溢出效应有一个逐步提高的过程。1985 年以前，外商投资主要集中于我国纺织、轻工、加工制造等劳动密集型行业，高新技术行业投资份额很少，加之外商投资的规模有限，对我国技术进步特别是有形生产要素技术进步的影响较小。1984 年的合同外资中，劳动密集型行业的合同外商投资额占总额的 39.2%，而化工、医药制造业、电子及通信设备等技术含量较高的行业合同外资额仅占总额的 9.9%。

1985 年以后，随着外商投资规模的迅速扩大，外商投资的行业结构趋于优化，对化工、医药制造业、机械制造业、交通运输设备、电子及通信设备、仪器仪表等技术资本密集型行业的投资额迅速扩大，对我国高新技术产业的发展贡献日益增强。同时，外商投资中用于文教卫生、科学研究和综合技术开发的金额也有较大幅度增加，由 1985 年的 6241万美元增加到 1990 年的 7396 万美元，外商投资对劳动力素质的改善和科学研究与综合技术开发的贡献，也随着其规模的扩大而增加。这一阶段外资企业的技术效应逐步提高。

1991—1996 年期间，随着外商投资规模的高速增长，外商对我国技术资本密集型行业的直接投资也高速增长，合同投资额由 1991 年的 27.2 亿美元迅速扩大到 1996 年的 146.2 亿美元，在合同利用外资中的比重也提高到 1996 年的 19.5%。例如：国外电子通信行业的大型跨国公司在我国的大量直接投资，对我国电子通信行业的快速发展及其技术水平的大幅度提高起到了至关重要的作用。

2000 年以来外商投资进入结构调整和产业升级时期，在我国高新技术企业总量中，外商投资企业已经占到 30% 以上。重点高新技术产品出口企业都是外商投资企业。外商投资、特别是欧美投资在其产品进入中国市场的同时也带来了大量的先进技术和成熟技术，对我国的技术进步无疑具有重要的促进作用。外商投资企业对协作企业的技术援助和培训等技术转移也对相关企业的技术进步起到重要促进作用。

2014 年以来，我国外资政策导向更加强调提高利用外资的质量和效益，外商投资向高技术行业的投入明显增长。我国高技术产业实际吸收外资同比增长 61.7%。2017 年，我国外资产业结构持续优化，高技术产业实际吸收外资同比增长 61.7%，占比达 28.6%，较 2016 年底提高 9.5 个百分点；高技术制造业实际使用外资 665.9 亿元，同比增长 11.3%；高技术服务业实际使用外资 1846.5 亿元，同比增长 93.2%。

三、外商投资研发中心提高了我国自主创新能力

鼓励外商在中国投资设立研发中心是中国继续坚持积极引进外商投资、提高引进外商投资质量、促进外商投资对中国技术转移的重要战略。跨国公司在华投资研发中心有助于提高我国企业的技术水平。通过技术联盟等形式进入跨国公司体系内部，国内企业得以掌握先进的技术工艺，在华研发中心展示出的新产品和新技术会促使我国国内企业进行模仿性创新，研发带来的产业前后关联可以提高我国配套企业的技术水平。

跨国公司在华设立研发中心增长迅速，截至 2017 年，跨国公司研

发中心已经达到 2800 多家，主要集聚在北京、上海、广州、深圳等一线经济和文化教育发达的城市。目前，在我国建立研发中心的有来自美、日、德、法、加、荷、丹、俄、韩等几十个国家和地区的跨国公司，微软、甲骨文、IBM、西门子、杜邦、通用电气、通用汽车、大众汽车、宝洁、本田、日立、雀巢等跨国公司都根据其全球经营战略在中国设立了研发中心，主要集中在技术密集型行业，如电子及通信设备制造业、交通运输设备制造业、医药制造业、化学原料及化学品制造业、农业及食品等行业。

外商投资研发中心不仅对中国具有一定的技术溢出效应，更重要的是提升了中国的自主创新能力。外商投资研发中心通过合资研发、联合研发、委托开发、研发外包等形式将部分技术转移到国内企业或科研机构，并通过信息交流、研发资源共享等方式产生一定的知识溢出，同时还聚集了大量高端人才，并有完善系统的培训体系，培养和锻炼了国内的研发队伍。

第二节　外商投资对我国农业发展的贡献

中国农业利用外资始于 20 世纪 70 年代末，其发展进程与中国对外开放进程同步。农业利用外资逐步发展，从无到有，从小到大，从点到面，规模日益扩大，取得了巨大的经济和社会效益。外资在增加中国农业投入资本、推动农业技术进步、改善农业生产条件等方面发挥了非常重要的促进作用。与此同时，现阶段中国农业利用外资过程中还存在诸如利用外资比例明显不足、来源渠道相对单一、区域分布失衡等问题。

一、农业利用外资的现状特点

首先，农业利用外资的比例明显不足、规模偏小。改革开放以来，

中国一直将农业作为重点鼓励外商投资的领域之一，农业利用外资总量
也基本保持稳步增长的态势，但是与第二、三产业利用外资的规模比
较，第一产业的农业（包括农林牧渔）在我国实际利益外资占比极低。
2000—2016年农业实际利用外资占我国实际利用外资总额的比重为1%
左右。

表7-1　2000—2016年中国农业实际利益外资占比情况

单位：%，亿美元

年份	全国实际利用外资总额	农林牧渔实际使用外资金额	农林牧渔占外资总比
2000	407.15	6.76	1.66
2001	468.78	8.99	1.92
2002	527.43	10.27	1.95
2003	535.05	10.01	1.87
2004	606.30	11.14	1.84
2005	603.25	7.18	1.19
2006	630.21	5.99	0.95
2007	747.68	9.24	1.24
2008	952.53	11.91	1.25
2009	918.04	14.29	1.56
2010	1088.21	19.12	1.76
2011	1160.11	20.09	1.73
2012	1117.16	20.62	1.85
2013	1175.86	18.00	1.53
2014	1195.60	15.22	1.27
2015	1262.70	15.38	1.22
2016	1260.00	18.98	1.51

资料来源：《中国统计年鉴》。

其次，农业利用外资的项目范围相对较窄。从中国农业利用外资所涉及的范围来看，其包括农林牧渔业的所有方面，但其中主要以农产品加工项目为主，投资农业内部（农林牧渔）生产环节的相对较少。

再次，农业利用外资的来源渠道相对单一。从新中国成立至今，中国农业利用外资经历了间接投资和直接投资两个阶段。20世纪70—80年代农业利用外资以世界粮农组织、世界粮食计划署等国际组织提供的小型无偿援助项目为主；80年代中期至90年代初，中国农业利用外资的主要渠道是世界银行、亚洲开发银行、国际农业发展基金会吸收贷款。20世纪90年代中期以后，外商投资农业发展迅速。

最后，农业利用外资的地域分布显著失衡，中国农业利用外资在区域分布上呈不平衡发展态势，具体表现为"东多西少，南多北少"的特点。东部地区以外商直接投资为主，中部地区吸收国外贷款较多，而西部地区接受援助较多。

二、农业利用外资的趋势

随着中国农业对外资开放程度的不断扩大，未来外商投资的项目和规模也会趋向增加。根据2017年和2018年外商投资负面清单相比较，可以看出，我国在农业的核心"种业"领域进一步扩大了开放，除了小麦、玉米之外，其他的农作物新品种选育和种子生产方面中方不再占有控股权。这将极大刺激外商投资农业高科技"种业"的积极性，提高我国农业科技发展水平。

表 7-2　农业开放最新"负面清单"

2017年国家版负面清单	2018年国家版负面清单	变化情况
农作物新品种选育和种子生产（中方控股）	小麦、玉米新品种选育和种子生产须由中方控股	取消小麦、玉米之外农作物新品种选育和种子生产须由中方控股的限制

另一方面也要看到，随着中国农业外企控股比例限制的逐步取消和外商投资领域的逐步开放，产业安全和国家安全的风险也在不断上升。外资发起针对中国农业龙头企业的投资并购案例日益增加，粮食加工、酒类、乳业、饮料等行业的并购事件激增，个别领域出现外资垄断或垄断迅速扩大的苗头。国际粮食巨头如 ADM、邦吉、嘉吉和路易达孚等在中国粮油等重要农副食品生产加工和流通领域的投资和收购量增加。这些国际粮商加大了对中国粮食供应链各环节的投资力度，渗透中国的粮食体系，影响中国的粮食供给，威胁着中国的粮食安全，增大了国家粮食市场稳定和调控管理工作压力。因此，未来我国在不断优化外商投资农业的结构和区域布局之外，要辩证看待外资在农业领域的并购，加强安全预警机制建设，加强事中和事后监管。

第三节　吸收外资对我国服务业发展的贡献

2008 年国际金融危机后，世界 FDI 投资更多流向服务行业，我国吸收外资增速相应放缓，实际利用外资的产业结构也发生重要变化，即制造业吸引外资逐渐下降，服务业吸引外资显著上升。2011 年我国服务业吸收外商投资占比首次超过制造业，并在 2013 年首次在实际吸收外资总额中占比过半。2016 年服务业实际使用外资占比为 70.3%，远远高于制造业。目前，我国服务业进一步扩大开放和服务业利用外资的重要性进一步凸显。现阶段我国外资规模的稳定增长需要进一步扩大服务业开放。此外，我国制造业转型升级需要引进更多优质服务。服务业外资作为我国利用外资的重要组成部门，其积极作用应引起高度重视。

一、服务业吸收外资的现状和特征

首先，服务领域的进一步开放扩大了服务业外资的进入。"十二五"

时期，尤其是 2013 年十八届三中全会的召开，为新时期中国服务业的进一步开放指明了方向。服务业开放的重点领域涉及金融、教育、文化、医疗、育幼养老、建筑设计、会计审计、商贸物流、电子商务等。与此同时，服务业的进一步开放也成为上海自贸试验区和北京服务业扩大开放综合试点的核心内容，在这些区域我国取消了对外资进入房地产业、信息传输、软件和信息技术服务业、融资租赁等领域的限制，并进一步降低了对外商进入批发零售、金融、电信、专业服务等领域的限制。

其次，近年来我国服务业吸收外资规模和增速快速攀升。2011—2016 年，我国服务业利用外资从 552.4 亿美元增为 885.6 亿美元，年均增幅达 9.9%，2016 年同比增长 14.7%。与此同时，我国服务业外资所占比重不断上升，2011 年服务业外资占比首次超过制造业，2013 年比重第一次超过 50%，2015 年达到 61.1%，2016 年超过 70%，中国利用外资已经完全进入了服务业占主导地位的时代。

表 7-3　2011—2016 年我国服务业吸收外资及占比

单位：%，亿美元

年份	服务业实际利用外资金额	同比增长	服务业吸收外资占比
2011	552.4	20.5	47.6
2012	538.4	−2.3	48.2
2013	614.5	14.1	52.3
2014	662.3	7.8	55.4
2015	771.8	17.3	61.1
2016	885.6	14.7	70.3

资料来源：商务部外资统计。

再次，服务业外资产业结构明显优化升级。2011 年，我国服务业行业结构中房地产基本占据了半壁江山，份额达到 46.1%，其次分别是批发和零售业以及租赁和商务服务业，利用外资占比分别为 14.5% 和

14.4%，这三大行业外资占到当年服务业外资总额的 75%。2016 年我国服务业外资产业结构得到极大改善，房地产业已不再是一枝独大，2011—2016 年，房地产实际利用外资金额从 268.8 亿美元降为 196.6 亿美元，年均下降 6.0%。2016 年房地产占服务业外资总额的比重仅为 23.4%，下降了 22.7 个百分点。与此相反的是，2011—2016 年，租赁和商务服务业、批发和零售业、金融业、计算机和信息服务业利用外资都呈现快速增长，年均增长分别达到 14.0%、13.5%、40.0% 和 25.6%，占服务业外资总额的比重 2016 年已分别达到 19.2%、18.9%、12.3% 和 10.1%。

最后，服务业在东、中、西部产业分布差异显著，并且不断向东部地区集中。东部地区服务业外资结构最为合理。2016 年东部地区房地产业外资占比仅为 21%，批发和零售业、租赁和商务服务业、金融业以及计算机和信息服务业外资占比分别为 20.1%、19.6%、12.1% 和 10.7%。西部地区服务业外资主要集中在房地产业、金融业、租赁和商务服务业以及交通运输和仓储业上，比重分别为 38.0%、18.1%、16.2% 和 12.6%；中部地区房地产业外资依据占据绝对主导，为 46.5%，其次分别是租赁和商务服务、批发和零售业以及交通运输和仓储业，占比分别为 14.6%、11.6% 和 11.4%。

服务业外资集中于东部沿海地区的趋势更为明显。2011—2016 年，东部地区服务实际利用外资从 486.3 亿美元增为 762.6 亿美元，年均增幅 9.4%，占全国服务外资总额的比重不断上升，从 83.5% 升为 90.9%。2016 年服务业外资区域分布中，东、中、西部份额为 90.9∶3.1∶6.0。

二、服务业利用外资的发展趋势

首先，2018 年新一轮服务业扩大开放将进一步提高服务业吸收外资的速度和规模。服务业已经成为我国进一步对外开放的亮点和主导产业。在中美贸易战等国际国内新形势下，为保证利用外资的稳定，我国还需要不断破除服务业开放过程中面临的各种障碍，扩大规模，优化结构，促进利用外资整体水平和质量的提升。从2018年国家版"负面清单"中可以看出，本次服务业开放范围和力度空前，涵盖了电力、铁路、水运、粮食收购批发、加油站运营、银行、证券、期货、保险、测绘、互联网服务等十多个行业领域。具有明确的开放路线图和时间表，对外资吸引力很大。

表7-4　2017年和2018年国家版"负面清单"中服务业最新开放比较

序号	2017年国家版负面清单	2018年国家版负面清单	变化情况
电网	电网的建设、经营（中方控股）	删除	取消电网的建设、经营须由中方控股的限制
铁路建设	铁路干线路网的建设、经营（中方控股）	删除	取消铁路干线路网的建设、经营须由中方控股的限制
铁路运输	铁路旅客运输公司（中方控股）	删除	取消铁路旅客运输公司须由中方控股的限制
水上运输	国内水上运输公司（中方控股），国际海上运输公司（限于合资、合作）	国内水上运输公司须由中方控股	取消国际海上运输公司限于合资、合作的限制
船舶	船舶代理（中方控股）	国内船舶代理公司须由中方控股	取消国际船舶代理须由中方控股的限制
粮食收购	稻谷、小麦、玉米收购、批发（限制类）	删除	取消稻谷、小麦、玉米收购、批发的外资准入限制

续表

序号	2017 年国家版负面清单	2018 年国家版负面清单	变化情况
加油站	加油站（同一外国投资者设立超过 30 家分店、销售来自多个供应商的不同种类和品牌成品油的连锁加油站，由中方控股）建设、经营	删除	取消同一外国投资者设立超过 30 家分店、销售来自多个供应商的不同种类和品牌成品油的连锁加油站建设、经营须由中方控股的限制
银行	银行（单个境外金融机构及被其控制或共同控制的关联方作为发起人或战略投资者向单个中资商业银行投资入股比例不得超过 20%，多个境外金融机构及被其控制或共同控制的关联方作为发起人或战略投资者投资入股比例合计不得超过 25%；投资农村中小金融机构的境外金融机构必须是银行类金融机构；设立外国银行分行、外商独资银行、中外合资银行的境外投资者、唯一或控股股东必须为境外商业银行，非控股股东可以为境外金融机构）	删除	取消对中资银行的外资单一持股不超过 20%，合计持股不超过 25% 的持股比例限制

续表

序号	2017 年国家版负面清单	2018 年国家版负面清单	变化情况
证券	证券公司（设立时限于从事人民币普通股、外资股和政府债券、公司债券的承销与保荐，外资股的经纪，政府债券、公司债券的经纪和自营；设立满 2 年后符合条件的公司可申请扩大业务范围；中方控股）、证券投资基金管理公司（中方控股）	证券公司的外资股比不超过 51%，证券投资基金管理公司的外资股比不超过 51%（2021 年取消外资股比限制）	2018 年将证券公司、证券投资基金管理公司由中方控股改为外资股比不超过 51%。2021 年取消外资股比限制
期货	期货公司（中方控股）	期货公司的外资股比不超过 51%（2021 年取消外资股比限制）	2018 年将期货公司由中方控股改为外资股比不超过 51%。2021 年取消外资股比限制
保险	保险公司（寿险公司外资比例不超过 50%）	寿险公司的外资股比不超过 51%。（2021 年取消外资股比限制）	2018 年将寿险公司外资股比由 50% 放宽至 51%。2021 年取消外资股比限制
测绘	测绘公司（中方控股）	删除	取消测绘公司须由中方控股的限制
互联网服务	互联网新闻信息服务、网络出版服务、网络视听节目服务、互联网上网服务营业场所、互联网文化经营（音乐除外）、互联网公众发布信息服务（禁止类）	禁止投资互联网新闻信息服务、网络出版服务、网络视听节目服务、互联网文化经营（音乐除外）、互联网公众发布信息服务（上述服务中，中国入世承诺中已开放的内容除外）	取消禁止外商投资互联网上网服务营业场所的规定

其次，未来服务业外资事中事后监管亟待建立和完善。相比制造业，很多服务领域的影响面更广，如金融、互联网等，因此外资进入可能产生的风险也将更大。现阶段，我国外商投资管理体制正发生重大变革，对外商进入的管理由审批制向备案制转变，但由于事中事后监管手段和方式没有及时跟上，一方面对服务业引进外资反倒造成阻碍，另一方面也增加了行业发展的风险。

服务业外资作为我国利用外资的重要组成部门，其积极作用应引起高度重视。与农业和制造业发展方式不同的是，服务业发展需要更加完善的市场机制和制度，更加依赖知识、创新等高级生产要素和无形资产。服务业的进一步扩大开放实际上也是知识、创新等高级生产要素的引进过程，尤其在科技研发等领域，这为我国创新驱动发展战略实施提供了重要的核心要素支撑。因此，必须进一步对照国际高标准，积极拓展服务业吸收外资的新渠道。

第八章 外商投资对于我国社会发展的贡献

第一节 外商投资对我国就业增长的贡献

经济全球化时代，增加就业已经成为以投资为手段拉动经济增长的主要目标之一。这对于中国这样的劳动力人口大国尤为重要。40 年来，中国利用外商投资规模不断扩大，外商投资在增加就业数量、提升就业质量以及改善中国就业环境等方面作用显著。

一、外商投资增加了就业数量

40 年来，庞大的劳动力人口规模既是中国经济快速发展的比较优势所在之一，也是中国政府在解决就业问题时要面临的一个巨大压力。发展经济、提供稳定的、较为充分的就业乃至高收入的就业、改善人民生活是中国政府的一项长期任务。在中国解决就业问题的过程中，外商投资在增加就业方面发挥了巨大作用。外商投资对于东道国就业数量的影响具有两重性：一方面，通过就业创造效应和就业转移效应创造新的就业岗位或者避免就业岗位减少；另一方面，通过挤出效应和就业损失效应而使就业岗位减少。近年来，众多实证研究表明，就中国宏观总体而言，外商投资对中国非农就业具有明显的促进作用。

（一）直接带动就业

直接带动就业是指外商投资企业在中国投资所带动的就业人员数量的增加，主要取决于外商投资的方式、规模、行业等。从投资方式来看，流入中国的外资一直以绿地投资为主，直接的就业效应比较大。绿地投资直接创造新的就业岗位，而并购方式则有可能减少就业。多年以来，中国不但是利用外资的大国，也是绿地投资的主要东道国。根据联合国贸易和发展会议发布的《2018年世界投资报告》数据，2003年以来，中国在金额、项目数量上一直都是世界领先的绿地投资大国。从规模方面来看，首先，中国吸收外商投资的规模增加较快。2002年中国首次超过了美国，成为全球吸引外商投资最多的国家，这为通过吸收外商投资扩大就业提供了资金基础。其次，单个外资企业规模相对较大，就业吸纳能力较强。中国针对外商投资的劳工法律法规较为宽松，外商投资企业在建设、发展和规模扩张过程中没有不必要的限制，使外商投资企业的就业吸纳能力得到了较为充分的释放。2016年，外商投资企业户均吸纳就业人数为131人，而全国企业户均吸纳就业人数为28人，外商投资企业户均吸纳就业人数是全国企业的4.62倍，从平均值来看，外商投资企业较国内企业具有更高的吸纳就业能力。从外资流入的产业来看，外商投资的产业以劳动密集型产业为主。这与中国劳动力资源丰富、跨国公司追求低成本劳动力的战略分不开。1992年以前在中国投资的行业主要集中于劳动密集型，这一阶段单位外资直接带动就业效应较大，1992年以后，随着跨国公司开始大量把生产组装环节转移到中国，这一阶段外商投资的技术密集型和资金密集型行业比重提高，单位外商投资的直接带动效应有所降低，但1992年以后中国吸收外商投资规模急剧扩大，外商投资规模的扩大弥补了单位外资直接就业带动效应降低的不足。

根据国家统计局的数据，1987年中国城镇外商投资企业就业总人数为27万人，而到2016年，外商投资企业就业人数已经达到2666万人，占当年城镇就业人口数量的 6.44%，30 年间增加近 100 倍。另据外商投资企业联合年报，2016 年末，外商投资企业就业人数 2854 万人，如考虑外商投资企业再投资企业就业，外商投资企业就业人数占全国城镇就业人口总人数的 1/10 左右。

表 8-1　外商投资企业在中国就业数量（1987—2016 年）

单位：万人

年度	城镇就业人员合计	港澳台商投资单位	外商投资单位	港澳台商投资单位与外商投资单位合计
1987	13783	1	20	21
1988	14267	2	29	31
1989	14390	4	43	47
1990	16616	4	62	66
1991	16977	69	96	165
1992	17241	83	138	221
1993	17589	155	133	288
1994	18413	211	195	406
1995	19040	272	241	513
1996	19922	265	275	540
1997	20781	281	300	581
1998	21616	294	293	587
1999	22412	306	306	612
2000	23151	310	332	642
2001	24123	326	345	671
2002	25159	367	391	758
2003	26230	409	454	863
2004	27293	470	563	1033
2005	28389	557	688	1245
2006	29630	611	796	1407
2007	30953	680	903	1583

年度	城镇就业人员合计	港澳台商投资单位	外商投资单位	港澳台商投资单位与外商投资单位合计
2008	32103	679	943	1622
2009	33322	721	978	1699
2010	34687	770	1053	1823
2011	35914	932	1217	2149
2012	37102	969	1246	2215
2013	38240	1397	1566	2963
2014	39310	1393	1562	2955
2015	40410	1344	1446	2790
2016	41428	1305	1361	2666

资料来源:《中国统计年鉴》。

(二)间接促进就业

外商投资除了直接带动就业之外,更主要的是间接促进就业。一是宏观层面拉动国民经济增长,从而增加国民收入总量中的就业机会。[1]一方面,投资具有乘数作用,通过拉动国民收入加倍增长使社会总需求增加,从而推动国民经济发展,使就业机会相应增加。外商投资同样具有乘数作用,会创造间接就业机会。另一方面,国民收入增长对投资规模会产生反作用,促使投资加速增长。外商投资在促进国民收入增长中,必然导致国内投资规模加速扩大。而投资规模扩大又会提供新的就业机会。二是产业间、产业内的关联带动效应,即外商投资企业对同行业其他厂商或上下游相关厂商雇佣人数的影响,如对其他相关配套的服务业或制造业的产品需求增加,促进相关部门扩大规模,从而增加该部门的就业机会。据《1994年世界投资报告》估计,跨国公司海外分支机构每雇佣一名员工,就为当地间接地创造1~2个关联就业机会。国际劳

---

[1] 桑百川:《外商直接投资企业对中国的就业贡献》,《开放导报》1999年第4期。

工组织的实证研究则表明，外商投资企业为前后向关联产业创造的就业机会比其直接雇佣的人数高 2～3 倍。因此，外商投资企业通过关联效应间接创造的就业机会往往远远大于其直接创造的就业机会。

从外商投资带动中国就业情况来看，直接带动就业效应从 1992 年以后开始减弱，而关联带动就业效应增强。1992 年以后，外商投资总量快速上升，但外商投资企业就业人口增长速度低于外商投资总量的增长速度。导致就业直接带动效应降低的原因首先同外商投资的行业分布有关，从 1992 年开始，更多的外资开始从轻工、纺织等劳动密集型行业转向重化工、汽车、电子、家用电器、通信设备等资金密集型和技术密集型行业；其次，外商投资的方式从绿地投资向并购发展，通过并购方式进入中国的外商投资企业有可能导致直接就业的减少。

随着时间的推移，外商投资的直接就业效应开始减少。但外商投资的这种变化给中国带来了更多的关联就业。外商投资选择的如汽车、电子等行业都具有较强的产业关联度，外商投资企业的进入为国内企业带来了投资机会，吸引众多的中小企业集聚在外资企业周围，为之提供配套服务。这样原先不具备国际竞争力的中小企业就可以通过为在华跨国公司提供生产配套或者相关服务而参与到跨国公司全球化的经营战略体系中。这些中小企业所带动的就业往往是外商投资企业直接带动就业的许多倍。

二、外商投资提升了就业质量

外商投资对中国就业质量影响的最直接表现就是工人工资水平的提升，而这背后的重要因素是外资企业对人力资本投资的重视。

（一）外商投资大力投资于人力资本，改善中国人力资本状况

作为一个发展中国家，中国的一个长期现象是拥有巨大的劳动力基础，但掌握熟练技术、接受过高等教育的劳动力数量相对明显不足。在改革开放之初，外商投资企业的一个重要考虑就是充分利用中国劳动力资源丰富和工资成本较低的优势。随着中国市场化的不断深入，简单地

利用廉价的劳动力逐渐不能满足需要。技术和资本密集型企业的竞争优势是建立在高素质人力资源的基础上，为了使其技术、设备能够有效运转和经营方针能有效贯彻，外商投资企业就必须在中国培养掌握现代经营理念、经营管理知识和技术能力的本土人才。外商投资企业愈加重视技术和管理人才的培训，鼓励就业者追求教育，对中国的人力资本进行了大量投资，对中国的人力资本开发做出了贡献。普遍而言，外商投资企业都很重视培养中国本土的技术和管理人员。大型跨国公司都有一整套成熟的员工培训计划，通过这种培训，帮助中国的就业人员快速提高工作技能和管理能力，而更好的工作技能和管理能力意味着更好的工作岗位和更高的薪酬。改革开放 40 年来，外商投资企业在中国培养了大量技术工人、专业技术人才和管理人才。跨国公司通过培训效应、示范效应、竞争效应和联系效应等途径促进了中国的人力资本积累[1]。

（二）增加了工资收入

外商投资企业的报酬制度是市场化的。由于外商投资具有相对密集的资本投入和比较先进的技术水平，其所雇佣职工的人力资本也较高，要支付相对较高的工资，并且采用效率工资的方式。就中国的情况而言，外商投资单位（不含港澳台商投资单位）能够为就业人员提供高薪收入。从就业人员平均工资来看，外商投资单位城镇就业人员平均工资一直以来远高于城镇就业人员平均工资水平。根据《中国统计年鉴》的数据，自 1993 年以来，除若干年份（如 2009—2012 年间的 4 年）略低于股份有限公司城镇就业人员平均工资外，外商投资单位城镇就业人员平均工资一直处于包括国有单位、城镇集体单位、股份合作单位、联营单位、有限责任公司等所有企业类型城镇就业人员平均工资的最高水平。2016 年外商投资单位企业就业人员数为 1360 万，占全国城镇就业人口数量的 3.3%，增加就业者收入的贡献相当可观。

---

[1] 罗良文，阚大学：《对外贸易和外商直接投资对中国人力资本存量影响的实证研究——基于岭回归分析法》，《世界经济研究》2011 年第 4 期。

表 8-2 城镇单位职工平均工资（1998—2016 年）

单位：元

年度	城镇单位就业人员平均工资	股份有限公司	外商投资单位
1998	7446	8829	12927
1999	8319	9734	14353
2000	9333	11105	15692
2001	10834	12333	17553
2002	12373	13815	19409
2003	13969	15738	21016
2004	15920	18136	22250
2005	18200	20272	23625
2006	20856	24383	26552
2007	24721	28587	29594
2008	28898	34026	34250
2009	32244	38417	37101
2010	36539	44118	41739
2011	41799	49978	48869
2012	46769	56254	55888
2013	51483	61145	63171
2014	56360	67421	69826
2015	62029	72644	76302
2016	67569	78285	82902

资料来源：《中国统计年鉴》。

三、外商投资改善了就业环境

外商投资的进入有助于中国劳动力市场制度的进步，改善了中国的就业环境，主要表现在以下三个方面：首先，外商投资企业以劳动契约的方式录用员工。这突破了城乡身份障碍和所有制藩篱，劳资关系市场化、法制化特征鲜明，通过实施一套市场化、效率化的人力资源录用、考评及薪酬管理制度与每个职工的人力资本禀赋和工作努力程度紧密挂钩。其次，外商投资促进了中国劳动力区域间的转移。外商投资在东部沿海的集中促进了东部沿海地区的产业集聚，东部沿海地区农村丰富的劳动力储备也有利于大量外商投资企业在该地区的建立与发展，整个沿海地区快速发展的工业化又引发了劳动力从中西部向东部流动。这一方面缓解了中西部剩余劳动力就业问题，同时也满足了东部地区经济快速发展的需要。中西部人口转移到东部沿海地区就业已成为中国一个可观的"现象"。最后，外商投资促进了中国劳动力市场制度与国际接轨的步伐。2002 年中国加入世界贸易组织，开始全面融入全球经济，加速与国际规则接轨成为增强中国企业在世界范围内竞争力的重要条件，外商投资企业实施的是国际通行的规范化劳动用工制度，给中国提供了一个良好的示范和学习平台，使国内企业和政府部门可以利用外商投资企业的劳动力制度外溢，汲取成功经验，推动相关制度改革。

第二节　外商投资对我国财政税收增长的贡献

随着中国外商投资规模的不断扩大，外资经济在产值规模迅速扩张的同时，税收也随之增加，长期以来已经成为财政收入的重要来源之一。

一、外商投资企业相关税收是涉外税收主要组成部分

中国自 1978 年实行改革开放，利用外资成为国策，利用外资工作得到大力推进。一方面，在利用外资的规模和水平得到不断提高的同时，外资所享受的"超国民待遇"一直存在，为了吸引和利用外资，针对外资所推出的各种税收优惠待遇就是其中之一，这意味着隐性税收成本；

另一方面，就对中国财政税收的直接贡献而言，外商投资的贡献又无疑是巨大的。

涉外税收收入已经成为中国税收的重要组成部分。20 世纪 90 年代初开始，中国进入利用外国投资的快速发展阶段，"市场换技术"战略的推行使得外资持续大规模涌入，涉外税收规模迅速扩张，外商投资对于中国财政税收的贡献同期呈现迅猛增长的势头。至 2001 年的 10 年间，涉外税收年均增长率达 42.1%，涉外税收总额所占全国税收的比重从 3.96% 上跃升到 19.94%。2001 年底，中国加入世界贸易组织，中国经济开始全面融入世界经济。2002 年起，中国迈入全球引资大国阶段，至 2012 年的 11 年间，涉外税收占全国税收的比重一直处于 20% 以上。2013 年以来，党的十八届三中全会的召开拉开了中国新一轮改革开放的序幕，中国吸收外资所处的国内外环境出现重大调整，中国开始以引资、引技、引智为重点全面提升利用外资质量，加之本土企业对税收贡献的增大，涉外税收所占比重开始呈现逐步下降的趋势。

表 8-3　以外商投资税收为主的涉外税收统计
（不包括关税和土地费）（1992—2016 年）

单位：%，亿元

年份	全国税收收入	增幅	其中：涉外税收总额	增幅	占全国
1992	3084.16	–	122.26	–	3.96
1993	3998.83	29.66	226.56	85.31	5.67
1994	4854.2	21.39	402.64	77.72	8.29
1995	5746.21	18.38	604.46	50.12	10.52
1996	6607.98	15	764.06	26.4	11.56
1997	7914.55	19.77	993	29.96	12.55
1998	8949.76	13.08	1230	23.87	13.74
1999	10120.35	13.08	1648.86	34.05	16.29
2000	11831.03	16.9	2217	34.46	18.74
2001	14460.86	22.23	2883	30.04	19.94
2002	16932.18	17.09	3487	20.95	20.59

续表

年份	全国税收收入	增幅	其中：涉外税收总额	增幅	占全国
2003	19094.18	12.77	4268	22.4	22.35
2004	23121.91	21.09	5355	25.47	23.16
2005	27712.37	19.85	6391.34	19.35	23.06
2006	33662.57	21.47	7976.94	24.81	23.7
2007	44189.4	31.27	9972.6	25.02	22.57
2008	52453.84	18.7	12118.93	21.52	23.1
2009	58037.78	10.65	13615.22	12.35	23.46
2010	71182.96	22.65	16389.91	20.38	23.03
2011	87179.27	22.47	19638.1	19.82	22.53
2012	97830.35	12.22	21768.81	10.85	22.25
2013	107900.09	10.29	22574.93	3.7	20.92
2014	116331.9	7.81	24920.6	10.39	21.42
2015	124892	4.8	24817.2	-0.4	19.87
2016	140504	3.3	25659.2	3.39	18.26

资料来源：《2017 年中国外资统计》。

二、外商投资对我国企业所得税的贡献巨大

中国外商投资企业的企业所得税税额稳步增长，规模不断扩大。1985 年外资企业所得税仅为 1.47 亿元，1991 年增至 8.83 亿元[1]。1991 年以后外资企业所得税进入高速增长期，至 2016 年已高达 7098 亿元，26 年间增长 800 余倍。外资企业所得税在中国企业所得税总额中的比重在 2001—2016 年的 16 年中一直处于 1/4 至 1/3 之间；在中国总体税收中的比例长期处于上升区间，2008 年以来一直处于 5% 以上水平。

---

① 赵晋平：《利用外资与中国经济增长》，人民出版社，2001 年，第 94 页。

表 8-4 外资企业所得税与中国企业所得税、国家税收总额之比
（1994—2016 年）

单位：%，亿元

年份	外资企业所得税	国家税收总额	外资企业所得税 / 国家税收总额	外资企业所得税 / 企业所得税总额
1994	48.1	4854.2	0.95	7.52
1995	74.2	5746.21	1.24	9.85
1996	104.4	6607.98	1.48	12.87
1997	143.1	7914.55	1.74	15.36
1998	182.5	8949.76	2.01	21.31
1999	217.8	10120.35	2.11	21.58
2000	326.1	11831.03	2.57	22.57
2001	512.6	14460.86	3.38	24.16
2002	616	16932.18	3.62	31.23
2003	705.4	19094.18	3.45	30.12
2004	932.5	23121.91	3.63	29.68
2005	1147.7	27712.37	3.72	26.30
2006	1534.8	33662.57	4.08	27.67
2007	1951.2	44189.4	3.95	25.26
2008	2736.2	52453.84	5.22	22.44
2009	2975.9	58037.78	5.13	24.48
2010	4089.2	71182.96	5.74	28.11
2011	5406.3	87179.27	6.20	27.58
2012	5390.6	97830.35	5.51	24.49
2013	5675.6	107900.1	5.26	23.77
2014	6426.9	116331.9	5.53	24.31
2015	6553.3	124892	5.25	23.65
2016	7098.0	140504	5.05	24.37

资料来源：根据《中国税务年鉴》数据计算。

　　以上分析反映了外商投资对中国国民经济的贡献，但未考虑外商投资所带来的乘数效应、产业关联效应等。如果考虑这些效应的整体影响，外商投资对中国国民经济的影响要大得多。

第九章　外商投资对我国对外贸易发展的贡献

外商投资企业是我国对外贸易的主体之一，改革开放 40 年来占据进出口额的半壁江山，2017 年 45% 的进出口是由外资企业实现的。从 2009 年起，中国成为世界第一制造大国、世界第一大出口国，2017 年成为世界货物贸易第一大国，已有 220 项产品产量居全球第一，出口产品遍布世界 230 多个国家和地区，工业制成品占 90% 以上。可以说，外商投资作为对外贸易的中坚力量，在中国对外贸易发展过程中扮演了重要的角色。

第一节　外商投资对我国对外贸易发展起了巨大推动作用

外商投资对东道国对外贸易的推动作用主要表现在两个方面。一是使东道国迅速融入全球价值链的分工体系，利用该国的比较优势生产和出口产品，以换取该国经济发展所需要的外汇。二是提升东道国的出口结构，由初级产品出口向工业制成品出口的转变，并逐步增加工业制成品的资本及技术含量。[①]

① 崔学臣：《外商对华直接投资的贸易效应》，《学术交流》2003 年第 8 期。

一、外商投资扩大了我国对外贸易规模

外商投资企业进出口贸易的迅速增长，扩大了我国在世界贸易体系中所占的份额。改革开放初期，国家对外贸的重视程度空前提高，外贸体制改革和外商直接投资促进了外贸迅速发展。1978—1991 年，全国进出口总额由 206.4 亿美元增长到 1356.3 亿美元，其中出口由 97.5 亿美元增长到 718.4 亿美元，进口由 108.9 亿美元增长到 637.9 亿美元，年均增速分别达到 16.6% 和 14.6%。外商投资企业被赋予了进出口经营权，1978—1991 年，中国累计实际利用外资 250 亿美元，外资企业进出口总额占中国外贸总额的比重由 0.1% 提高到了 21.3%，外商投资企业进出口规模不断扩大，在中国外贸中的作用迅速提升。

1992 年邓小平南方谈话以后，中国的改革开放掀起了新一轮热潮，吸收外商投资连续两年实现 150% 的增长，对外贸易也进入了快速发展阶段，贸易规模持续扩大。到 2000 年，全国进出口总额实现 4742.97 亿美元，较 1978 年增长了近 22 倍，较 1991 年增长了 2 倍多，外商投资企业进出口规模占中国外贸总额的比重也上升至 49.91%，奠定了外资在中国外贸发展中的主导地位。

2001 年加入世界贸易组织以后，中国的对外贸易跨上了新的台阶。2004 年进出口额突破 1 万亿美元大关，外商投资企业进出口总额占比更是跃至 50% 以上，2007 年达到高峰，占比攀升至 57.76%。

2008 年金融危机后，国际贸易环境恶化、国内要素成本上升等原因，我国实际利用外资金额有所回落，外商投资企业进出口占比也缓慢下降，但总体仍保持在 45% 左右。可以说，多年来我国进出口贸易规模的扩大，很大程度上归功于外商投资企业。[①]

---

① 庄芮：《FDI 在华布局变化对我国外贸转型升级的影响》，《国际贸易》2013 年第 1 期。

表 9-1 外商投资企业进出口额及其比重（1987—2017 年）

单位：%，亿美元

年份	全国进出口		外商投资企业进出口		外资企业占比
	金额	增速	金额	增速	
1987	826.53	11.93	45.84	53.57	5.55
1988	1027.84	24.36	83.43	82.00	8.12
1989	1116.78	8.65	137.10	64.33	12.28
1990	1154.36	3.37	201.15	46.72	17.43
1991	1357.01	17.56	289.55	43.95	21.34
1992	1655.25	21.98	437.47	51.09	26.43
1993	1957.03	18.23	670.70	53.31	34.27
1994	2366.21	20.91	876.47	30.68	37.04
1995	2808.64	18.70	1098.19	25.30	39.10
1996	2898.81	3.21	1371.10	24.85	47.30
1997	3251.62	12.17	1526.20	11.31	46.94
1998	3239.49	−0.37	1576.79	3.31	48.67
1999	3606.30	11.32	1745.11	10.67	48.39
2000	4742.97	31.52	2367.14	35.64	49.91
2001	5096.51	7.45	2590.98	9.46	50.84
2002	6207.66	21.80	3302.23	27.45	53.20
2003	8509.88	37.09	4722.55	43.01	55.49
2004	11545.54	35.67	6631.63	40.42	57.44
2005	14219.06	23.16	8317.22	25.42	58.49
2006	17604.38	23.81	10364.44	24.61	58.87
2007	21761.75	23.62	12568.52	21.27	57.76
2008	25632.55	17.79	14105.76	12.23	55.03
2009	22075.35	−13.88	12174.37	−13.69	55.15
2010	29740.01	34.72	16003.07	31.45	53.81
2011	36418.64	22.46	18601.56	16.24	51.08

年份	全国进出口		外商投资企业进出口		外资企业占比
	金额	增速	金额	增速	
2012	38671.19	6.19	18939.97	1.82	48.98
2013	41589.93	7.55	19190.93	1.33	46.14
2014	43015.27	3.43	19840.46	3.38	46.12
2015	39530.33	−8.10	18346.15	−7.53	46.41
2016	36855.57	−6.77	16874.13	−8.02	45.78
2017	41045.04	11.37	18391.36	8.99	44.81

资料来源：中国海关总署；部分数据由笔者计算而得。

（一）外商投资企业与我国进口贸易规模

改革开放初期，我国的外商直接投资以加工贸易为主，外资企业利用我国廉价劳动力和优惠的引资政策投资中国，它们从母国或原地区进口原材料、中间品、生产设备和关键零部件，加工或组装成成品后将最终产品出口到其他国家和地区。[1]还有一些外资企业看中中国的市场潜力，从国外进口原材料或半成品，在我国直接生产和销售针对中国市场的产品。此外，外资企业的进入还加剧了国内市场的竞争，促使内资企业扩大仪器设备和原材料的进口量，由此带动了中国进口贸易规模的迅速扩张。

从数据看，1987 年以后，外商投资企业进口额高速增长，截止到 1998 年第一次金融危机前，平均年增长率在 40.17% 以上，远高于 12.17% 的全国水平，其中 1988 年外资企业进口额增长率更是达到 74.33%。外商投资企业对中国进口额的贡献度[2]在 1987 年达到 303.44% 的峰值，在 1996 年再掀高潮至 187.57%。此间虽个别年份出现负值，

---

① 桑百川，李玉梅：《外国直接投资与我国对外贸易失衡》，《国际贸易问题》2008 年第 6 期。

② 说明：外资企业进口贡献度 = 外资企业进口增加额 / 全国进口增加额。

但大部分时间保持在 50% 以上，说明外商投资已成为我国进口增长的主要力量。

经历了 1998 年金融危机的回落后，外商投资企业进口额进入稳定增长期，增长速度与全国进口额增速保持了较高的一致性，平均增长率 21.55%，贡献度也基本保持在 60% 左右。外商投资进口额占全国进口额比重进入新的上升期，年平均占比达到 55.5%，外资在外贸中的主力军作用进一步巩固。2008 年以来，外商投资企业进口额所占比重有所下降，对全国进口总额的贡献度也有所下降，但仍然远高于其他类型的企业。

表 9-2　外商投资企业进口额、增速及其贡献度（1986—2017 年）

单位：%，亿美元

年份	全国进口		外资企业进口		外资企业占比		外资企业贡献度
	金额	增速	金额	增速	比重	增速	
1987	432.16	0.73	33.74	40.41	7.81	39.46	303.44
1988	552.68	27.89	58.82	74.33	10.64	36.24	20.80
1989	591.40	7.01	87.96	49.54	14.87	39.76	75.49
1990	533.45	−9.80	123.02	39.86	23.06	55.08	−60.55
1991	637.91	19.58	169.08	37.44	26.51	14.96	44.12
1992	805.85	26.33	263.87	56.06	32.74	23.50	56.42
1993	1039.59	29.01	418.33	58.54	40.24	22.91	66.09
1994	1156.15	11.21	529.34	26.54	45.78	13.77	95.21
1995	1320.84	14.24	629.43	18.91	47.65	4.08	60.81
1996	1388.33	5.11	756.04	20.12	54.46	14.29	187.57
1997	1423.7	2.55	777.2	2.80	54.59	0.24	59.80
1998	1402.37	−1.50	767.17	−1.29	54.71	0.22	47.14
1999	1656.99	18.16	858.84	11.95	51.83	−5.26	36.00
2000	2250.94	35.85	1172.73	36.55	52.1	0.52	52.85

续表

年份	全国进口		外资企业进口		外资企业占比		外资企业贡献度
	金额	增速	金额	增速	比重	增速	
2001	2435.53	8.20	1258.63	7.32	51.68	−0.81	46.42
2002	2951.7	21.19	1602.86	27.35	54.3	5.07	66.66
2003	4126.6	39.80	2319.14	44.69	56.2	3.50	60.90
2004	5612.29	36.00	3245.57	39.95	57.83	2.90	62.36
2005	6599.53	17.59	3875.13	19.40	58.72	1.54	63.82
2006	7914.61	19.93	4726.16	21.96	59.71	1.69	64.66
2007	9561.15	20.80	5609.54	18.69	58.67	−1.74	53.65
2008	11325.62	18.45	6199.56	10.52	54.74	−6.70	33.44
2009	10059.23	−11.18	5452.07	−12.06	54.2	−0.99	59.03
2010	13962.47	38.80	7380.01	35.36	52.86	−2.47	49.39
2011	17434.84	24.87	8648.26	17.18	49.6	−6.17	36.52
2012	18184.05	4.30	8712.49	0.74	47.91	−3.41	8.57
2013	19499.89	7.24	8748.2	0.41	44.86	−6.37	2.71
2014	19592.35	0.47	9093.11	3.94	46.41	3.46	373.04
2015	16795.64	−14.27	8298.87	−8.73	49.41	6.46	28.40
2016	15879.26	−5.46	7704.65	−7.16	48.52	−1.80	64.84
2017	18409.82	15.94	8615.76	11.83	46.8	−3.54	36.00

资料来源：中国海关总署；部分数据由笔者计算而得。

（二）外商投资企业与我国出口贸易规模

改革开放以来，中国出口贸易保持了较高的增长速度，出口额从1978 年的97.50 亿美元，增加到2017 年的22635.22 亿美元，增长了约231 倍。早在2009 年，中国出口额就已跃居世界第一位，成为全球第一大出口国。中国出口的大幅度增长在很大程度上得益于外商投资企业出口的快速增长。据统计，到2017 年，外商投资企业的出口额已从1987 年的12.1 亿美元增长到9775.60 亿美元，增长了近808 倍，年均增长率 30.19%，占全国出口总额的比重从 3.07% 上升至 43.19%，增长 14 倍，2004—2007 年占比甚至高达 58% 左右。从出口增加额的角度看，尽管 40 年来有明显的波动起伏，如 1994 年外商投资企业的出口增加额占全国出口增加额的比重只有 32.38%，而 1996 年却高达 637.20%，但总体上外商投资的出口增加额占据了全国出口增加额的主要份额。尤其是 1998 年亚洲金融危机，全国出口总额增长仅 0.5%，但外商投资企业出口增长为 8.09%，外商投资企业对出口增加额的贡献达 658.91%。可见，外商投资企业出口对我国贸易出口绩效的贡献很大，是我国出口贸易数量增长的中坚力量。

表 9-3　外商投资企业出口额、增速及其贡献度（1986—2017 年）

单位：%，亿美元

年份	全国出口		外资企业出口		外资企业占比		外资企业贡献度
	金额	增速	金额	增速	比重	增速	
1987	394.37	27.45	12.1	107.90	3.07	63.30	7.39
1988	475.16	20.49	24.61	103.39	5.18	68.73	15.48
1989	525.38	10.57	49.14	99.67	9.35	80.50	48.85
1990	620.91	18.18	78.13	58.99	12.58	34.55	30.35
1991	718.43	15.71	120.47	54.19	16.77	33.31	43.42
1992	849.4	18.23	173.6	44.10	20.44	21.88	40.57
1993	917.44	8.01	252.37	45.37	27.51	34.59	115.77
1994	1210.06	31.90	347.13	37.55	28.69	4.29	32.38
1995	1487.8	22.95	468.76	35.04	31.51	9.83	43.79
1996	1510.48	1.52	615.06	31.21	40.72	29.23	645.06
1997	1827.92	21.02	749	21.78	40.98	0.64	42.19
1998	1837.12	0.50	809.62	8.09	44.07	7.54	658.91
1999	1949.31	6.11	886.28	9.47	45.47	3.18	68.33
2000	2492.03	27.84	1194.41	34.77	47.93	5.41	56.78
2001	2660.98	6.78	1332.35	11.55	50.07	4.46	81.65

续表

年份	全国出口		外资企业出口		外资企业占比		外资企业贡献度
	金额	增速	金额	增速	比重	增速	
2002	3255.96	22.36	1699.37	27.55	52.19	4.23	61.69
2003	4382.28	34.59	2403.41	41.43	54.84	5.08	62.51
2004	5933.26	35.39	3386.06	40.89	57.07	4.07	63.36
2005	7619.53	28.42	4442.09	31.19	58.30	2.16	62.63
2006	9689.78	27.17	5638.28	26.93	58.19	−0.19	57.78
2007	12200.6	25.91	6958.98	23.42	57.04	−1.98	52.60
2008	14306.93	17.26	7906.2	13.61	55.26	−3.12	44.97
2009	12016.12	−16.01	6722.3	−14.97	55.94	1.23	51.68
2010	15777.54	31.30	8623.1	28.28	54.65	−2.31	50.53
2011	18983.81	20.32	9953.3	15.43	52.43	−4.06	41.49
2012	20487.14	7.92	10226.2	2.74	49.92	−4.79	18.15
2013	22090.04	7.82	10442.73	2.12	47.27	−5.31	13.51
2014	23422.93	6.03	10747.35	2.92	45.88	−2.94	22.85
2015	22734.68	−2.94	10047.28	−6.51	44.19	−3.68	101.72
2016	20976.31	−7.73	9169.48	−8.74	43.71	−1.09	49.92
2017	22635.22	7.91	9775.6	6.61	43.19	−1.19	36.54

二、外商投资贡献了我国大部分贸易顺差

外商投资是我国贸易顺差的主要贡献者。一方面，通过将中国作为加工贸易基地，外商投资给我国转来了大量的贸易顺差，它们大量出口具有比较优势的劳动密集型产品和中低端的高新技术产品使我国出口规模持续膨胀。据海关统计，2001—2006 年，我国加工贸易顺差年均增长 28%，对同期贸易顺差的贡献率为 207%，加工贸易的出口中约 80% 是来自外商投资企业。[①]另一方面，在大量出口的同时，外商投资企业在我国生产的产品直接进入我国市场，减少了我国从境外进口的规模，

---

① 桑百川，李林元：《外商直接投资与我国外贸失衡》，载《对外经贸实务》。

形成了进口替代。

改革开放初期,我国外汇资源短缺,出口产品主要以初级产品为主,大量进口国外的技术和设备,除了 1982 年和 1983 年分别出现了 30.3 亿和 8.4 亿美元的贸易顺差,其他年份均为逆差。进入 20 世纪 90 年代,由于外商投资的大量进入,进出口主体格局和贸易方式发生了根本变化,除 1993 年出现 122.2 亿美元的逆差外,其余的年份均为顺差。[①]1998 年以后贸易顺差逐年扩大,外商投资企业贸易顺差占全国贸易顺差的比重也在逐年增加。进入 21 世纪,随着我国加入世界贸易组织,对外贸易环境进一步优化,我国作为世界工厂的地位进一步巩固,对外贸易连续保持高速增长,贸易顺差也随之扩大,到 2008 年达到阶段性高峰,外商投资企业创造贸易顺差 1706.64 亿美元,占我国贸易顺差的比重达 57.2%。2008 年经历了全球金融危机外贸收缩期后,外商投资企业的贸易顺差先于全国贸易顺差回升,占比进一步攀升,直至 2011 年达到改革开放以来的最高比 84.3%。但 2011 年后上升速度明显慢于全国速度,且 2013 年以来占全国贸易顺差的比重大幅度下降,这在一定程度上佐证了加工型外商投资企业在逐步撤离中国的论断。

有机构专门把中国出口金额拆分成"外企"和"内企"两块来研究外商投资对贸易顺差的贡献。研究发现,2006 年至今,中国贸易的账面顺差逐步提升,但剔除[②]外商投资企业之后,由中国"内企"产生的贸易顺差远低于账面数字,特别是 2010—2013 年连续 4 年实际为负值。这进一步证实了贸易顺差在较大程度上是外商投资企业推动形成的。

[①] 盛光祖:《外商投资是导致我国贸易顺差的主要原因》,2010 年 4 月 21 日《经济参考报》。

[②] 说明:调整后的顺差=调整后的出口—调整后的进口;调整后的出口=现有出口—外商投资企业出口金额+外商投资企业在国内的采购金额;调整后的进口=现有进口金额—外商投资企业进口金额+外商投资企业在国内的销售金额。

图 9-1　1986—2017 年中国贸易顺差和外商投资企业贸易顺差情况

资料来源：中国海关总署；部分数据由笔者计算而得。

表 9-4　中国贸易顺差、外商投资企业贸易顺差及占比（1986—2017 年）

单位：%，亿美元

年份	全国	外商投资企业	外资企业顺差占比
1986	−119.62	−18.21	—
1987	−37.79	−21.64	—
1988	−77.52	−34.21	—
1989	−66.02	−38.82	—
1990	87.46	−44.89	—
1991	80.52	−48.61	—
1992	43.55	−90.27	—
1993	−122.15	−165.96	—
1994	53.91	−182.21	—
1995	166.96	−160.67	—
1996	122.15	−140.98	—

续表

年份	全国	外商投资企业	外资企业顺差占比
1997	404.22	−28.2	—
1998	434.75	42.45	9.8
1999	292.32	27.44	9.4
2000	241.09	21.68	9.0
2001	225.45	73.72	32.7
2002	304.26	96.51	31.7
2003	255.68	84.27	33.0
2004	320.97	140.49	43.8
2005	1020.00	566.96	55.6
2006	1775.17	912.12	51.4
2007	2639.45	1349.44	51.1
2008	2981.31	1706.64	57.2
2009	1956.89	1270.23	64.9
2010	1815.07	1243.09	68.5
2011	1548.97	1305.04	84.3
2012	2303.09	1513.71	65.7
2013	2590.15	1694.53	65.4
2014	3830.58	1654.24	43.2
2015	5939.04	1748.41	29.4
2016	5097.05	1464.83	28.7
2017	4225.40	1159.84	27.4

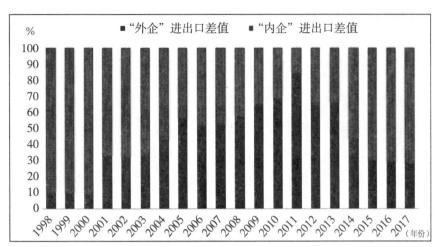

图 9-2　内外资企业进出口差值

资料来源：WIND，中泰证券研究所。

三、外商投资优化了我国对外贸易结构

（一）外商投资对我国贸易方式的影响

改革开放以来，随着生产国际化分工的发展和我国对外开放的深化，加工贸易得以快速发展，成为我国对外贸易和开放型经济的重要组成部分，为中国带来了经济从弱到强、技术从无到有、国际竞争力从小到大的积极效应。[1]尤其是 20 世纪 90 年代，加工贸易在中国外贸中占主体地位，1991 年加工贸易进出口额占全国进出口总额的 42.4%，1996 年以后占比首次超过 50%，峰值为 1998 年的 53.4%。但是，2007 年进入政策收紧后，加工贸易占比开始下降，逐渐由 2006 年的 47% 下降至 2017 年的 29%，平均每年下降近 1 个百分点。与此相反的是，一般贸易占比在波动中上升，于 2014 年以 51.39% 的比重首次超过加工贸易，并在 2017 年达到 54.34%。

我国加工贸易 40 年的发展过程中，一个突出的特点就是外商投资企业是绝对的主力军。以 2000 年为例，外商投资企业加工贸易进出口

---

① 隆国强：《推动加工贸易转型升级的方向与政策》，《开放导报》2012 年第 6 期。

值为 1657.7 亿美元，占全国加工贸易总额比重为 72%，外商投资企业加工贸易出口值为 972.27 亿美元，在全国加工贸易出口总量中所占比例达 70.6%，占当年中国外贸出口总量比重为 37.21%。[1]自 2006 年以来外商投资企业在加工贸易中所占比重基本上都保持在 80% 以上。另一方面，作为加工贸易的主力军，外商投资企业进出口中加工贸易所占比重也一直处于较高的比例（见图 9-3）。近年来，随着中国加工贸易传统优势的逐步弱化，外资企业进出口中加工贸易占比也在缓慢下降，但总体上仍保持在 50% 以上。

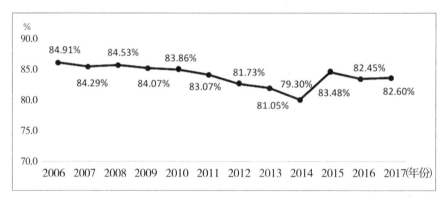

图 9-3　外商投资企业加工贸易进出口总值占全国加工贸易进出口总值比重

资料来源：中华人民共和国海关总署。

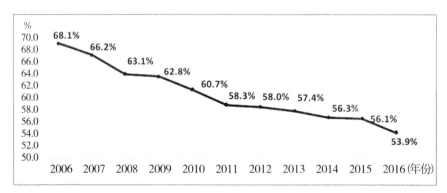

图 9-4　外商投资企业进出口中加工贸易占比

资料来源：中华人民共和国海关总署。

---

[1] 崔大沪：《外商直接投资与中国的加工贸易》，《世界经济研究》2002 年第 6 期。

外商投资作为中国加工贸易的推动力，承载了我国绝大多数加工贸易的同时，在促进我国外贸方式均衡发展方面也发挥着积极的作用。一方面，外商投资企业通过自身的转型升级带动了加工贸易产业链的整体升级。调研显示，自 2008 年金融危机以来，国内众多外资企业纷纷改变过去单纯加工制造的经营模式，通过创新自主品牌、建立营销渠道，开始走转型升级之路。鉴于外商投资企业在我国加工贸易发展中所占据的特殊地位，外资企业的转型升级在一定程度上也带动着我国众多本土加工贸易企业开始寻求可持续发展的路径。另一方面，也直接和间接地促进了我国一般贸易的增长。1994 年，一般贸易出口中外商投资企业的占比仅 6.7%，到 2004 年上升为 25.9%。2008 年以来我国一般贸易有了较为快速的发展，到 2017 年占比已达到 56.4%，而一般贸易中外商投资企业所占比重总体保持在 25% 左右，体现出与一般贸易共增长的态势。2008 年金融危机以后，日益上涨的劳动力成本和汇率，使得外商投资企业也积极调整在华战略。越来越多的外商投资流向高技术、高附加值产业，在华外商投资企业也在逐渐加大在中国的研发投入，尽管加工贸易继续缩减，但外商投资在一般贸易中的占比却较为稳定。与此同时，外商投资的溢出效应在带动我国内资企业出口升级的同时，也推动了我国内资企业一般贸易迅速发展，其中技术密集型产品一般贸易的增长更为快速。

（二）外商投资对中国贸易结构的影响

外商投资对我国贸易结构的优化调整产生了积极影响。自改革开放以来，我国出口结构与外贸企业增长发生着相随的变化，在外资企业迅猛增长的同时，外商投资企业的出口结构进一步优化，我国出口商品结构也逐步完成了从初级产品为主到以工业制成品为主的转换。[1]

改革开放初期，我国利用外资从无到有，加工贸易迅速发展，货物

---

[1] 外商投资促进处：《浅析外国直接投资对我国外贸收益的影响》，《商业时代》2009 年第 24 期。

进出口大幅增长，在我国出口商品结构中，初级产品和资源型产品仍占有较大比重。为了出口创汇，我国明确了实行工业制成品优先的出口政策。因此，1978年，初级产品出口占我国出口的53.2%，工业制成品出口占46.5%，到1983年工业制成品占出口商品总额的比重就已经接近初级产品。1984—1991年，利用外资规模迅速扩张，出口商品也正式实现了由初级产品为主向工业制成品为主的转变，到1990年，初级产品出口占比下降为25.6%，而工业制成品占比却已转变为74.4%。

外商投资企业对出口更长期、更深远的贡献是增加了高附加值、高技术含量商品的出口比重。1992—2001年，全面开放使我国对外经贸蓬勃发展，吸收利用外资迅速增加，出口商品从以轻纺产品为主向以机电产品为主转变。这一阶段，中国工业制成品占出口总值比重上升到2000年的89.8%，机电产品出口占出口总值的比重上升到42.3%，其中，外商投资企业出口机电产品占全国机电产品出口总额的比重由1992年的31.2%上升到2000年的63.4%，外商投资企业出口额中，机电产品比例已经接近56%。1996—2001年，高新技术产品出口增速高达38.6%，高出同期全部商品出口增速近26个百分点。外商投资企业是高新技术产品出口的主力军，其出口额占高新技术产品出口总额的比重到2000年已经达到81%。[1]

2001年入世以后，我国经济进一步开放，更多的跨国公司进入中国，加快了机电产业、高新技术产业部分加工环节向中国转移，以电子和信息技术为代表的高新技术产品出口占比不断扩大。到2011年，工业制成品出口占出口总额比重提高至94.7%，机电产品出口占全国出口总额的比重上升为57.2%，高新技术产品占中国出口比重进一步上升到28.9%。[2]2001年外商投资企业机电产品占全国机电产品出口比重已超

---

[1] 江小涓：《中国出口增长与结构变化：外商投资企业的贡献》，《南开经济研究》2002年第2期。
[2] 商务部：《十六大以来商务成就综述之十一：外贸发展方式加快转变》2012年11月7日。

过 65%，到 2004 年该比重上升为 73.4%，占外商投资企业出口额的比重也已达 70.1%，外资企业作为我国机电产品及高新技术产品出口的主力地位进一步巩固。

2011 年以来，受国内外经济形式影响，我国外贸增速放缓，但质量却进一步提升。这一阶段，我国机电产品出口增速缓慢下降，到 2016 年出口总额 1.21 万亿美元，占全国出口比重的 57.6%，在 2017 年扭转降势，占比反升至 58.4%。总体上，尽管机电产品出口规模有所下降，但出口结构却进一步优化，出口产品逐步向高端化、智能化方向发展。统计显示，2016 年机电产品出口中，通信设备及零件、自动数据处理设备及其部件零件、电子元器件、日用机械排名前四，出口金额均超千亿美元，占比合计达 52%。[1]2017 年外商投资企业机电产品出口 7476.7 亿美元，占比 56.6%，[2]虽占比有所下降，但仍是主要力量。同期，我国高新技术产品的出口实现了平稳增长，2014 年出口规模达到了 6605.1 亿美元，出口产品以计算机和通信技术为主，高技术服务业也崭露头角。出口企业类型中外资和港澳台企业仍占有绝对优势，该年高新技术出口百强企业中，外资企业和港澳台企业入围 77 家，占高新技术出口百强企业出口额的 81.56%。[3]

---

① 连娟：《我国机电产品出口竞争力提升与发展对策研究》，《全国流通经济》2018 年第 2 期。

② 参见中国机电产品进出口商会：《2017 年机电产品进出口分析》，2018 年第 4 期。

③ 赵春霞，王飞，吕臣：《我国高新技术企业出口动态分析及优化对策——基于 2010—2014 年我国高新技术企业出口 100 强数据分析》，《河北科技师范学院学报（社会科学版）》2017 年第 2 期。

表 9-5　中国机电产品出口占全国出口比重（2010—2017 年）

年份	占比
2010	58.9
2011	57.4
2012	57.6
2013	57.0
2014	56.0
2015	57.7
2016	57.6
2017	58.4

资料来源：中华人民共和国海关总署。

表 9-6　2010—2014 年中国高新技术企业出口 100 强不同
所有制企业出口额和数量

单位：亿美元

年份	国有企业		外资企业		港澳台企业		民营企业及其他	
	出口额	数量	出口额	数量	出口额	数量	出口额	数量
2010	129.7	7	1149.6	55	1514.0	32	192.3	6
2011	181.1	7	1140.1	55	1487.1	32	362.9	5
2012	103.9	7	1085.3	54	1339.3	32	343.2	7
2013	146.8	4	1087.6	46	1545.7	32	401.4	18
2014	154.4	4	1118.6	46	1570.1	31	453.6	19

　　资料来源：赵春霞，王飞，吕臣：《我国高新技术企业出口动态分析及优化对策——基于 2010—2014 年我国高新技术企业出口 100 强数据分析》，《河北科技师范学院学报（社会科学版）》2017 年第 2 期。

第二节　外商直接投资在我国从贸易大国到贸易强国进程中仍举足轻重

改革开放以来，中国的对外贸易取得了举世瞩目的成就，2017年，对外贸易额全球排名第一，已经成为名副其实的贸易大国。但贸易大国并不等于贸易强国。学术界从不同的角度定义了贸易强国的含义和路径选择。从内涵看，贸易强国最核心的表现是贸易产品和产业层面的技术进步；从路径选择看，贸易强国是建立在当前全球价值链基础上的价值链地位攀升。在这两个方面，外资都可以发挥重要作用，既推动中国外贸产品的技术进步，也有助于中国保持在全球价值链中的地位，并逐步实现价值链攀升。

一、外商投资有利于对外贸易稳定发展

2018年7月31日，中共中央政治局会议提出，"要做好稳就业、稳金融、稳外贸、稳外资、稳投资、稳预期工作"的六个稳定，2018年上半年我国外贸实现了较快增长，进出口规模都再创新高，为外贸高质量发展奠定了基础。但分析外贸增长趋势和国际贸易环境发现，外贸平稳运行仍存在很大挑战。

一方面，我国外贸总体增幅趋缓。2017年1—4季度进出口同比分别增长21.3%、17.2%、11.9%和8.6%，2018年上半年为7.9%；出口增速持续下滑，从2017年的10.8%下降到2018年上半年的4.9%；而按照进口、出口结构分析，近两年外贸之所以总体平稳增长，其贡献一大半来自进口，出口增速多数时间仅为进口增速的一半左右。因此，如何防止外贸出口进一步下滑，稳定出口增长将面临严峻考验。

①另一方面，中国传统的加工贸易正面临东南亚和非洲区域价格洼地的侵袭，高技术领域正面临美国等发达国家的阻击，面对"双重夹击"，中国外贸新的竞争优势尚未形成，没有一套成熟的外贸模式来支撑，极大地增加了我国对外贸易的挑战。

综上可知，在当前形势下，保持外贸稳定发展的关键在于稳出口。这就要求一方面培育外贸新的竞争优势，大力发展科技创新战略，推动出口从传统的生产成本优势向技术、品牌、质量、服务为核心的新优势转换。另一方面要注意防范外贸新旧动能转换过程中的"青黄不接"，因此仍要稳住传统外贸优势。而外商投资一是作为加工贸易的主力军，在加工贸易中仍然保持 80% 以上的占比，在我国出口贸易中保持 40% 以上的占比，对于稳住传统外贸优势、稳定贸易出口仍有着不可割舍的作用；二是通过引进高技术、高附加值的外商投资，可以助力中国产业转型升级，从而带动外贸结构的进一步优化；三是新时期，要促进经济贸易的稳定发展，需要认识到建设现代化市场经济体系的重要性，而构建现代化市场经济体系则有必要保持国企、民营企业和外资企业三分天下的格局。

二、外资技术溢出效应有助于提升我国外贸整体技术水平

外商投资因嵌入加工环节、附加值低、经济贡献有限而受到质疑，但引进外资的根本意义却远不在此，更重要的是在组织生产、管理水平提升、技术进步和人才培养等方面产生的外溢作用。因此，不能因"低端锁定"而否定外资对于中国外贸的技术进步效应。

（一）外资的溢出效应促进了国内产业的技术进步

外资企业进入东道国市场并不会轻易转让核心技术，甚至会千方百

---

① 刘英奎.稳外贸、稳外资，下半年的"小目标"如何才能实现？百家号，2018年8月7日，https://baijiahao.baidu.com/s?id=1608108565875977156&wfr=spider&for=pc

计控制技术扩散，但只要应对得当，外商投资仍然可以成为推动创新的巨大动力。国外的大量研究证明了 FDI 存在技术扩散效应，其中示范和模仿效应提升了本土企业的技术水平和创新能力，[1]学习效应提高了东道国劳动生产率，竞争效应减少了本土企业因市场地位或过度保护而可能形成的创新惰性等。

（二）低端锁定是相对的，技术溢出是绝对的

伴随着资本、技术、劳动生产率的大幅提升，我国本土企业在数量、质量以及产业链上的分布都更加丰富，并且有相当数量的企业已经实现了实质性跨国投资。实践证明，外资的低端锁定已不断弱化。当然，这并不意味着我们不再需要外资的外溢作用，应充分认识到，我们在进步的同时跨国公司也在寻求更大的进步，我们在寻求价值链攀升的同时，价值链本身也在升级。因此，在跨国公司全球生产下，技术溢出是必然的，也是发展的。

（三）新时期外商投资的技术溢出效应将助力我国外贸转型升级

竞争日益激烈的当下，跨国公司加快了全球生产和研发的步伐，不仅为高技术产业实现部分领域的跨越发展、提高自主创新能力提供了战略机遇，还将继续发挥外资在管理、技术、创新、人才等方面的外溢效应，进一步提高中国制造的整体质量和水平，加快我国企业的技术提升和转型升级，推进我国供给侧结构性改革，助力中国经济的高质量发展。

三、外资助推我国外贸提升全球价值链地位

改革开放初期，跨国公司通过全球生产布局将中国引入全球价值链，中国依托土地和劳动力优势正式进入全球价值链低附加值环节，并逐步完成传统生产要素的积累，弥补了储蓄与外汇的双缺口，引进和培植了高端技术和管理人才，培养了大批熟练高效的产业工人，为中国全面融

---

[1] 王晓红.新形势下利用外资推动产业转型升级的思考.中新经纬，2017 年 9 月 30 日，http://www.chinanews.com/cj/2017/09-30/8344940.shtml

入全球价值链并寻求链条上的攀升奠定了基础。全球化大生产的今天，要想在一个国家疆界内靠一己之力发展本土产业不仅费时费力，而且难以达到国际水平。要认识到我国在寻求高质量发展和价值链升级过程中，仍存在创新能力、核心技术和高端设备等短板，因此，有必要通过引进外商投资补短板的同时刺激国内企业良性竞争，促使本土企业学习国外先进经验和技术，促进中国整体产业的蜕变和升级；继续通过购买技术和许可获得完整的新知识，新技术，消化吸收以用于国内生产，从而可以带动产品、工艺和过程的优化升级。当然，在引资过程中要注重把引进外资与引进关键技术、现代管理、海外高端人才和新产业、新业态、新模式相结合，推动从注重外资规模向引进高端要素转变，将本国生产和出口纳入先进的制造体系中。

第十章 外商投资对我国市场体系法律制度建设的贡献

第一节 外商投资引入市场经济基本理念

外资的引入为中国市场经济体制的改革与完善发挥了重要作用。外商投资除了给中国带来了大量的投资之外，还带来了先进的科学技术和管理模式，通过扩散效应和示范效应，促进了国内生产技术及管理水平的提高，有力地推动了我国经济体制改革和市场化进程。更为重要的是，开放发展、公平竞争、产权明晰等市场经济基本理念也随着外商投资的不断发展而为市场和国人广为接受。

一、外商投资推动了经济开放发展

市场经济是开放经济，外商投资企业作为中国经济发展的重要力量，推动了中国经济的开放发展。世界经济是全球一体化的经济，也是各国相互开放、相互依赖的开放型经济。在国际分工的基础上，基于商品交换的商品资本国际化、基于资本流动的货币资本国际化和基于跨国生产的生产资本国际化，紧密交织联系在一起，增进了经济资源、生产要素等的国际流动，形成了当今世界经济的开放式、一体化和多元化发展格局。

外商投资企业正是基于国际化开放发展的市场经济理念，一方面发挥纽带作用，连接中国经济融入全球经济体系之中，促进了中国的进出口贸易与对外投资合作；另一方面，外商投资企业也搭建起了中国企业与国际企业之间合作的桥梁，帮助中国企业进入和开拓国际市场，激励中国企业不断改进和提高。例如，在中国供应商和分销网络方面，许多行业领先的外资企业进行了大量投资，将国际标准介绍给中国供应商，把这些供应商纳入其国际供应链，使供应商学会了不依靠跨国公司网络而能在国际市场上销售产品，这种情况在汽车行业尤为明显。外资汽车公司还鼓励外国零部件供应商在中国进行投资，这些汽车公司把国际质量标准以及严格的测试和资格认证带到中国，通过合作方式将中国供应商引入全球供应链，帮助中国供应商加强出口能力。[①]对于外资企业来讲，它们获得了更高质量、更低成本和更易获取的产品。同时，这种融入经济全球化的开放式发展、培育和合作理念也为越来越多的中国企业所接受和认可，它们生产出符合国际成本与质量标准的产品，积极参与和开拓国际市场。

二、外商投资引入了市场竞争机制

市场经济是竞争经济，外商投资企业通过全球性的资源优化配置，将市场竞争机制带到了中国。公平竞争、自由选择、优胜劣汰是市场经济的核心内容之一，也是市场体系成熟发展不可或缺的方式和手段。

改革开放40年来，中国的市场主体除了国有企业和集体企业之外，个体和私营企业以及外商投资企业大量涌现。外商投资企业尤其是大型跨国公司有着丰富的市场运营和组织管理经验，一方面规范和影响着国内企业的经营行为，为国内市场主体的培育提供了重要的示范；另一方面，外资企业也给中国企业带来了较大的冲击和压力，在生产、流通、

---

① 〔美〕米高·恩莱特：《助力中国发展：外商投资对中国的影响》，闫雪莲、张朝晖译，中国财政经济出版社，2017年。

消费和服务等环节以及资本、信息、技术和人才等领域，外资企业与本土企业不可避免地会产生全面的、激烈的竞争。从整体上来看，公平、充分、合理的竞争既能促进先进中国企业的成长成熟，也淘汰了那些不能适应市场竞争的落后企业。以零售业为例，外商投资企业通过引入市场竞争机制，促进了我国零售业的多元化发展并丰富了零售业态，激发了零售市场的潜力；外商投资企业的竞争压力促使了本土企业不断提升学习能力，学习借鉴其知识技术、经营管理理念，增强企业的市场竞争实力；外商投资企业与中国企业既竞争、也合作，共同推进零售业的市场改革，做大市场蛋糕、形成市场规模效应，在一定程度上促进了零售业的繁荣发展。

三、外商投资完善了现代产权制度

市场经济是交易经济，外商投资以多种形式参与对中国企业的投资、并购，促进了现代产权制度的发展和完善。市场交易的实质内容是财产权利，产权界定越明确，交易主体各自的权利、责任和义务越清楚，交易双方在交易过程中的摩擦就会越少，市场机制越能有效地发挥作用。

经过多年的市场经济洗礼，成熟的外商投资企业一般都有着规范的公司治理结构以及丰富的现代企业制度运营经验。因此，外商投资进入中国，往往都会要求明晰的产权制度和规范的产权交易。一方面，当外商投资向中国本土的企业参股时，必然会涉及企业股权的重新划分和分配，而对企业股权重新划分又必然涉及对企业原有股权的合理界定。因而，在外商投资的推动下，原有企业的不明确产权将通过各种方式明晰确定下来。大量中外合资、合作及股份公司的建立有力地促进了我国产权的明晰；另一方面，外商投资的进入也促进了产权交易的进行。外商投资企业的发展打破了计划经济时代的单一投资主体、单一所有制结构的格局，促进了投资主体多元化，而投资主体多元化使得产权交易成为可能，兼并、收购等产权交易在中国蓬勃发展。外商投资的进入，带动了我国产权的明晰、产权结构的多元以及产权的交易，促进了我国现代产权制度的建立、改革和完善。

第二节　外商投资推动市场化法律政策体系建设

改革开放 40 年以来，我国在引进和利用外资的法律政策和实践方面，经历了初创试验（1979—1991 年）、探索转变（1992—2000 年）、成熟完善（2001 年至今）三个阶段的曲折演变过程。这个从量变到质变的过程，推动了我国市场化政策和法律体系建设的整体进程。

一、外商投资法律政策的初创试验是市场化法律政策体系建设的萌芽期

从 1978 至 1991 年，是中国外商投资政策和法律的初创试验期，也是中国市场化法律政策体系建设的萌芽期。由于中国先后实行计划经济制度和计划指导下的市场经济制度，该时期颁布的中国外资政策及法律在一定程度上反映了"计划经济型"的特征，具有初创试验性质，其主要表现是，在外资准入和外资形式方面采取谨慎的限制性态度，对外商投资及其企业同时实行"超国民待遇"和"次国民待遇"。在这一时期，外商投资政策及法律的基本框架得以构筑，我国市场化法律政策体系也因此发动起步。

党的十一届三中全会初步确立以利用外资和建立涉外企业为主要内容的对外开放方针后，1979 年 7 月，第五届全国人大第二次全体会议通过并颁布了新中国第一部吸收外商投资的法律——《中华人民共和国中外合资经营企业法》，开启了我国外资立法的新篇章。该法律的起草参考了世界上 30 多个国家的有关法律，借鉴了其他国家吸收外资的做法和经验。它不仅为中国的企业和其他经济组织同外国投资者合资经营企

业提供了法律依据，也推动了相关的体制改革和政策调整，对我国市场化改革发挥了启蒙的作用。该法律分别于 1990 年 4 月、2001 年 3 月和 2016 年 9 月进行了三次修订。

1982 年 4 月，第五届全国人大常委会第二十三次会议通过《关于中华人民共和国宪法修改案》的决议，正式确立了外商投资企业在中国的法律地位。

1983 年 5 月，国务院在北京召开了第一次利用外资工作会议，强调要统一思想认识、放宽政策、加强领导，办好中外合资企业。同年 9 月，国务院发出《关于加强利用外资工作的指示》，重申利用外资、引进先进技术对加快国民经济建设的重要意义，指出要把利用外资作为发展经济的长期方针，积极吸收外国政府和国际金融组织中低利率的中长期贷款，用于重点项目和基础设施的建设，同时重视吸收外国直接投资以加快现有企业的技术改造。

1986 年 4 月，第六届全国人民代表大会第四次会议通过并颁布了《中华人民共和国外资企业法》，该法律分别于 2000 年 10 月和 2016 年 9 月进行了两次修订。

1986 年 10 月，国务院发布了《关于鼓励外商投资的规定》，首次明确了吸引和利用外资的重点领域，强调了投资环境优化的重要意义，提出投资方式要由单纯提供租税减免优惠转为从政治、经济、社会各个方面全面地改善投资环境。这标志着我国外资政策从外资立法开始向投资环境改善和向外资导向型方向转变。

1988 年 4 月，第七届全国人民代表大会第一次会议通过并颁布了《中华人民共和国中外合作经营企业法》，该法律分别于 2000 年 10 月、2016 年 9 月、2016 年 11 月和 2017 年 11 月进行了四次修订。

1988 年 5 月，国务院办公厅转发了《关于进一步落实外商投资企业用人自主权意见的通知》。另外，外汇管理、商检、海关、土地等部门也相继出台了相关规定和通知，这些法律法规提高了政策的透明度，增强了外商投资的信心，外商投资软环境得到了较大提高。

1991年4月，第七届全国人民代表大会第四次会议通过了《中华人民共和国外商投资企业和外商企业所得税法》；6月，紧跟着出台了《中华人民共和国外商投资企业和外国企业所得税法实施细则》，对外资企业的税收和税收优惠政策做了详细规定。

截至1991年，全国人大和国务院以及各级地方政府共出台100多项关于外商投资有关的法律法规和政策文件。同期，我国还缔结了一批双边和多边国际条约，各省、自治区、直辖市、经济特区等地方立法机关积极开展地方立法工作，制定了一批地方性的行政法规，成为我国外商投资法制建设的一部分。从这一时期利用外资相关法律法规的演变可以看出：外商投资法律法规及政策的制订过程推动我国涉外经济法律突破了计划经济的法律禁区，开始与国际接轨并带动了市场经济法律体系的建设；以《中外合资经营企业法》《外资企业法》和《中外合作经营企业法》（以下简称"外资三法"）为基础的外商投资法律法规引入了市场经济中最必要、最基本的概念和制度框架，是我国政策、法律体系市场化改革重要的先导和启蒙。

二、外商投资法律政策的探索转变是市场化法律政策体系建设的发展期

从1992至2000年，是中国外商投资法律政策的探索转变期，也是中国市场化法律政策体系改革建设的稳步发展期。1992年，邓小平南方谈话明确提出继续深化改革和扩大开放，冲破了姓"社"姓"资"的思想禁锢，用"三个有利于"标准精辟论述了利用外资的作用，在理论上和思想上为扩大开放、利用外资扫清了障碍。

1995年6月，国家计委、经贸委和外经贸部联合颁布了《指导外商投资方向暂行规定》和《外商投资产业指导目录》（《外商投资产业指导目录》也被称为"正面清单"），重新规划和划分了对外商投资鼓

励、允许、限制和禁止四大类的产业范围，制订了相应的配套措施和政策。这是第一次以法规形式来引导外商投资。

1998 年 4 月，国务院出台了《关于进一步扩大对外开放，提高利用外资水平的若干意见》，明确提出了"多渠道多方式吸收外商投资，实施利用外资多元化的战略"。

2000 年，为贯彻落实"西部大开发"战略和"中部崛起"战略，引导外商投资中西部地区，我国在《外商投资产业指导目录》的基础上制定了《中西部地区外商投资优势产业目录》，外商投资该目录中的领域都可以享受鼓励类的优惠政策。根据中西部地区的开放发展需要，该目录分别于 2004 年、2008 年、2013 年、2017 年做了四次修订。

这一时期外商投资的基础法律框架——"外资三法"根据经济社会变化发展的需求先后都进行了修订。纵观外商投资法律法规和政策制度的发展演变过程，中国的外商投资法律政策体系建设在探索中逐步转变：一是外商投资法律政策由鼓励优惠转向互利共赢；二是明确提出"以市场换技术"的战略政策，以达到更好弥补技术和管理缺口、而非仅仅是资金缺口的目的；三是通过发布和修订《指导外商投资方向规定》《外商投资产业指导目录》和《中西部地区外商投资优势产业目录》，积极引导外商投资调整和修正在中国的产业结构、区域结构及企业结构上的失衡；四是从"优惠政策"单向作用向"优惠政策""产业政策"协同作用转变，从"引资政策"向"选资政策"转变。

三、外商投资法律政策的全面发展是市场化法律政策体系建设的完善期

从 2001 年至今是中国外商投资法律政策全面发展的时期，也是市场化法律政策体系建设的成熟完善期。2001 年 12 月中国正式加入世界贸易组织，在更高层次上实现涉外经济制度与国际规则的全面对接，我国对外开放、利用外资进入到一个全面发展的新的历史时期。

2002 年 2 月，国务院公布了《指导外商投资方向规定》；同年 3 月，发布了第二次修订后的《外商投资产业指导目录》。《指导外商投资方向规定》和《外商投资产业指导目录》是我国外商投资的基础产业政策，是指导审批外商投资项目和外商投资企业适用有关政策的根本依据。为了适应经济发展和引导外资产业的需要，国家发展改革委、商务部会同有关部门此后又分别于 2004 年、2011 年、2015 年、2017 年对《外商投资产业指导目录》进行了修订。

2003 年 6 月，科技部与商务部联合制定发布了《鼓励外商投资高新技术产品目录》。该目录是在《中国高新技术产品目录》和《外商投资产业指导目录》的基础上，为进一步突出国家鼓励外商投资高新技术产业而制定的。该目录由投资产业领域进一步细化到具体高新技术产品，其指导作用更明确，也更便于操作。该目录于 2006 年 12 月做了第一次修订。

2007 年 3 月，全国人大通过了《中华人民共和国企业所得税法》，实行"两税合一"，对内外资企业一视同仁，逐步取消外商投资企业的"超国民待遇"。

2010 年 4 月，国务院公布了《关于进一步做好利用外资工作的若干意见》，规定中国对高科技产业、服务业、节能和环保产业的海外投资表示欢迎，但对重污染和高能耗及产能过剩产业的投资则受到限制，意味着过去那种无条件的"外资优先"时代结束。

2011 年 2 月，国务院办公厅发布《关于建立外国投资者并购境内企业安全审查制度的通知》，正式建立了外资并购国家安全审查制度，对于外资并购境内涉及军工企业、国防企业以及通过并购实际控制关系国家安全的重要农产品、能源和资源、基础设施、运输服务、关键技术、重大装备制造等企业进行国家安全审查。

2013 年 9 月，中国（上海）自由贸易试验区成立，上海市人民政府出台了适用于中国 (上海) 自由贸易试验区的《外商投资准入特别管理措施（负面清单）（2013 年版）》，率先试行"外商投资准入前国民待遇加负面清单管理模式"；2015 年 4 月，广东、天津、福建 3 个新设自由贸易试验区挂牌运行，国务院办公厅印发了统一适用于 4 个自由贸易试验区的《外商投资准入特别管理措施（负面清单）（2015 年版）》；2017 年 4 月，辽宁、浙江、河南、湖北、重庆、四川和陕西 7 个新设自由贸易试验区挂牌运行，6 月，国务院办公厅印发了适用于 11 个自贸试验区的《外商投资准入特别管理措施（负面清单）（2017 年版）》，2018 年 6 月 28 日，国家发展改革委、商务部发布了《外商投资准入特别管理措施（负面清单）（2018 年版）》（以下简称"全国版负面清单"）。全国版负面清单从以往的《外商投资产业指导目录》中独立出来单独发布，而且进行了大幅精简，只保留了 48 条特别管理措施，进一步缩小了外商投资审批范围，在一、二、三产业全面放宽市场准入，参照国际标准全方位推进开放。紧接着的 6 月 30 日，发布了《自由贸易试验区外商投资准入特别管理措施（负面清单）（2018 年版）》（以下简称"自贸区版负面清单"）。自贸区版负面清单比全国版的还要少三项，在更多领域试点取消或放宽外资准入限制。

2014 年 11 月，国务院发布了《关于清理规范税收等优惠政策的通知》，力图全面规范各地各部门的税收等优惠政策，统一税收政策制定权限，对不合理合法的、形成恶性竞争和不正当竞争的所谓优惠政策进行专项清理整顿，强化责任追究机制。由于在执行落实过程中碰到了"一刀切"等情况，导致许多地方的外商投资项目停滞甚至取消，给地方招商引资工作造成了许多困难和不利影响。因此，针对这些实际的问题和困境，国务院于 2015 年 5 月又出台了《关于税收等优惠政策相关事项的通知》，暂停了《关于清理规范税收等优惠政策的通知》相关政策措施的执行。

2015 年初，根据《十二届全国人大常委会立法规划》和《国务院 2014 年立法工作计划》，商务部启动了"外资三法"修改工作，形成了《中华人民共和国外国投资法（草案征求意见稿）》并向社会公众公开征求意见。全面修改"外资三法"、制定统一的《外国投资法》，最核心内容是将法律规范的对象由"外商投资企业"调整为"外国投资者在中国境内的投资行为"，从而实现从外商投资企业法到外国投资管理法的转变。

2015 年 5 月，党中央、国务院通过了《关于构建开放型经济新体制的若干意见》。在创新外商投资管理体制上，明确指出要统一内外资法律法规；推进准入前国民待遇加负面清单的管理模式；完善外商投资监管体系；推动开发区转型升级和创新发展。

2016 年 9 月，十二届全国人大常委会第二十二次会议通过了《关于修改〈中华人民共和国外资企业法〉等四部法律的决定》，将不涉及国家规定实施准入特别管理措施的外商投资企业设立及变更事项，由逐案审批改为备案管理；国家规定的准入特别管理措施，由国务院发布或者批准发布，这为深化外资审批管理体制改革奠定了基础。

2017 年 1 月，国务院印发了《关于扩大对外开放 积极利用外资若干措施的通知》。同年 8 月，国务院又印发了《关于促进外资增长若干措施的通知》。2018 年 6 月，国务院发布了《关于积极有效利用外资推动经济高质量发展若干措施的通知》。在一年多的时间内，国务院连续下发三个利用外资的文件，足以可见对外商投资的重视。

这一时期的外商投资政策和法律体系在延续前一阶段的基础上，进行了全面的改革和完善，推进了市场化法律政策体系的成熟发展。一是为了适应经济发展和引导产业发展的需要，对"正面清单"——《外商投资产业指导目录》《中西部地区外商投资优势产业目录》《鼓励外商投资高新技术产品目录》等进行了多次修订和完善；二是由自由贸易试验区开始制定施行的《外商投资准入特别管理措施（负面清单）》，已开始推广、形成全国统一的市场准入负面清单及管理体系；三是为了适应经济全球化新形势和国际投资规则变化趋势，"正面清单"+"负面清单"的管理模式，已成为中国外商投资政策和法律法规体系的核心内容；四是党中央、国务院高度重视外资工作，多次下发规范引导和促进利用外资的政策文件，按照内外资一致原则，逐步实现外商投资的国民待遇，通过改善营商环境促进外商投资稳定增长；五是推进外资基础性法律的制定。包括"外资三法"在内的有关法律法规和政策文件已基本进行了全面清理修订，形成了较为完整的涉外法律体系，为外商投资提供了符合国际规范的法律环境和制度保障。

改革开放 40 年来，我国的外商投资法律政策体系经历了从试验、探索到全面发展三个阶段的曲折渐进历程。以"外资三法"为基础，以相关的部门经济法和民商法为配套，以行政法规、部门规章和地方立法为补充，辅以相对灵活的外资政策文件，我国事实上已基本建立起既符合国际经济通行规则、又有中国特色的外商投资法律政策体系，也推动了我国市场化法律政策体系的发展与完善。

第三节　新时代外商投资法律政策变化趋势

当前，全球吸引投资的国际形势和国际环境已发生了较大变化。世界经济缓慢复苏，但是受贸易投资保护主义、地缘政治安全、技术革新等因素影响，全球经济和投资持续增长存在一定风险和挑战。中国经济从高速增长换挡至中高速增长和高质量增长，处于深化改革和结构调整的时期。面对国内外的形势变化，中国利用外资仍需与时俱进，在法律政策体系及营商环境建设方面不断改革创新、完善优化。

一、我国吸引外资法律政策体系面临新的挑战
（一）产业竞争政策面临"双重挤压"
从全球招商引资的竞争格局来看：一方面，西方主要发达国家通过

实施产业战略政策以及税收优惠政策，加大吸引外商投资的力度，吸引高端制造业和高新技术产业回流。例如，美国的"再工业化""先进制造业伙伴计划"以及 2018 年 1 月开始实施的《减税和就业法案》等，德国的"工业 4.0"计划、日本的"新成长战略"、韩国的"制造业革新 3.0"、法国的"新工业法国"、英国的"英国制造 2050"等。另一方面，东南亚、南亚以及拉美、非洲的发展中国家利用低要素成本优势，在大力承接劳动密集型产业的国际转移。可见，我国吸引外资工作面临着来自发达国家的"高端回流"和发展中国家"中低端分流"产业竞争的双重冲击，需要在吸引外资的产业政策等方面有所考虑和应对。

（二）国际投资规则屡创高标准

2008 年金融危机以来，全球增长动能不足、全球经济治理滞后、全球发展失衡这三大根本性矛盾仍然比较突出。保守主义、孤立主义等反全球化思潮日渐升温，双边及区域投资协定不断增长，国际投资规则碎片化加剧。[1]以美国为首的发达国家积极推进高标准的新一代国际经贸规则，涵盖市场准入、知识产权保护、劳工和环境、政府采购、争端解决机制、国有企业规制等众多方面，且广泛采用"负面清单"的模式谈判。这些新规则将在很大程度上对未来更大范围的双边、多边协定产生引领和示范效应，[2]从而对中国吸引外资带来更大的难度和挑战。

（三）吸引外资的法律政策体系仍需完善

近年来，中国的外商投资环境在持续改善，但仍低于外商预期。一是在法律方面，法律法规不透明和不明确对投资带来很大不确定性，加大了投资风险，直接影响投资决策。二是政策方面，政策的稳定性和可预见性是外商特别关注的领域。很多地方原来靠比拼政策吸引外资，随着外资优惠政策逐渐淡出，出现了招商引资手段缺乏、积极性降低等现

---

① 马相东，王跃生：《新时代吸引外资新方略：从招商政策优惠到营商环境优化》，《中共中央党校学报》2018 年第 4 期。

② 李洪涛，高宝华：《供给侧改革与利用外资战略的思考》，《国际经济合作》2016 年第 12 期。

象，产生了利用外资不再重要的心理，使投资软环境发生变化。外商遇到政策仓促出台，政策发生变化、走向不明，国家政策和地方执行不一致等情况，使外商投资战略产生迷茫。一旦在执行中遭遇政策变化，产生一定的沉没成本，便会加大商业决策的风险和难度。三是市场准入方面，改革措施重在精简流程和手续，而缺少卓有成效的开放措施，现行的负面清单仍需大力缩减。在实践中遭遇到一些"玻璃门"现象，虽然已经明文规定对外资放开的产业或项目，但在实际操作中因为种种隐性壁垒导致外资无法进入，挫伤了外商扩大投资的信心。[①]

二、新时代外商投资法律政策发展思路

面对全球产业链"双重挤压"的竞争、国际高标准的新规则以及亟须不断完善的法律政策体系，建设一个便利化、国际化和法治化的营商环境，已成为我国在全面开放新时代外资法律政策体系的迫切需求。

（一）打造有利于产业发展的营商环境

西方发达国家积极引导高端制造业回流以及发展中国家积极抢占中低端产业，是其产业政策、税收优惠以及要素资源结合协同的结果。面对这些竞争和冲击，我国需要厘清产业支持政策和财税优惠政策，积极应对。一方面，在产业政策方面，鼓励外资融入中国制造业创新体系，吸引更多外资来华设立研发中心，促进其成果转化，使外资参与《中国制造 2025》，如工业强基专项行动实施方案、智能制造等相关规划、方案和专项等，充分利用全球智慧，提升中国科研水平；另一方面，在鼓励研发政策上，使外资获得与中国企业同等待遇，如高科技企业税收优惠、研发费用税前扣除、设立研发中心的优惠政策等。此外，为中外科研机构合作创造更多条件。搭建公益性的研发合作平台、科技成果转移/转化平台、高科技企业孵化器等，不断提升中国的国际科技合作形

① 李洪涛，高宝华：《供给侧改革与利用外资战略的思考》，《国际经济合作》2016 年第 12 期。

式和水平。

（二）对标高水准的国际化营商环境

自由贸易试验区、自由贸易港是新时代我国全面深化改革、进一步扩大开放、优化区域开放布局的重要战略举措；国家级开发区是强化利用外资的重要平台。因此要应对国际投资规则体系的碎片化和高标准要求，就必须充分发挥自由贸易试验区、自由贸易港和开发区这三个对外开放平台载体的作用。具体来讲，一是要继续推进自由贸易试验区体制机制改革创新，授予其更大改革自主权，形成更多更好的改革试点经验，在全国复制推广；二是探索建立自由贸易港，对标国际标准，确立开放型经济发展新路径，汇聚对外经济发展新动能，打造国际经贸合作新平台，与"一带一路"建设紧密结合，以沿线国家为依托、为纽带，加快构建面向全球的自由贸易网络，提升贸易投资自由化便利化水平；三是推动国家级开发区创新发展，将开发区打造成创新驱动的引领区、先进制造业和现代服务业的集聚区、全面开放的体制机制试验区、绿色经济的先行区、和谐社会的示范区。充分发挥其利用外资与国际接轨、沟通国内外市场、拉动外向型经济发展的重要平台作用。

（三）继续完善法治化的营商环境

首先，应该加快推进修订"外资三法"，出台吸收利用外资的基本法律——《外国投资法》，使其与相应的部门经济法和民商法协同，同时制定配套的实施细则，规范和推动吸收利用外资工作全面发展；其次，要深化行政体制改革，统一内外资法律法规，统一市场准入制度，统一市场监管，积极对接国际先进理念和通行规则，建立公开透明的市场规则；最后，要营造竞争有序的市场环境、透明高效的政务环境、公平正义的法制环境，保证各类所有制经济依法平等使用生产要素、公开公平公正参与市场竞争、同等受到法律保护，增强外商投资企业长期投资中国的信心。

第三部分 **区 域 篇**

第十一章　江苏省

利用外资是江苏省开放型经济的重要组成部分，在全省经济社会发展中占据了举足轻重的地位。截至 2017 年底，全省共设立外资项目 12.14 万个，协议利用外资 8403 亿美元，实际利用外资总量达 4250 亿美元。

第一节　江苏省利用外资的发展历程及特点

过去 40 年，江苏省利用外资经历了由点到面，数量、质量、结构、效益全面提升的过程，逐渐形成了自身鲜明的优势和特点。

一、利用外资起步阶段（1978—1991 年）

1978 年 10 月，江苏省纺织品进出口分公司与香港溢达企业有限公司合作的 12 条服装生产线补偿贸易项目，作为全省第一个补偿贸易项目，正式拉开江苏省利用外资的帷幕。1981 年，江苏省第一家中外合资企业——中国江海木业有限公司在无锡落户。此后 11 年间，全省共批准外资项目 2265 个，协议利用外资 20.44 亿美元，实际利用外资 7.71 亿美元，有效缓解了当时建设资金不足的困难。

在江苏省投资的外商来自全球 31 个国家和地区，其中中国香港投资企业居江苏省投资来源首位（占比 62%）。以制造业为主（占比超过 90%），农林牧渔业、建筑业、运输邮电业等为辅的投资格局基本形成。在此期间全省 11 个省辖市均有外资项目落户，其中无锡江苏利港电力有限公司总投资达 8.28 亿美元，成为这一阶段最大的外资项目。此外，一些投资超过千万美元的大项目开始落户苏中、苏北地区，如美国塞拉尼斯纤维公司投资的南通醋酸纤维有限公司总投资达 1.49 亿美元，日本三得利株式会社在连云港投资的江苏三得利食品有限公司总投资达 5000 万美元。

此时，江苏努力抓住对外开放的机遇，融入改革开放大潮。一方面积极兴办开发区。1984 年，国务院批准南通、连云港作为全国第一批沿海港口城市对外开放，同时设立经济技术开发区。伴随着包括首个自费创办的昆山经济技术开发区在内的一批国家级、省级开发区的兴办，一些规模较大、技术含量较高的外资项目相继落户江苏省，为 20 世纪 90 年代江苏省开发区大发展奠定了良好的基础。另一方面大力下放审批权限。1986 年 11 月，江苏省制定《江苏省人民政府鼓励外商投资的若干规定》，首次提出下放审批权限、简化审批程序、提高办事效率。1988 年 3 月，省政府出台《关于加快发展外向型经济若干问题的意见》，进一步扩大部分省辖市的外资项目审批权限。1988 年 5 月，江苏省出台《关于贯彻执行〈国务院关于沿海地区发展外向型经济的若干补充规定〉的通知》，全面授权各省辖市与省政府同样的审批权，并要求各省辖市政府也应适当下放给各县（市）一定额度的审批权。

二、利用外资加快发展阶段（1992—2001 年）

1992 年春，邓小平南方谈话开启了江苏外向型经济大发展的新篇章。全省从经济发展实际出发，积极实施外向带动，尤其是毗邻上海的苏南地区大力吸引外资，全面推进江苏省外向型经济建设。1994 年，省第九次党代会明确提出了经济国际化战略，并把积极利用外资作为实现江苏经济国际化的重要举措。

借此契机，江苏省外资规模迅速扩大，共批准外资项目 40858 个，协议利用外资 973.3 亿美元，实际利用外资 507.3 亿美元。外资来源地进一步多元化，全球六大洲在江苏省皆有投资项目。其中，来自中国香港的外资项目数占比 34.6%，实际使用港资占比 23.9%，在各来源地中仍位居第一。来自日、美、台等地的投资也不断升温，实际使用日资占比 11.3%，实际使用美资占比 9.9%，实际使用台资占比 6.8%。

与此同时，外商投资逐步从食品、纺织等传统产业向机械、电子、化工等主导产业转移拓展，有力推动了江苏省产业结构调整、工业结构升级。特别是 20 世纪 90 年代后期，江苏省外商投资主体快速升级，迅速实现了以中小企业零散投资为主向大公司、大集团、跨国公司集中大额投资为主的转变。具体到全省各地，苏州、无锡依托跨国公司投资，加快了电子、化工、医药、食品、纺织等产业的结构优化和布局调整；常州的美国托利多衡器项目、日本小松制作所机械零部件项目以及韩国现代挖掘机项目带动了机械行业的进步；南通通过日本东丽、帝人、东洋纺织等公司在纺织业的大规模投入，形成了新的产业优势；在南京，荷兰飞利浦、日本富士通、瑞典爱立信分别投资生产彩色显像管、激光打印机、移动通信系统等高新科技产品，振兴和促进了电子通信产业的发展。

这一阶段，江苏省利用外资工作思路和做法有了新的变化。"积极合理有效利用外资"成为全省坚定不移地推进实施经济国际化战略的重要内容。从解决资金短缺的单一目标到着眼引起技术、管理、市场的多维目标，积极消化吸收先进的现代管理方法和管理经验，在一定程度上带动了省内企业经营理念、经营方式和经营机制的转换，加快了建立现代企业制度的步伐。思维的转变带动观念的更新，在充分认识招商引资重要性的基础上，各地区根据形势和情况的发展变化，结合江苏省产业结构、区域经济优势和需求，主动推出一批对跨国公司具有较强吸引力的大中型投资项目，有针对性地进行招商。

此外，江苏省逐渐重视投资环境建设。1995年成立了省级外商投资投诉调解机构，制定了投诉和调解规则，并在全省各地形成了投诉调解机构网络，对依法保障中外双方合法权益、保持社会安定，起到了积极作用。1996年，江苏省率先在全国制定和实施了规范外商投资的省级地方法规《江苏省外商投资企业管理办法》，增强了对外商投资管理工作的透明度与规范性。2000年，江苏省聘请了100名在外商投资企业中担任高层管理职务的外方投资者作为全省外商投资软环境监测顾问，以加强政府与外国投资者的联系，促进解决外商投资企业面临的困难和问题。

三、利用外资跳跃式发展阶段（2002—2012年）

江苏主动呼应我国加入世贸组织新形势，积极承接国际产业资本转移，大力发展加工贸易，利用外资进入高速增长阶段。2002—2012年，江苏省累计设立外资项目49029个，协议利用外资5074.8亿美元，实际利用给外资2376.5亿美元。其中，2007年全年实际利用外资首次超过200亿美元，2011年首次超过300亿美元。2003—2014年江苏省实际利用外资规模连续12年位居全国第一，总体规模和质量呈现跳跃式发展。

全省外资产业结构进一步优化。这一阶段累计新批服务业外资项目12926个，累计实际利用外资580亿美元，实际利用外资占比从2001年的6%大幅跃升到2012年的31.3%。江苏省服务业利用外资实现了一次又一次的全国"第一"：第一个城市公共设施外资项目——南京港华燃气有限公司；第一家公用事业领域股份制企业——无锡九龙公共交通股份有限公司；第一家中外合资创业投资基金——苏州工业园以色列无限创业投资基金。

制造业产业集群效应逐步增强。尤其是在电子及通信设备制造业领域，以海力士、龙腾光电、和舰科技为代表的一大批大规模集成电路芯片、新型液晶显示器、新型电子元器件外资项目入驻江苏省，代表了当时世界相关行业的领先水平，构成了集成电路、计算机及周边设备、平板显示、数字通讯等门类齐全的电子信息产业集群。

这一阶段，江苏省更加重视引资与引技引智相结合，大力吸引和发展外资总部经济。2012 年，在全国率先出台鼓励跨国公司设立地区总部和功能性机构的政策，当年认定 85 家跨国公司地区总部和功能性机构。

2008 年以来，随着全球金融危机爆发，国内外宏观经济环境不断发生变化，利用外资工作面临全方位的挑战和考验。江苏省深入贯彻科学发展、率先发展、和谐发展的方针，利用外资工作在稳步扩大规模、有效提升质量中迈上新台阶。一是从追求总量规模扩张向质量水平提高转变。江苏省提出了以经济结构调整为主线，进一步拓展利用外资领域，优化外资产业结构，创新利用外资方式。在继续扩大利用外资规模的同时，以尽可能少的资源消耗、尽可能小的发展代价、尽可能公平的合作条件来获得尽可能大的发展效益，促进由规模优先向量质并举转变。二是从侧重苏南率先发展到推进全省区域协调发展转变。从全省各区域的自身区位优势和产业基础出发，将利用外资与优化地区生产力布局结合起来，注重发挥比较优势，加强分类指导，着力形成区域产业特色，促进外资项目布局合理化，缩小利用外资的地区差异，促进各地区利用外资的协调发展。三是优化环境，注重服务，创造新的竞争优势。把提升环境竞争力作为提高利用外资水平的重要着力点，注重营造配套完善的产业环境。着力打造有利于外资集聚发展的产业环境，强化产业特色和配套功能开发，为引导和促进外资结构调整和产业升级创造基础条件。进一步完善关贸、税贸、检贸、财贸等合作机制，优化进出口贸易通关环境。

四、全面开放新阶段（2013年至今）

党的十八大召开以来，省委省政府积极贯彻落实中央部署，更加重视利用外资工作。同时，全球跨国投资和产业转移呈现新趋势，各国都高度重视引资工作，我国经济深度融入世界经济，经济发展进入新常态，利用外资面临新形势新任务。受国际投资下降和国内引资竞争加剧的双重影响，江苏省利用外资规模出现一定波动，但基本稳定并继续保持全国领先。2017年江苏省实际利用外资额占全国总量的16.1%，在各省（市、自治区）中位居第二。在全面开放新格局中，江苏省外资结构进一步优化，质量效益进一步提高。

2013年以来，江苏省制造业利用外资不断提档升级。以先进制造业为主的十大战略性新兴产业年均实际利用外资109.6亿美元，占全省外资总量超过四成（40.4%）。服务业利用外资进一步拓展。全省服务业年均实际利用外资119亿美元，占全省外资总量的比重有所上升。2017年江苏省服务业外资比重为42.9%，较2012年底提高了11.3个百分点。现代服务业实际使用外资持续上升，在服务业外资中所占份额逐年提高，从2012年的28.7%增至2017年的51.8%，增长幅度接近50%。

在此基础上，江苏省大力实施利用外资"八聚焦八提升"行动计划，围绕保持和提升江苏省利用外资规模和质量，增创利用外资新优势，进一步明确目标方向，从聚焦现代服务业、"工业4.0"、总部经济、高端要素、开发区建设、招商引资机制、海外经贸网络、营商环境等八个方面加强政策引导，提升服务能力，取得了良好效果。同时，江苏省积极探索准入前国民待遇加负面清单的管理模式，继续深化外资管理制度改革，为外商投资创造良好的环境。一是积极简政放权，大力下放外资审批权限。2014年10月，江苏省将省属权限内的外资项目审批权全部下放至各省辖市和省直管县（市），将1亿美元以下外资审批权下放至各外资单列县（市）和国家级高新技术开发区，同时根据国务院取消和调整有关行政审批事项的决定，将中外合资、合作经营演出经纪机构等一批服务业审批权下放到各地商务主管部门。二是开展外资快速审批试点，优化审批流程，提高审批效率。2014 年 5 月 21 日起，在借鉴和对接上海自贸试验区体制机制基础上，在全省开展外商投资项目快速审批试点工作，对投资总额 3000 万美元以下鼓励类和允许类外资项目推行"清单式审批、备案化管理"改革，采取"承诺告知"和形式审查相结合的审批方式。三是进一步深化外资审批制度改革，制定外商投资企业设立及变更备案指引。《江苏省外商投资企业设立及变更备案监督检查指引（试行）》于 2017 年 12 月正式出台，并在全省推行。

近年来，党中央、国务院高度重视利用外资工作，先后出台了《关于扩大对外开放积极利用外资若干措施的通知》（国发〔2017〕5 号）和《国务院关于促进外资增长若干措施的通知》（国发〔2017〕39 号），省委省政府认真贯彻落实党中央、国务院一系列决策部署，也相继出台实施了《省政府关于扩大对外开放积极利用外资的若干政策措施》（苏政发〔2017〕33 号）和《关于促进外资提质增效的若干意见》（苏政发〔2018〕67 号），进一步加强对外资工作的统筹规划和政策导向，采取更加积极的措施，从加强和完善外资政策、项目、平台、机制和环境方面全力以赴打造"五大支撑"，稳定外资规模，提升外资质量。一是坚持开放发展。推动实施新一轮高水平对外开放，以开放促改革、促发展。二是优化营商环境。进一步促进内外资企业公平竞争。三是促进引资引技引智相结合。增强对制造业外资的吸引力，构建开放的创新体系，提高利用外资质量和水平。四是建设统一的市场体系。加强和优化服务，鼓励外资企业深耕发展。五是加大改革力度。按照内外资一致原则，简化对外资的审批监管制度，提高投资便利化程度。

第二节　外商投资对江苏省经济社会的贡献

改革开放 40 年，利用外资为全省经济持续、快速、健康增长做出了突出贡献，进入外资全面开放新阶段以来，外商投资企业继续对中国开放型经济发展、科学技术创新、对外贸易增长、税收收入增加、扩大劳动就业等发挥着积极的作用。

一、外商投资企业固定资产投资占有重要地位

2016 年江苏 GDP 为 76086 亿元人民币，比上年增长 8.5%，全省固定资产投资为 49371 亿元人民币，比上年增长 7.5%。而当年外商投资企业固定资产投资增长 20.3%，对全省经济增长的拉动力强劲。

2012—2016 年，外商投资企业固定资产投资在全省规模以上工业企业中的占比达到三成以上。

表 11-1　2012—2016 年江苏省外商投资企业固定资产在规模以上工业企业中的比重

单位：亿元

年份	2012	2013	2014	2015	2016
规模以上工业企业固定资产合计	27740	31249	34449	36791	38881
其中：外商投资企业固定资产	11015	11848	12350	12573	12901
外商投资企业在规上工业企业的比重	39.7%	37.9%	35.8%	34.2%	33.2%

资料来源：《江苏统计年鉴》。

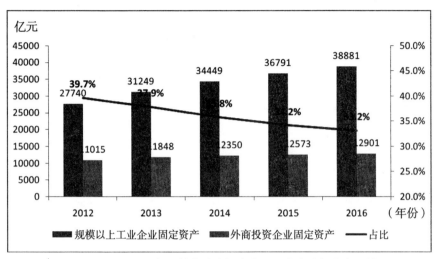

图 11-1　2012—2016 年江苏省外商投资企业固定资产投资在规模以上

工业企业中的占比

资料来源：《江苏统计年鉴》。

二、外商投资企业产出和效益表现突出

在规模以上工业企业中，外商投资企业一直占有优势地位，其产出更是高于全省平均水平。2012—2016 年，江苏省外商投资企业数量在规上工业企业中占比均不低于 21%，远高于外商投资企业在全省企业总数的占比（1.5%，资料来源：江苏省国家税务局）。以 5 年的平均数来计算，可以得出在规上工业企业中，外商投资企业以 22.6% 的户数占比贡献了 35.2% 的总产值。

表 11-2　2012—2016 年江苏省外商投资企业工业总产值在
规模以上工业企业的比重

单位：%，亿元

年份	指标	规模以上工业企业	其中：外商投资企业	外商投资企业在规上工业企业的比重
2012	企业单位数	45859	11176	24.4
	工业总产值	120124.9	44703	37.2

续表

年份	指标	规模以上工业企业	其中：外商投资企业	外商投资企业在规上工业企业的比重
2013	企业单位数	48787	11384	23.3
	工业总产值	134080.9	48110	35.9
2014	企业单位数	48708	11098	22.8
	工业总产值	143016.9	50386	35.2
2015	企业单位数	48488	10562	21.8
	工业总产值	149841.4	51704	34.5
2016	企业单位数	47900	10055	21.0
	工业总产值	157640.2	52944	33.6

资料来源：《江苏统计年鉴》。

在规模以上服务业企业中，外商投资企业虽然占比不高，但是其产生的经济效益接近 1/10。2013—2016 年，规模以上服务业企业中，外商投资企业数平均占比为 3.8%，营业收入平均占比为 9.4%，是其户数占比的 2.5 倍。由此可见，规上服务业中的外资企业产出经济效益相比于其他经济类型较为突出。

表 11-3   2012—2016 年江苏省外商投资企业营业收入
在规模以上服务业企业的占比

单位：%，亿元

年份	指标	规模以上服务业企业	其中：外商投资企业	外商投资企业占规上服务业企业比重
2013	企业数	15063	612	4.1
	营业收入	10049.3	961.7	9.6
2014	企业数	16048	630	3.9
	营业收入	10678.6	1041.6	9.8
2014	企业数	16541	621	3.8
	营业收入	11570.9	1058.2	9.1
2016	企业数	17557	637	3.6
	营业收入	13129.6	1206.3	9.2

资料来源：《江苏统计年鉴》。

三、外商投资企业有效带动技术创新

外商投资企业对技术创新的重视程度较高，拥有较强的技术创新能力，技术效应持续外溢，带动了江苏省技术变革创新。2012—2016年，外商投资企业的研发投入占全省规上工业企业比重始终超过30%；外商投资企业研发投入占大中型工业企业的比重一直不低于36%。

另据江苏省统计局的数据显示，2016年全省规上工业企业拥有有效发明专利数为117912件。根据外商投资企业联合年报数据显示，2016年外商投资规上工业企业拥有有效发明专利数为36998件（其中境内授权34688件，境外授权2310件），总数比重为31.4%。

表11-4　江苏省外商投资企业研发经费内部支出在规上工业企业和大中型工业企业中的比重

单位：亿元

年份	2012	2013	2014	2015	2016
规上工业企业	1080.3	1239.6	1376.5	1506.5	1657.5
其中：外商投资企业	398.5	418.9	448.3	476.2	508.3
比重（%）	36.9	33.8	32.6	31.6	30.7
大中型工业企业	802.7	891.2	969.2	1032.8	1091.6
其中：外商投资企业	331.6	340.3	357.3	384.4	393.2
比重（%）	41.3	38.2	36.9	37.2	36.0

资料来源：《江苏统计年鉴》。

四、外商投资企业对外贸进出口的贡献显著

1. 外商投资企业进出口占对外贸易六成份额

据统计，2012—2016年，外商投资企业累计进出口总额为17103.9亿美元，占全省比重为62.9%，5年间占比从未低于61%；外商投资企业累计出口额为9781.3亿美元，占全省出口总额16572.8亿美元的比重为59%。

表 11-5　2012—2016 年江苏省外商投资企业进出口占全省比重

单位：%，亿美元

年份	进出口总额			出口总额		
	全省	外商投资企业	比重	全省	外商投资企业	比重
2012	5480.9	3578.9	65.3	3285.4	2046.8	62.3
2013	5508.4	3393.6	61.6	3288.6	1942.2	59.1
2014	5637.6	3499.1	62.1	3418.7	1988.0	58.2
2015	5456.1	3373.2	61.8	3386.7	1938.9	57.2
2016	5096.1	3259.1	64.0	3193.4	1865.4	58.4
合计	27179.3	17103.9	62.9	16572.8	9781.3	59.0

资料来源：《江苏统计年鉴》。

图 11-2　2012—2016 年外商直接投资企业对江苏省进出口的贡献度

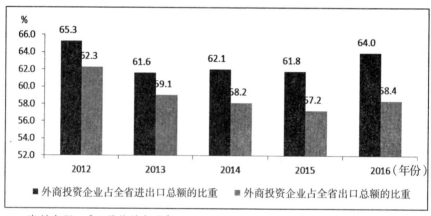

资料来源：《江苏统计年鉴》。

2. 外商投资企业对高新技术产品出口贡献大

随着经济转型升级步伐加快，外商在华投资向高新技术领域倾斜。
2013—2017 年，江苏省高新技术产品出口额的七成以上是由外商投资
企业贡献的。

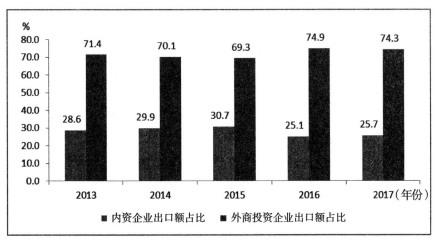

图 11-3　2013—2017 年江苏省高新技术产品出口情况

资料来源：江苏省商务厅。

五、外商投资企业贡献全省两成以上税收

据统计，2016 全省税收收入为 11827.3 亿元人民币，同比增长 1.8%，其中涉外税收总额为 2760.4 亿元人民币，同比增长 1.5%，涉外税收占全省税收收入的 23.3%。来源于外商投资企业的税收占涉外税收的 98% 以上，因此涉外税收基本上可以反映外商投资企业的税收贡献。2007—2016 年，涉外税收占全省税收收入的比重稳定在 23% 以上，平均占比为 25.8%。

表 11-6　2007—2016 年江苏省涉外税收占全省税收比重

单位：%，亿元

年份	全省税收收入	增幅	其中：涉外税收收入	增幅	占全省比重
2007	3901.0		1057.2		27.1
2008	4680.5	20.0	1322.1	25.1	28.2
2009	5296.7	13.2	1495.9	13.1	28.2
2010	6447.0	21.7	1755.0	17.3	27.2
2011	7925.2	22.9	2123.5	21.0	26.8

续表

年份	全省税收收入	增幅（%）	其中：涉外税收收入	增幅（%）	占全省比重（%）
2012	8704.9	9.8	2194.7	3.4	25.2
2013	9586.5	10.1	2336.3	6.5	24.4
2014	10589.3	10.5	2587.1	10.7	24.4
2015	11615.3	9.7	2720.2	5.1	23.4
2016	11827.3	1.8	2760.4	1.5	23.3

资料来源：全省税收数据来自《江苏统计年鉴》，涉外税收数据来自国家税务总局、江苏省税务局。

注：来源于外商投资企业的税收占涉外税收的 98% 以上。

据省国税局 2017 年统计，截至 2016 年底，江苏省正常经营的外商投资企业 3.75 万户当年实现营业收入 4.76 万亿元人民币，以 1.5% 的户数占比贡献了全省营业收入（同口径）的 31%；入库税款 207 亿元人民币，占全省国税收入总量的 31%；出口退（免）税 985 亿元，占全省退（免）税总额的 53%。

六、外商投资企业对扩大劳动就业的贡献

1. 外商投资企业吸纳了全省 1/8 以上的城镇就业

据统计，2016 年全国外商投资企业城镇就业人数合计 2666 万人，占全国城镇就业人数 6.4%。江苏外商投资企业城镇就业人员合计为 415.2 万人，占当年城镇就业总人数的 13.3%，超过全国比重的两倍。根据外商投资企业联合年报，2016 年末，外商投资企业就业人数为 412 万人。

外商投资企业就业人数在 2013 年出现了跳跃式增长，就业人数以及占全省城镇就业人数的比重都达到了 2012 年的 1.9 倍，2014 年到达峰值后开始小幅回落。总体而言，江苏省外商投资企业对全省就业的贡献度逐步扩大，有效拉动了全省劳动就业。

图 11-4　2010—2016 年江苏省外商投资企业城镇就业占整体比重

资料来源：《江苏统计年鉴》。

2. 外商投资企业更具吸纳就业能力

据统计，2016 年全省外资法人企业为 33910 家，吸纳就业人数 515.9 万人，户均吸纳就业人数 152 人，是全省法人企业户均吸纳就业人数的 6.6 倍。

表 11-7　2011—2016 年江苏省外商投资法人企业户均吸纳
就业能力与全省法人企业平均水平比较

指标		2011 年	2012 年	2013 年	2014 年	2015 年	2016 年
全省法人企业	企业个数	870237	989921	915317	1233493	1414381.0	1717135
	就业人数（万人）	2969.4	3192.5	3263.7	3260.6	3636.6	3937.9
	平均每家企业就业人数（人）	34	32	36	26	26	23
外商投资法人企业	企业个数	29921	31310	30578	34018	33970	33910
	就业人数（万人）	533.7	571	528.4	533.1	546.8	515.9
	平均每家企业就业人数（人）	178	182	173	157	161	152
外商投资企业吸纳就业是全省企业平均数的倍数		5.2	5.7	4.8	5.9	6.3	6.6

资料来源：《江苏统计年鉴》。

第三节　未来工作举措和展望

根据省委省政府战略部署要求，结合江苏省利用外资实际，近期出台了《省政府关于促进外资提质增效的若干意见》（苏政发〔2018〕67号），明确了高质量发展的引资导向，提出了推动外资提质增效的政策举措。下一步，我们要进一步细化外资政策举措，加大改革创新和开放力度，着力扬长补短，为全省开放型经济高质量发展提供强有力支撑。

一、抢抓新一轮高水平对外开放机遇，推动建设现代产业体系

抢抓国家扩大开放领域、全面实施外商投资准入负面清单的重大机遇，鼓励外资更多投向高端装备制造、新一代信息技术、新材料、生物医药等先进制造业领域，制定实施重点产业集群培育促进计划，加快培育新一代信息技术、新材料、高端装备外资产业集群。着力引进与江苏省高端制造业产业创新、知识与信息服务、金融服务、国际市场服务等相关的现代生产服务业，努力提升价值链服务水平，积极推动现代服务业和先进制造业协同发展，切实促进经济发展提质增效，加快建设现代化经济体系。

二、强化引资与引技引智相结合，加快构建开放创新生态系统

一是鼓励跨国公司在江苏省设立研发中心并就地转化科研成果，促进技术扩散。鼓励跨国公司与江苏省企业、科研机构、高等院校建立联合研发机构，开展研发合作。支持跨国公司与本地配套企业在技术开发、商业模式创新等方面加强合作。有条件支持跨国公司研发机构与江苏省企业、科研机构、高等院校联合承担政府科技项目。落实外商投资企业同等适用研发费用加计扣除、高新技术企业、研发中心等优惠政策。二

是加快实施与国际接轨的人才流动和引进政策。放宽对外籍高端创业人才在办理签证、居住证和永久居留权方面的限制，简化其创办科技型企业的审批程序，完善医疗保险、养老、子女入学等生活配套体系，鼓励国外高端人才来江苏省创新创业。三是依托中外合作产业园区和特色小镇，学习借鉴广东、浙江以跨国龙头企业主导战略新兴产业科技园，进行产业链配套的创新载体发展经验，打造跨国企业主导的政企合作招商新模式，加快技术、资本、人才等高端专业资源要素集聚，共同打造产业集群、国际化产业发展平台和生产生活生态融合发展的价值创新园区，推动完善相关产业生态系统，助推江苏省产业转型升级和现代产业体系建设。

三、加快实施"1+3"重点功能区战略，促进利用外资区域协调发展

按照全省"1+3"功能区总体布局，充分发挥省、市各类产业发展基金作用，以股权投资等社会化方式引导外资投向特定区域、特色产业，推动利用外资同质竞争向协同发展转变。重点招引世界500强企业和全球行业龙头企业来江苏省投资，加快打造特色产业集群，引导各地区因地制宜，突出产业特色、功能特色，实现错位发展、差别发展、互补发展。扬子江城市群侧重通过集群发展、融合发展，加快引进和集聚高端要素，高端嵌入全球价值链，打造江苏创新发展高地和创新要素集聚区。沿海地区重点引进现代海洋经济和临港产业，加快构建现代海洋产业体系；江淮生态经济区立足生态发展、绿色发展，注重招商选资，重点引进有利于彰显本地生态优势的产业，积极引进生态环保、网络经济、服务经济和特色农业等，大力发展特色产业园区，打造特色产业集群。徐州加快建设淮海经济区中心城市，切实发挥对淮海经济区的开放引领辐射作用，重点引进和打造智能制造、新能源产业等产业集群。

四、创新招商引资方式，积极探索集人才、技术、产业、市场、资本于一体的集成式招商

通过吸引领军人才、瞄准前沿技术、聚焦核心产业、推送市场资源、优化融资模式，实现政府向"项目策划者、资源整合者、市场推送者、专业服务者"转变。一是通过组织有品牌的招商活动，重点瞄准美国、德国、以色列、瑞典等创新能力强的欧美发达国家地区实施精准招商，特别是利用中德携手推进工业升级等发展契机，推进贸易及投资便利化和制造业转型升级，扩大多层次产业合作和资本引进，拓展欧美优势产业与江苏省相关企业的跨境项目合作。二是抓住我国与冰岛、瑞士、挪威、澳大利亚和日韩等发达国家自由贸易区不断扩大升级的机遇，大力拓展这些国家引资，重存量引增量。三是借力"中国制造2025"的实施，深化江苏省在传统制造业智能化、信息化改造及生产性服务业领域的二次招商，推动外资转型升级。四是加快建立江苏省并购企业项目库，完善并购鼓励政策，引导境外投资者通过增资、并购、境内股权出资等多元方式投资。五是鼓励"走出去"企业重新整合上下游产业链，将国外的高端生产要素、生产环节和总部经济配置到江苏，为高水平引资提供支持，实现"引进来"与"走出去"的良性互动，提升江苏省在全球价值链和创新链中的地位。

五、加大招商体制机制改革力度，提升引资市场化和精细化水平

一要优化市县各级外商投资促进机构，建立新型招商引资政策体系，进一步强化高端人才、产业用地、项目引荐等政策保障和激励措施，深化投资促进机构人事和薪酬制度改革，实行领导班子任期制、员工岗位聘用制和绩效工资制。二要支持各县市、开发区（园区）在国家政策允许范围内因地制宜制定出台地方招商引资政策。鼓励官方招商机构公司

化运作，引导产业招商资金的组建和增值、分配、退出机制的形成。三要坚持国际化、专业化和市场化方向，切实加强招商引资人才队伍建设，优化招商人才管理，建设高素质招商引资专业队伍。四要优化招商经费来源和使用机制，支持地方试点招商外包，建立产业招商联盟和招商引资智库，优化工作绩效考评激励机制，对招商引资成绩突出的单位和个人给予激励，稳定招商队伍，提升工作积极性。

六、加强统筹协调，打造营商环境新高地

进入新时代，江苏省吸引外资的优势正在从政策红利转向制度红利，必须着眼于提升区域软实力和核心竞争力，把优化营商环境摆在更加突出的位置，对标国际标准、不断提升制度环境软实力，努力建设一流营商环境。一要更积极地对接国际先进理念和通行规则，深化复制推广自贸区经验工作，进一步简政放权，加快外资领域"放管服"改革进度，降低制度性交易成本。二要加快建设知识产权保护中心，建立健全专利快速审查、确权和维权机制，推行外商投资企业知识产权保护直通车制度，开展知识产权综合执法改革试点，建立跨区域、跨部门的知识产权案件移送、信息通报、配合调查机制，强化商标专项执法，严格保护外商投资企业商标专用权。三要简化外企设立及变更的管理程序，深入推进外企设立及变更备案管理改革，全面实施外资准入前国民待遇加负面清单管理模式。积极探索建立与国际高标准投资和贸易规则体系相适应的管理体系，完善"互联网＋政务服务"体系，建立健全外资事中、事后监管体系，营造稳定、透明、可预期的国际化法治化便利化营商环境。四是建议设立全省营商环境建设协调机构，牵头协调全省营商环境建设工作，推动制定营商环境条例，开展优化营商环境专项行动，对全省及各市开展营商环境评价，发布评估报告，进一步优化江苏省综合营商环境。

七、建立外资提质增效评价体系，强化外资高质量发展导向

紧紧围绕推动高质量发展走在全国前列、加快建设"强富美高"新江苏的战略部署，按照"科学合理、简明实用，统筹兼顾、综合评价"的原则，研究制定全省外资提质增效评价体系。在考核利用外资规模、增速的同时，突出外资产业结构、创新能力、社会贡献、营商环境等质量效益指标的导向作用，科学客观地评价全省各地利用外资的质量水平，引导各地正确处理规模与质量的关系，把提升引资质量放在更加突出的位置，加快外资结构优化升级，全面提升利用外资的质量和效益。

第十二章　浙江省

　　改革开放 40 年来，浙江利用外资取得长足的发展，规模不断扩大，结构不断优化，招商引资的方式不断创新，外资管理水平不断提高，在经济发展和深化改革进程中发挥了积极作用。

　　浙江利用外资经历了探索起步（1978—1991 年）、快速增长（1992—1996 年）、平稳调整（1997—2012 年）和重质提效（2013 年至今）4 个阶段。早期利用外资为浙江带来资金和外汇，近年作为有效投资重要组成部分的地位明显提升。通过利用外资，浙江大大提升了资本要素、创新、信息等资源的全球配置能力。

第一节　改革开放 40 年浙江利用外资回顾

一、发展历程

1. 探索起步阶段（1978—1991 年）

　　这一阶段，浙江利用外资处于萌芽探索阶段，利用外资总量较小，累计外商投资项目 1370 个，合同外资 8.33 亿美元，实际外资 2.84 亿美元，仅占 1978—2017 年累计总额的 2.2%、0.2%、0.2%（见图 1）。外商投资方式以合资企业为主，项目数量和合同外资金额有限。合资、合作、独资项目数量分别为 1155 个、81 个、134 个。1980 年 7 月，浙江第一家中外合资企业"西湖藤器有限公司"成立，同年开办的还有浙江省第一家合作经营项目"华侨新村项目"。独资企业虽然在 1987 年才出现，但 1978—1991 年累计合同外资金额达到 1.90 亿美元，是合作企业的 3.1 倍。该阶段投资领域主要集中在第二产业，投资来源以港台为主。其中，"六五"计划时期（1980—1985 年），前来浙江投资的国家和地区仅 8 个，大多数是对浙江情况有所了解的、与浙江有亲缘血缘关系的港商、华侨，港资占全省合同外资比重达到 77.6%，台资尚未进入浙江。"七五"计划时期（1986—1990 年），前来浙江投资的国家和地区发展到 30 个，其中港资和台资占全省合同外资比重为 51.3%。

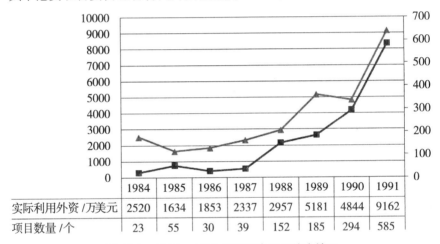

	1984	1985	1986	1987	1988	1989	1990	1991
实际利用外资 /万美元	2520	1634	1853	2337	2957	5181	4844	9162
项目数量 /个	23	55	30	39	152	185	294	585

图 12-1　1984—1991 年浙江省利用外资情况

资料来源：浙江省对外经贸厅内部统计资料。

注：1978—1983 年浙江省利用外资规模极小，故不在图中标注。其中 1980 年项目数 4 个，1982 年项目数 1 个，1983 年项目数 2 个；1980—1983 年，共计实际利用外资 181 万美元。

2. 快速增长阶段（1992—1996 年）

1992 年，新批外商投资企业的项目数和实际利用外资额均超过改革开放以来的总和，1993 年又在 1992 年的基础上翻一番。1992—1996 年，全省累计外商投资项目 12397 个，合同外资 159.27 亿美元，实际外资 52.49 亿美元。其中，合同外资年均增长率为 58.1%，实际外资年均增长率 75.4%。这一阶段外商投资方式以合资和独资为主，合计占比 93.2%。从外资来源区域来看，中国香港、中国台湾、美国和日本成为浙江省外商投资的主要国家和地区。

3. 平稳调整阶段（1997—2012 年）

受宏观调控和亚洲金融危机影响，外商直接投资出现一定时期的回落，进入平稳调整阶段。这一阶段可以细分为回落调整期和恢复增长期。

4. 回落调整期（1997—2000 年）

1997 年，浙江合同外资率先出现大幅回落，降幅达 61.3%。1998 年，实际外资出现回落，降幅为 14.0%。同年，中共中央、国务院出台了《关于进一步扩大对外开放提高利用外资水平的若干意见》（中发〔1998〕6 号），浙江出台了改善外商投资软环境的 20 项规定和鼓励外商投资的 10 项优惠政策。自 1999 年起，浙江外商直接投资才有了恢复性增长的趋势。这一时期，浙江利用外资的规模明显收缩，累计外商投资项目 4572 个，合同外资 77.0 亿美元，实际外资 59.7 亿美元，分别占历年累计数的 7.5%、2.2% 和 3.1%（见图 12-2）。

5. 恢复增长期（2001—2012 年）

这一时期，浙江加大引进外资力度，利用外资进入新一轮恢复性增长，累计外商投资项目 32666 个，合同外资 1895.9 亿美元，实际使用外资 1002.3 亿美元，分别占总数的 53.5%、53.6.7% 和 51.6%，外资利用实现了跨越式的发展（见图 12-2）。

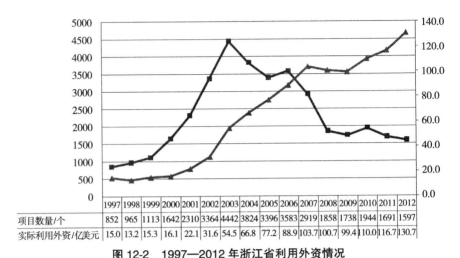

	1997	1998	1999	2000	2001	2002	2003	2004	2005	2006	2007	2008	2009	2010	2011	2012
项目数量/个	852	965	1113	1642	2310	3364	4442	3824	3396	3583	2919	1858	1738	1944	1691	1597
实际利用外资/亿美元	15.0	13.2	15.3	16.1	22.1	31.6	54.5	66.8	77.2	88.9	103.7	100.7	99.4	110.0	116.7	130.7

图 12-2 1997—2012 年浙江省利用外资情况

资料来源：浙江省对外经贸厅内部统计资料。

6. 重质提效阶段（2013—2017 年）

五年来，全省实际利用外资规模达到 5291.7 亿元，超额完成"五年五千亿元"目标。这五年间，全省外资项目总数 10075 个，合同外资总额 1393.9 亿美元，实际利用外资总额 954.9 亿美元，年平均增长率分别为 17.8%、9.2% 和 6.0%（见图 12-3）。2013—2016 年，全省高技术产业（含高技术制造业和高技术服务业）实际外资发展迅速，年均增速达到 19.6%，高出全省平均水平 11.9 个百分点，占全省实际引进外资比重从 2012 年的 14.1% 上升至 2016 年的 21.5%。到 2017 年，香港地区仍为第一大投资来源地，当年实际利用外资 121.7 亿美元，同比增长 7.5%，占总数的 68.0%；来自日本的实际外资 4.8 亿美元，同比增长 18.7%，列来源国家(地区)中第三位，外资来源国家中第一位；韩国实际外资 2.7 亿美元，同比增长 61.6%；欧盟国家中，英国、瑞典、西班牙、瑞士、奥地利等国家增长均超过 1 倍。

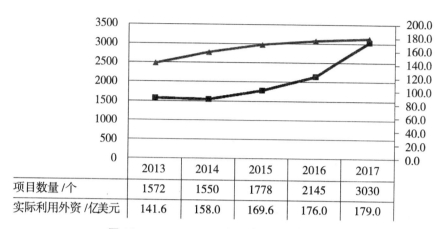

	2013	2014	2015	2016	2017
项目数量/个	1572	1550	1778	2145	3030
实际利用外资/亿美元	141.6	158.0	169.6	176.0	179.0

图 12-3　2013—2017 年浙江省利用外资情况

资料来源：《浙江统计年鉴（2013—2017）》，浙江省商务厅官方网站数据。

二、主要成就

1. 有力促进了全省经济增长

1978—1991 年，浙江省利用外资尚处于起步阶段，外商投资规模较小，外商作为外部资金来源在全省固定资产投资中所占比例不高。1992 至 2005 年，随着外商投资规模不断扩大，外资企业固定资产占全社会固定资产的比例总体呈大幅上升趋势。2005 至 2015 年这十年间，该比例平均保持在 25% 左右。2016 年，外资企业固定资产投资 4006.8 亿元，占全社会固定资产投资总额的 21.7%，外资作为浙江省经济增长重要资金来源的作用逐步减小，但作为有效投资重要组成部分的地位明显提升。以 2016 年为例，全省规上工业中，外商投资企业资产占全部资产的 23.0%，所提供的应交增值税占 21.0%；工业总产值占 22.0%；利润总额占 25.0%。即以 1/5 多的资产，创造出近三成的利润。表明外商投资企业的投资/产出效率和盈利/投资效率高于全省工业部门的整体水平（见表 12-1）。外资投入产出比较高，有利于调整存量、做优增量，是有效投资的优质内容。

表 12-1　2016 年浙江省规上外商投资工业企业的投入产出指标比较

单位：%，亿元

	金额	比重
资产	15793.3	23.0
应交增值税	422.2	21.0
工业总产值	15032.2	22.0
主营业务收入	14247.5	22.0
利润总额	1123.0	25.0

资料来源：《浙江统计年鉴（2017）》。

注：上述统计数据包括港澳台商投资。

十八大召开以来，作为供给侧结构性改革的开山斧，扩大有效投资是全省稳增长、调结构、促转型的重要支撑，以重大项目建设为抓手，浙商回归、外资引进、央企合作三管齐下。其中，外资重大项目明显增加，对全省经济做出重要贡献。2017 年，在招引外资大项目方面，全年新设投资总额 1 亿美元以上企业 89 家，比 2016 年增加 34 家；新批世界500 强企业 34 家，较 2016 年增加 13 家。其中新引入世界 500 强企业 5家，如法国圣戈班集团、美国黑石集团、中国台湾仁宝电脑集团、荷兰亮锐国际有限公司等。截至 2017 年底，浙江省已累计批准 179 家世界500 强投资企业 581 个，投资总额 322.5 亿美元，合同外资 128.2 亿美元。

2. 有力推进了技术进步和产业升级

随着开放的大门越开越大，外资广泛进入经济发展的各个领域。外商投资的结构不断优化，从最初主要集中在制造业领域到近几年加快推动高端制造业发展、再到制造业与现代服务业并重并不断向现代服务业领域倾斜。外资已经成为浙江省技术进步和产业升级的重要推动力量。

改革开放初期，外资对加快传统产业技术改造和产品升级换代、填补技术空白发挥了重要的作用。外商对临港重要原材料工业的投资弥补了浙江省上游原材料产业瓶颈，增强了产业链整体国际竞争力。例如，宁波四维汽车装饰件有限公司通过与日本丸井株式会社合作，引进环保型、全自动 3 米电镀生产流水线，成为国内最大的汽车塑料电镀基地，还拿到了日系汽车的销售份额；杭州中策橡胶有限公司通过合资，注入1500万美元的资金使筹建8年的子午线轮胎工程上马投产，生产规模扩大4倍，同时从美国、挪威引进四辊压延机、硫化机及其他生产、测试设备，使机械化、自动化程度达到国际先进水平，并建成混炼胶中心和轮胎生产基地。此外，外资对技术升级和产业升级的作用还体现在为满足外商投资企业生产需求而形成的供应链所产生的"间接影响"和因竞争加剧迫使国内企业加大研发投入、提高生产效率、开拓新市场等方面的影响。

近年来，外资对高新技术产业升级的促进作用逐步显现。到2016年底，浙江累计设立外商投资企业5.8万家，涉及全省87个大类574个细分行业，全省工业实际利用外资占比40.2%，其中通信设备、计算机及其他电子设备制造业，专用设备制造业、通用设备制造业、化学原料及化学制品制造业等行业的实际外资占工业外资比重为37.4%。2016年，在以计算机、通信和其他电子设备制造为代表的高新技术产业中，外资以18.7%企业数，贡献了近40%的工业总产值，超过50%的出口交货值和利润总额（见图12-4、表12-2）。

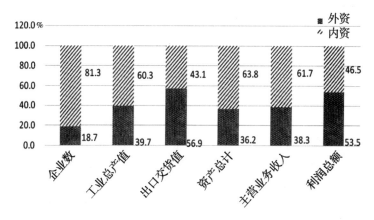

图 12-4 2016 年外商投资企业在浙江省高新技术产业[①]中的地位
资料来源：《浙江统计年鉴（2017）》。

———————————

① 此为 2016 年计算机、通信和其他电子设备制造业相关数据。

表 12-2   2016 年浙江省部分产业中的外商投资企业主要工业指标

单位：个，%，亿元

行业	企业单位数	占全省同行业比重	工业总产值	占全省同行业比重	出口交货值	占全省同行业比重
化学原料和化学制品制造业	299.0	18.9	1757.8	32.7	174.8	37.9
医药制造业	75.0	17.1	411.7	29.5	58.3	23.2
通用设备制造业	573.0	14.8	977.6	22.3	240.1	26.5
专用设备制造业	241.0	15.1	439.8	25.8	136.1	39.2
计算机、通信和其他电子设备制造业	241.0	18.7	1306.8	39.7	552.3	56.9
化学原料和化学制品制造业	1739.3	30.3	1711.3	31.4	102.5	28.6
医药制造业	372.9	18.9	358.7	28.7	55.1	28.9
通用设备制造业	1191.9	23.9	961.1	23.1	90.9	30.3
专用设备制造业	586.5	28.4	429.5	27.0	43.5	36.5
计算机、通信和其他电子设备制造业	1361.1	36.2	1236.9	38.3	161.1	53.5

资料来源：《浙江统计年鉴（2017）》。

十八大召开以后，服务业利用外资快速增长。2012 年，浙江制造业实际使用外资 64.1 亿美元，占比 49.0%。服务业实际使用外资 64.6 亿美元，占比 49.5%，首次超过制造业。之后的年份里，浙江服务业利用外资的规模和权重不断提升，突破半壁江山，2016 年达到 58.5%（见图 12-5）。服务业利用外资在促进经济增长、创造就业机会、扩大服务贸易、推动服务创新、引进新的商业模式、催生新型服务业态、激发新兴服务消费、提升服务业管理水平等方面发挥了重要的作用。

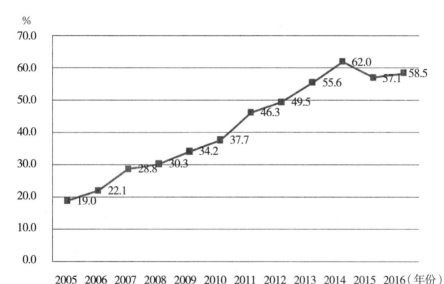

图 12-5　2005—2016 年浙江省服务业利用外资比重

资料来源：《浙江统计年鉴（2017）》。

3. 有力推动了体制机制创新

改革开放初期，中国是一个实行公有制、计划经济体制的国家，打破垄断、走向开放、发展市场是从引进外资开始的。引进外资倒逼了多层次的制度变革，意味着引入新的投资主体、新的企业制度、新的分配理念和新的资源配置方式，这一阶段由政府主导推进强制性制度变迁。随着外资的进入和运营，原有的制度均衡被打破，外资体现出的所有权优势及由此展现出的高收益得到普遍接受和认可，并通过模仿与示范、竞争、扩散等路径，促成了浙江在相关领域的体制机制变革。

随着外资进入浙江，浙江政府管理职能和方式加快转变，商品市场、要素市场加快建设与发展，与市场经济相吻合的政策法规体系加快建立与完善，价格体制、税收体制、投融资体制、外汇体制、内外贸体制进行了深入改革，科技政策、收入分配政策、社会保障体系和教育体制也发生了显著变革。

外商企业在浙江市场的生存与发展推动了国有企业改革，提高了民营经济的地位，改善了省内营商环境，显著提升了浙江内资企业现代化经营管理质量与水平，如国有企业杭州橡胶厂、青春宝集团、华丰造纸厂等的整体合资成功为后来的国企改革积累了宝贵经验。同时，外资带来了先进的生产管理、质量管理、营销及售后服务理念、人才管理、财务管理等一系列管理经验，弥补了浙江省民营企业缺乏国际经营管理经验的缺陷。在外商投资企业经营与竞争的影响下，浙江内资企业现代企业制度的建立、市场行为的规范、经营管理观念与水平的提升均加快了速度。更重要的是，外商投资的进入和在浙江市场的发展冲击并改变了人们的理念，规则意识、竞争理念、市场机制深入人心，为浙江市场化、现代化制度创新与变革解除了束缚、减少了成本。

4. 大大提升了全球资源配置能力

改革开放以来，浙江省通过利用外资，实现了资本要素配置能力、创新资源配置能力、信息资源配置能力等全方位的提升。

一是提升了资本要素配置能力。资本要素配置能力是资本在形成与分配时提高运行效率的能力，包括提高资本形成率和有效分配率的能力。资本要素配置能力的提升，对于提高社会资源利用率、促进优质企业健康发展具有重要意义。浙江是一个经济大省、资源小省。近40年来，浙江正是充分利用国际国内"两种资源、两个市场"，从不同渠道组合企业内的各种资本，在不同的用途上分配企业内的各项资本，促进了浙江经济的快速发展。截至 2017 年，全球已有 200 多个国家和地区与浙江建立了商贸关系，浙江的资本要素配置能力较改革开放前得到质的飞跃。

二是提升了创新资源配置能力。当今经济环境下，企业的生存和发展取决于企业的竞争力，提升企业竞争力的核心之一是提升技术创新能力。通过利用外资，浙江引进了国外的生产技术、管理经验、制度规范等，再经过消化、吸收，经历了"技术模仿""技术改进"，最终实现以自主知识产权为主的技术创新，逐步提高自身的创新能力和水平。高端外资的进入促使浙江加快创新能力建设的步伐。近年来，浙江全面推动创新大平台、创新大项目、创新大团队、创新大环境建设，努力打造一流创新生态链，完善科技成果转化服务体系，打造国内一流科技大市场，建设国家科技成果转移转化示范区。加快杭州城西科创大走廊建设，高水平建设杭州国家自主创新示范区，争创浙东南国家自主创新示范区，推进各类科技城、高新区建设，推进全面创新改革试点。浙江省区域创新能力目前居全国第五位，科技进步贡献率达 56%，成为全国首批创新型试点省份。

三是提升了信息资源配置能力。信息资源分布在不同地区、不同行业部门，信息资源的地域分配存在严重的不均衡性，各地域、各行业并不能依靠信息需求和使用方向合理利用信息资源。信息资源在空间优化配置的先决条件是构建先进的信息基础结构。浙江通过积累近 40 年招商引资工作，搭建了遍布境内外的招商信息网络，积累了一批客商库、客户档案等招商资源，通过现代信息技术，不断扩大信息资源的供给，并逐步优化信息在地域和行业的布局，实现对信息资源的合理调节和利用。

第二节　浙江省利用外资基本经验

一、坚定不移地扩大利用外资

利用外资是我国对外开放战略的重要内容。浙江始终把利用外资作为重点工作之一，多次召开全省开放工作会议和利用外资会议，部署招商引资工作，并把外资目标责任制的考核情况纳入相关单位年度考核；全省各市、县均设立了招商引资专门机构，落实了专门的招商人员和招商经费。历届省委省政府充分发挥市场在配置资源的基础性作用，根据发展的实际深化改革，不断与时俱进，提高对外开放水平和层次，这是浙江利用外资工作取得成功的首要经验。

改革开放以来，浙江在严格遵循国家利用外资法律法规、方针政策的前提下，相应地制定了一系列推动利用外资的地方性政策措施。《浙江省关于鼓励华侨和香港澳门同胞投资的规定》（1992 年）、《浙江省鼓励台湾同胞投资的规定》（1992 年）、《关于鼓励外商直接投资的若干政策的通知》（1998 年）、《关于进一步扩大对外开放，发展开放型经济的决定》（2000 年）、《关于进一步做好利用外资工作的若干意见》（2010 年）、《中国（浙江）自由贸易试验区扩大对外开放积极利用外资暂行办法》（2017 年）等一批具有承前启后意义的地方性政策为外资进入浙江扫除了障碍，为外商在浙江的投资和发展指明了方向、创造了条件，在全省营造了坚定不移利用外资的良好氛围。

二、坚定不移地创新引资方式

改革开放初期，我省迫切需要借助外力发展经济，招商工作注重项目规模和税收贡献，引资以超国民待遇的优惠政策为主。这一阶段，浙江凭借便利的地理区位、廉价劳动力和优惠的土地、税收政策，获得了最初的资本积累。随着我国区域政策的均等化和政府治理的规范化、法治化，地方政府间拼政策的空间越来越小，外商投资更加看重区域的营商环境和服务配套基础。过去那种一哄而上、同质化竞争、比快比狠比底线的招商模式已经不适应新形势的需要。

随着利用外资规模的扩大和经验的积累，浙江积极转换思路，坚定不移地创新引资方式，把利用外资的重点从扩大规模逐步转向提高质量和水平。一是以重大活动为载体，充分发挥招商平台和企业作为招商主体的作用。依托中国国际投资贸易洽谈会，浙江投资贸易洽谈会和境外浙江周等活动，大力开展产业对接、企业对接和项目对接，如自 1999 至 2017 年，浙江已连续成功举办 19 届中国浙江投资贸易洽谈会（简称"浙洽会"），共签约外商投资项目 3720 个，协议利用外资 550 亿美元。在展会平台之外，积极运用现代信息技术，开展网上招商。二是鼓励民营企业与外资嫁接提升。利用各类中介组织、民间组织、商会协会、跨国公司，依托民营经济发达的优势，鼓励民营企业与境外企业共同出资设立合资合作企业，如 2008 年 3 月，宁波港集团有限公司、联合招商国际等 7 家公司共同出资创立宁波港股份有限公司，宁波港集团有限公司股份占比 51.00%，香港和记港口宁波有限公司股份占比 49.00%，通过引入外资，提前两年全面实现了"二次创业"目标；鼓励外资以参股、并购等方式参与省内企业的改组改造和兼并重组，支持 A 股上市公司引入境内外战略投资者，引进境外先进企业，实现优势互补，促进强强联合，如 2003 年浙江卡森实业股份有限公司由外方认购股份定向增发 1.8 亿元人民币普通股（折合 2176 万美元）变更为外商投资股份有限公司，成为海宁市引资历史上外资并购的最大一例。三是强化对世界 500 强企业的上门招商、产业链招商等精准招商活动。定期走访世界 500 强企业驻华地区总部和全球总部，开展有针对性的投资促进和项目推介，强化定点招商，在重点国家和地区开展招商活动，加强驻外商务机构建设，提高招商针对性和成功率，推进与世界 500 强企业有业务联系的企业开展合资、合作。

三、坚定不移地发挥平台效应

开放平台是承接外资的重要载体。开发区是吸引外资的主阵地。改革开放以来，坚定不移地发挥开放平台的集聚效应是浙江利用外资工作的重要经验。1984 年 10 月，宁波经济技术开发区获批成立，标志着浙江奏响了开发区宏伟大业的序曲。1992 年邓小平南方谈话后，浙江省委省政府做出进一步加快改革开放和经济发展的决定，提出了拓展对外开放格局、提高对外开放程度的重大举措，杭州、萧山、温州、宁波大榭开发区、杭州高新技术产业开发区等国家级开发区相继被批准设立，至 2017 年底，浙江省已经设立了 79 个省级以上开发区。自 2013 年以来，省级以上开发区实际利用外资占全省比重保持在 55.0% 左右。

国际产业合作园是浙江经济转型升级组合拳之一。国际产业合作园以"国际合作"和"产业发展"为主动方向，在要素创新、模式创新、机制创新、资源优化、产业转型等方面进行一系列积极的探索，已经成为精准招商的生力军。2015—2017 年，浙江创建了浙江中新（杭州）产业合作园，宁波北欧工业园等 19 家产业合作园，成功引进合作国家的项目 200 多个、投资总额超过 70 亿美元。

截至 2017 年底，浙江已基本形成由 1 个自贸区、1 条开放大通道、79 个省级以上开发区和 8 个海关特殊监管区组成的"1+1+79+8"的雁行阵开放平台。自贸区是新时期国家改革开放创新制高点、试验田。义甬舟开放大通道是新形势下省委省政府规划建设的战略性开放大平台。海关特殊监管区是全省关税政策最集中、条件最优惠的经济功能区。

四、坚定不移地优化营商环境

营商环境是跨国公司投资的风向标，优化营商环境是建设现代化经济体系、促进高质量发展的重要基础。改革开放以来，浙江加快外向型经济发展步伐，加大优化营商环境的力度。

一是以清理规范地方性法规为抓手，提高法治化水平。加入世界贸易组织后，浙江清理了地方性政策法规172件、政府规章160件、部门政策措施3342件；并制定《浙江省标准化管理办法》《浙江省反不正当竞争条例》《浙江省检验机构管理办法》等法规，促进了投资自由化便利化，并通过"法治浙江"建设为扩大开放创造与国家规则相衔接的法治体系和公正严明的执法环境。

二是深化外资审批体制改革。1988—2013年，根据国家政策和有关规定，多次调整省内外商投资企业审批权限，简化审批程序，最大限度缩小审批、核准范围。

三是深化"放管服"改革。2013—2017年，大力推进企业减负降成本改革，多次出台政策为企业减负近千亿。在商事登记方面，浙江在全国首推"1+N+X"多证合一、证照联办商事登记制度改革，并在全国率先启动"商事登记一网通"，实现85%新设企业按"一件事"标准进行网上办理等。在第十九届浙洽会上发布的《2017中国浙江投资报告》显示，浙江的营商环境得到国外投资者的认可，投资者对浙江的投资信心显著上升，外商投资对浙江的信心指数由2016年的119.02上升到135.69。

第三节 新时期浙江省吸收外资新举措

目前，浙江营商环境虽然纵向有了很大改善，但横向与广东、江苏、上海等省市比，在国际化水平、高技术、高层次人才保障等方面还存在一定差距。今后5年将是浙江省利用外资进一步扩大规模的战略机遇期、提升外资质量的转型关键期、深度参与国际产业分工与提升国际价值链地位的发展黄金期，应把握大趋势、谋划大发展，提升创新力、吸引力、服务力，推动浙江省利用外资再上新台阶。

浙江将力争在 2018—2022 年这 5 年间累计完成实际利用外资 1000 亿美元，利用外资规模与江苏、广东的差距进一步缩小；高技术产业实际利用外资比例明显上升；大好高项目数量明显增加；外资企业地区总部、销售中心、分拨中心、研发中心等功能性机构数量明显增加。

一、优化外商投资结构

一是改造提升传统产业。加快推进存量外资转型升级，推动现有外资企业加大研发投入和科技创新，向"微笑曲线"两端延伸。鼓励外商投资高端制造、智能制造、绿色制造，积极打造先进制造产业链。二是加快发展高端产业。以信息、环保、健康、旅游、时尚、金融、高端装备制造和文化创意等八大万亿产业为重点，积极引进一批投资规模大、辐射带动能力强的外资大项目、好项目。充分借助浙江信息经济、"互联网+"先发优势，引进国际优质资本、技术、人才，服务我省数字经济发展。三是扩大发展服务业。全面实行国家最新服务业领域开放政策，按照国家服务业扩大开放工作的要求，积极向国家争取先行先试政策。对外资企业一视同仁、平等适用省政府关于服务业发展的专项扶持政策。强化工业设计、电子商务、现代物流、高技术服务等现代服务业配套能力。

二、创新招商引资方式

一是坚持引资和引智引技并举。注重引进外资搭载的先进技术、经营理念、管理经验和市场机会，带动浙江省企业嵌入全球产业链、价值链、创新链。吸引跨国公司、海外学术和科研机构在省内设立研发中心和创新中心。引导本地主体与跨国公司建立技术战略联盟，开展技术合作和项目研发。二是开展精准招商。围绕产业链在龙头企业招商、配套产业招商、延链补链招商上下功夫。注重引进世界 500 强和跨国公司行业龙头企业，注重引进国外隐形冠军企业，注重引进能填补产业链空白、高成长性的外资项目。三是探索多元化外商投资形式。积极探索跨境并购、股权投资、海外上市、资本招商等多元化外商投资形式，力求形成产业资本和金融资本齐头并进的引进外资格局，更好发挥外资对本土经济的辐射带动作用。四是建立多方联动的引资网络。构建省市县三级联动、省级部门通力协作、投资促进机构积极参与的全球化招商网络体系，实施"互联网＋外资"计划，不断完善外资项目库、客商库、招商图、平面图等数据库内容，加快建设集项目、政策、环境和产业为一体的招商引资信息系统。

三、提升开放平台承载能力

统筹大湾区、大通道、自贸区、产业集聚区、开发区、特色小镇、工业园区、高新技术开发区、特殊监管区等项目承载平台资源，以信息、环保、健康、旅游、时尚、金融、高端装备制造、文化等八大万亿产业为重点，推进平台整合提升。一是发挥中国（浙江）自贸试验区引进高端外资的作用。加快中国（浙江）自由贸易试验区建设，围绕油品全产业链，积极引进跨国企业、先进技术和高端人才，打造浙江省利用外资新的增长点。二是推进宁波"一带一路"综合试验区建设。深化投资便利化改革，完善与"一带一路"国家互利共赢的服务体系；推进重点领域国际产业合作，打造"一带一路"双向投资新高地。三是推动开发区的整合提升。增强其对优质外资、重大外资的承载能力，发挥开发区利用外资主平台的作用。四是推进海关特殊监管区改革创新。在海关特殊监管区优先实行贸易与投资便利化政策，实现监管区政策功能叠加，打造更具优势的对外开放平台。五是加强国际产业合作园建设。进一步整合政策资源和国际经贸合作资源，打造一批主体功能突出、外资来源地相对集中的国际产业合作园，推动国际先进技术、高端制造业项目在园区落地。

四、深化外资管理体制改革

一是以实施投资新政为契机，进一步完善和强化外资促进政策。深入实施《浙江省人民政府关于扩大对外开放积极利用外资的实施意见》，在全面落实进一步扩大对外开放的基础上，创造公平竞争环境，授权地市政府出台优惠政策，搞好顶层设计。二是优化外商投资管理服务。除法律法规另有规定之外，统一内外资企业业务牌照和资质申请的标准和时限，深化外资企业"一窗受理"改革，实现外资企业设立全程电子化，缩短外资备案事项办理时限。三是全面推进外商投资准入前国民待遇加负面清单管理制度改革。加快放宽服务业、制造业等领域的外资准入限制。紧跟自贸区外资管理制度改革经验的复制推广。提升外商投资服务水平，依法保护外资企业知识产权。四是创新外商投资监管体系。加强安全审查和风险防范，加快推进事中事后监管，加强外商投资信息跨层级多部门共享，逐步建立完善备案和信息报告制度，建立外商投资全周期监管体系。以"双随机一公开"为原则，积极推进综合监管和检查信息公开。加快建立以信用承诺、信息公示为特点的新型监管机制，制定失信守信黑红名单及管理办法并向社会公布。

五、建设国际化、法治化、便利化营商环境

一是深入推进"最多跑一次"改革。深化"放管服"改革，以商事登记制度改革为重点，大幅精简审批程序。建立全省统一的办事指南和事项数据串。强化部门协作，深入抓好"证照联办""一窗一表"等工作，加快推进"线下属地一窗受理、线上全程一网办理、后台纵横集成服务"，加快职能转化、流程再造、信息共享。

二是以清费减负降成本激发企业活力和潜力。以减税减费为主线，全面落实"营改增"政策。处理好外商投资企业土地使用费征收问题。完善涉企收费目录清单和集中公示制度，持续做好涉企收费专项检查，

严肃查处各类违法违规收费行为。

三是加快形成公平公正成熟完善的法治环境。完善政策制定的实施机制，有序清理废除现存妨碍公平竞争的各种规定、做法。强化知识产权保护和服务能力提升。提高知识产权审查质量和审查效率，开通快速出证通道，为创新主体办理专利权质押登记和专利实施许可合同备案提供快速便捷的服务。

四是加快形成便捷高效保障有力的设施环境。加强物流基础设施建设，构筑便捷高效的物流设施网络，推进互联网和物流的融合发展。抓好全省创新型基础设施建设，把互联网、云计算等作为重点加以支持和布局，构建创新资源共享网络，优化创新创业生态链。以智慧城市建设为抓手，推进商业智能化、金融普惠化和社会高效化。提升全省公共服务国际化水平。

五是研究探索建立全省营商环境评价机制。加大经费投入，委托第三方研究机构和专业调查公司研究探索建立浙江营商环境评价体系。指标体系设计既要对标国际，与国家营商环境评价机制衔接，又要结合浙江实际，要成为营商环境"晴雨表"，为构建现代化经济体系贡献"浙江智慧"。

第十三章 福建省

　　利用外资是福建改革开放以来经济取得重大发展的关键因素之一，福建作为中国最早实行对外开放政策的省份之一，改革开放以来，凭借政策优势、区位优势、侨商资源优势和对台的战略地位优势，利用外资从少到多、由沿海到山区、从小到大、由点及面全面展开，引得各方客商纷至沓来，不但弥补了建设资金不足，引进和发展了一批高新技术产业，而且增加了就业，学习了国外先进技术和管理经验，推动了产业转型升级，优化了经济结构。20 世纪 90 年代以来，福建省陆续建成投产中华映管、冠捷电子、东南汽车、厦门柯达、翔鹭涤纶、佳通轮胎、福耀玻璃、南孚电池、厦新电子、戴尔计算机、LG 等一批重大利用外资项目，利用外资取得了巨大成就。据统计，到 2017 年底，福建累计批准外商投资项目 54766 项，合同外资 2064 亿美元，实际使用外资 1246 亿美元。

第一节　福建省利用外资 40 年的发展历程及特点

　　1979 年 3 月，改革开放后福建省第一家外商投资企业正式成立，由此拉开了利用外资的发展序幕。福建省作为全国最早开放的沿海省份，区位优势独特，政策优势突出，是我国利用外资最多的省份之一。据福建省统计局数据，改革开放 40 年来，福建省利用外资迅猛发展，实际利用外资金额呈指数化增长。1979—2017 年，福建省外商直接投资合同数由 5 个增至 2041 个，增长了 408.2 倍；实际利用外资金额由 85 万美元增至 85.77 亿美元，增长 10000 多倍。近 10 多年来，福建省利用外资项目数虽然没有明显增加，但利用外资金额逐年增长，表明利用外资单个项目规模不断增大。总体来看，福建省利用外资发展可划分为以下几个阶段：

一、起步探索阶段（1979—1991 年）

1979 年 3 月，改革开放后福建第一家外商投资企业——福建省建侨企业有限公司成立，由福建省华侨塑料企业公司与香港金港有限公司合资经营，拉开了福建省利用外资的序幕。1979 年 7 月，党中央、国务院赋予广东、福建两省在对外经济活动中实行"特殊政策和灵活措施"，为福建利用外资带来了新的发展，但总体而言，这一时期福建利用外资规模不大，实际利用外资金额和项目数并不多。1979 年 7 月之后，《中外合资经营企业法》《外资企业法》《中外合作经营企业法》等法律相继获得通过，"外资三法"成为吸引外商投资的基本法律依据，从此福建利用外资走上了法制化道路。1991 年 7 月，福建省政府颁发了《关于下放外商投资项目审批权限和简化审批程序的决定》，进一步简化外商投资的审批流程。

二、快速发展阶段（1992—2005 年）

1992 年邓小平南方谈话后，中国掀起了对外开放新浪潮，福建省利用外资有了新突破。1992 年 10 月，国务院批准设立融侨经济技术开发区，同年年底又批准设立厦门集美台商投资区。为促进福建省吸收外资工作上新台阶，规范政府部门及外商投资企业的行为，把全省吸收外资工作纳入规范化、法制化的管理轨道，1996 年，福建省政府出台《福建省外商投资企业条例》，进一步优化了外商投资环境。1997年，《福建省外商投资企业新建、改建、扩建工程项目审批程序规定》出台，进一步简化了外商投资项目审批程序。但由于福建外资一半以上来自港澳地区，受亚洲金融危机影响，1997年合同外资45.4亿美元，比上一年骤降44%。加入世界贸易组织后，逐步放宽外商投资领域，尤其是服务贸易领域，在降低行业准入门槛的同时允许提高外资参股比例，福建利用外资逐年稳步增长。

三、全面提升阶段（2006—2013年）

这一时期，福建省利用外资进入一个新阶段，各项外资政策开始逐步与世界贸易组织规则相接轨，逐步形成了符合国际规则的政策体系。利用外资在推动福建产业集群、技术进步、区域协调发展等各方面均起到显著作用，电子、机械、石化三大主导产业利用外资能力不断增强。2010年以来，对福建省利用外资有利的政策因素不断增多，国务院先后出台或批准了《国务院关于支持福建省加快建设海峡西岸经济区的若干意见》《海峡西岸经济区发展规划》《平潭综合实验区总体发展规划》等支持福建省加快发展，福建省外商投资新引力越来越强，涉足领域也越来越广，已涵盖工业、农业、房地产业、金融业、商贸服务业、社会服务业等各行各业，尤其在轻纺、机械、电子、汽车、化工等行业相继形成了一批重点骨干企业。

四、转型涅槃阶段（2014年至今）

2014年，中国经济进入新常态以来，福建省利用外资开始转型，在加强外资数量的同时更加注重外资质量，大量跨国公司在福建省建立研发中心、生产制造基地和地区总部，提升了利用外资的质量和水平。同时，近几年来福建又迎来一大波政策红利，福建自贸区、福州新区先后获批，福建成为21世纪海上丝绸之路核心区。这些政策优势给福建经济发展和利用外资注入强大动力，大大增强了福建吸引外资的能力。2017 年，福建省新设外商直接投资企业 2041 家，实际利用外商直接投资 85.77 亿美元。

第二节　福建省利用外资的主要做法

一、提高思想认识，增强利用外资的主动性

在利用外资过程中，福建省进一步端正思想认识，按照国家《外商投资产业指导目录》要求，修订出台了《福建省外商投资重点支持产业目录》，明确外商投资的重点领域，不断优化外资来源结构，促进利用外资与产业转型升级相结合，提高利用外资质量和水平。2017 年 1 月 17 日，国务院出台《关于扩大对外开放积极利用外资若干措施的通知》后，福建省根据利用外资面临的新情况、新问题和新任务，按照国务院出台的扩大对外开放、促进外资增长的政策要求，不断优化营商环境和市场环境，鼓励外资投向先进制造业、战略性新兴产业和现代服务业；以规模型、科技型、出口拉动型的外资项目为纽带，加快外资载体平台建设，有效整合外资产业结构，进一步优化资源配置能力，提高承接产业转移能力，促进产业集聚发展和经济转型升级。与此同时，积极主动作为，通过扩大开放领域，简化招商引资流程，完善招商引资载体，选好招商引资项目和合作伙伴，实施形成了"五个一批"项目推进机制、福建省政府"立项挂牌"办理、重点项目协调会商、省市县三级联动招商、"一把手"招商等行之有效的制度。充分发挥招商引资"红利"最大化，加大引进知名跨国公司、行业龙头企业，不断优化经济结构。

二、优化双向投资，服务产业转型升级

一是推进投资体制改革，全面推行外商投资准入前国民待遇加负面

清单管理模式，负面清单外设立及变更事项备案管理权限下放至县级，实现99%的外资企业县级办理。自2017年9月起，将外资企业备案纳入"多证合一"，进一步简化了办事流程。二是打造政策优势。先后出台鼓励外商投资若干意见、加快引进世界500强企业十条措施、贯彻落实国务院扩大对外开放积极利用外资和促进外资增长两份实施方案等系列措施，为吸引外商投资提供了良好的政策环境。

三、实施差别化的引资政策，提高利用外资的溢出效应

近年来，福建省加快健全投资促进机制，紧盯产业链的关键领域和缺失环节，加强招商引资政策集成，完善招商引资考核激励机制，加快打造"项目＋载体＋市场＋政策＋推介＋团队"的全链条投资促进体系，提高利用外资工作的整体性和系统性。开展精准招商、并购招商和存量招商，重点引进世界500强企业、海外华商知名企业和台湾百大企业，不断优化要素资源配置，提高了利用外资集聚能力和利用外资效应。同时，实施差别化的招商引资政策，鼓励沿海发达地区引智引技，加快吸引跨国公司研发中心、区域经济总部，促进内外资公平竞争、合作共赢发展；积极引导内陆山区引资引技，按照产业"梯度转移"规律，根据国民待遇、非歧视性原则，引导外资优先保障就业，促进欠发达地区发展，加快形成当地企业与外资企业融合发展新格局。

四、对标国际先进规则，改善利用外资的营商环境

在利用外资的过程中，福建省按照对标国际先进规则要求，根据世界银行营商环境指标的评估成果，深入推进各领域改革创新，进一步完善规范市场经济秩序，持续优化政府管理职能，提升政府治理水平，不断增强外资政策的连续性和稳定性。通过改善国际营商环境和市场环境，全面落实外资准入前国民待遇加负面清单管理制度，加快推进贸易投资自由化便利化政策。建立健全项目常态化跟踪推进机制，围绕着重点外

资项目和"五个一批"重点项目，深入推进"多证合一"改革，对外商投资实施"单一窗口、单一表格""一企一策""一对一"服务政策，不断降低外资进入成本和交易成本，促进外资源源不断地进入，进一步优化经济结构，促进产业转型升级。

五、加快建设厦漳泉自主创新示范区，提升利用外资的质量和水平

2016年6月，国务院批复同意福厦泉国家高新区建设国家自主创新示范区，福建省委、省政府高度重视，出台了《福厦泉国家自主创新示范区建设实施方案》，全力推进自主创新示范区建设工作。福建省以厦漳泉自主创新示范区为核心，着力实施重大招商项目攻坚计划，按照"大项目—产业链—产业集群—制造业基地"发展思路，围绕着先进制造业、高新技术产业、战略性新兴产业和现代服务业，加快引进龙头企业和重大项目，形成新的经济增长点。积极构建创新引领支撑的经济体系和发展模式，增强福厦泉国家高新区发展新动能，加快吸引外资发展东南沿海产业密集带。根据产业园区和产业集群特点，促进企业精准对接，重点打造主题概念、具有品牌优势的招商引资项目，鼓励利用外资与企业兼并重组相结合，促进"企业集聚"转向"产业集聚"，不断优化资源配置能力。

六、加快培育优势企业，增强企业"走出去"发展能力

福建省利用外资重在优化产业结构，积极促进要素资源向有竞争力、创新力的大企业集中，加快构筑产业"生态群落"，提升产业发展空间和企业国际竞争力。与此同时，利用优势企业的资本、技术、品牌和市场优势，鼓励外资参与国有企业混合所有制改革，加快构建境外产业协作基地，进一步培育壮大电子信息、光电显示、纺织服装等优势产业，不断提高要素资源配置效率。鼓励外商投资科技型中小企业和高新技术

企业，加快打造一批"独角兽"、行业小巨人企业和领军型企业，培育壮大电子信息等重点产业集群、产业集群基地。进一步放宽市场准入，积极创造公平竞争条件，促进民营企业提档升级，增强民营企业进入国际市场，抗击国际风险的能力。与此同时，突破行政区域限制，依靠市场机制引导要素资源流动，积极引入境外战略投资者，重点投资福建境内上市公司，加快打造区域性经济中心、高技术产业中心，增强跨境合作经济效益，提升产业发展空间和区域竞争力，促进利用外资与境外投资双向发展。

第三节 福建省利用外资主要经验

一、坚持优化外资来源，提升资源配置能力

改革开放以来，福建省坚持以调整优化经济结构为主线，建立健全利用外资长效机制，完善利用外资评价考核体系，进一步强化外资政策导向，促进利用外资结构、质量与环境协调发展。鼓励外资重点投向现代农业、先进制造业、战略性新兴产业和现代服务业，促进外资投向与经济转型升级相结合，绿地投资与跨国并购并重发展，不断优化利用外资结构。丰富利用外资方式，鼓励外资开展兼并重组，促进跨国公司总部和研发中心落户，不断提升外资对培育高新技术产业和现代服务业发展的贡献度。实施"引进来""走出去"、引资与引智相结合政策，引导外资企业开展研发合作，增强与内资企业产业关联，提升利用外资技术含量和产业结构层次水平，有效地利用"两种资源、两种市场"。

二、坚持创新引资模式，拓宽利用外资渠道

一是充分发挥港澳台侨优势。加强闽港澳台经贸合作，用好侨资侨智，以多种渠道扩大与海外乡亲社团的联系。同时，牢固树立为港澳台

侨投资者服务意识，不断丰富服务手段，深化服务内容，提高服务质量，切实把亲缘优势转化为经济发展优势。

二是创新招商引资引智方式。联合福建省银监局、金融办等部门，积极开展政策宣传解读，协同相关地市适时在香港、纽约、东京、伦敦等世界金融中心举办招商推介会，吸引国际性银行在福建省安营扎寨，积极吸引海外风险投资机构落户，拓展业务。实行商务110商机对接与招商服务模式，成为商务部等13个部委向全国复制推广的24项试点经验之一。

三是进一步扩大开放服务业领域，引导外资发展低碳经济、绿色经济，鼓励外资兴办各类医疗机构、职业教育培训机构和经营性养老机构，鼓励已进入市场的外资保险公司拓宽健康、养老、巨灾保险等业务领域，参与保险经营新模式的探索。

三、坚持特色发展，充分发挥侨台优势

福建海外华侨数量多、分布广、层次高、作用大、社团活动活跃，拥有雄厚的资金实力、广泛的商业网络和潜力巨大的智力资源。40年来福建坚持以侨引台、以侨引外，闽籍侨亲投资企业不断发展壮大，从开始时的"三来一补"、合资、独资办企业发展到成片土地开发、经营工业区、旧城改造、嫁接国有企业等，从沿海到山区，第一产业到第三产业，从小商品到基础设施和高科技项目。闽籍侨亲在带来福建改革开放急需资金的同时，还带来了先进技术和管理经验，带来了思想观念更新和世界最新信息，引进了市场机制和竞争机制，带动了福建经济市场化进程，促进了福建经济体制改革。

第四节 福建省利用外资取得的成就和对本地经济社会发展发挥的作用

一、利用外资水平持续提升

1979年，福建批准外商直接投资合同5个，合同外资105万美元，实际利用外资仅83万美元。2017年，福建利用外资规模在全国居第八位，到2017年底，福建累计批准外商投资项目54766项，合同外资2064亿美元，实际使用外资1246亿美元。外商投资项目规模也不断增大，项目平均合同外资也由1979年的21万美元提升到2017年的420万美元。一大批跨国公司已经在福建建立了生产基地和研发中心。同时，利用台资也不断取得的突破。从1981年第一家台资企业落地福建漳州市以来，已有台塑集团、鸿海集团、统一企业、联华电子等53家台湾百大企业在福建省投资布局，特别是联芯集成电路、晋华储存器、华佳彩面板等一批集成电路重大项目纷纷在我省落地。截至2017年底，福建省累计吸引台资项目17456项（含第三地转投），合同台资425.2亿美元，实际到资284.7亿美元。

二、利用外资结构不断优化

一是外商投资产业结构方面，一、二、三产业吸收合同外资比例由1979—2007年的3.2%、72%和24.8%调整为2017年的5%、61.6%、33.4%。特别是服务业利用外资比重稳步提高。2017年服务业利用外资28.6亿美元。其中，投向信息传输、计算机服务和软件业，金融业，租赁和商务服务业等高附加值行业领域的外资明显增多。二是外资领域不断扩宽。电子信息、石油化工、机械装备等制造业，通过大量引进外资形成产业集聚，成了较为完善的产业链和优势产业，有力地提升了福建产业竞争力。

三、促进了产业结构升级和技术进步

改革开放 40 年来，福建省工业方面很多的技术改造项目都是通过进口先进的技术设备和先进技术来推动传统产业结构升级的，外商投资在其中起着很重要的带动作用。近年来，外商在福建大规模投资战略性新兴产业和高科技产业，逐步形成了一批竞争力较强的产业集聚区。在外商的带动下，福建省相关产业迅速发展，在轻纺、机械、电子、汽车、化工等行业相继形成了一批重点骨干企业，逐步形成了一批实力较强的电子信息技术、新材料技术、新能源企业，直接推动了福建产业结构向高级化发展。同时，一批实力较强的跨国企业的技术溢出效应也对福建省相关产业的生产、管理和营销产生了促进作用，提升了福建相关产业的技术水平。

四、带动了经济发展和就业

根据福建省统计局数据，2017 年外资企业贡献了福建全省规模以上工业增加值的 34.8%、规模以上工业销售产值的 33.2%、全省出口总额的 36.5% 和进口总额的 39.6%。同时，改革开放以来，外资企业的大量入驻，吸纳了福建省大量的农村剩余劳动力，外商投资企业从业人员在我省全社会从业人员中占比的逐年增加，不仅缓解了社会的就业压力，提高了社会就业率，还在一定程度上增加了员工们的收入，改善了人们的生活水平。

第五节　新时代福建省利用外资展望及工作思路

新时代福建顺应经济全球化趋势，充分发挥地缘位置与侨台资源优势，积极破解利用外资存在的各种问题，不断放宽外资准入标准，持续

推进简政放权，优化法制化、国际化、便利化的营商环境和公平开放统一高效的市场环境，加快构建具有竞争力的开放型经济体制，进一步提升利用外资质量和水平，更好地服务"机制活、产业优、生态美、百姓富"新福建建设。

一、优化利用外资结构

加快引进世界 500 强企业、中国台湾百大企业和重点侨商企业，着力引进一批技术密集、产业链长的外资项目，引导跨国公司设立地区总部、采购中心、物流中心、研发中心和投资公司，促进引资引智相结合，不断整合优势资源，拓展新的市场需求。要加快与国际市场接轨，提升利用外资的技术含量和产业发展水平，通过嵌进国际产业链，与外资企业配套发展，逐步改变传统优势企业集中在劳动密集型、资本密集型行业情况，加快促进产业转型升级。强化招商引资载体平台建设，科学策划重大招商引资项目，重点引进"微笑两端"产业模式，注重品牌营销与培育企业核心竞争力，着力培育优势产业、优势品牌，发挥招商引资的集聚效应。促进环境招商与要素招商融合发展，进一步拓展利用外资渠道，扩大利用外资领域，满足外商投资多样化需求，引导外商投资向园区集中，创新要素向优势企业、优势产业集聚，促进科技与产业融合发展，形成集聚联动效应，全面提高利用外资质量和水平。

二、引导外资投向

由于沿海地区与内地山区发展差异大，要素成本明显不同，要重视发挥区位因素、资源禀赋和要素成本优势，依托区域发展特色，实施产业梯度转移和错位发展政策，鼓励外资投向经济欠发达地区，促进区域协调发展。要按照产业优化升级规律，强化政策支持力度，通过提供金融和财政优惠政策，引导外资投向内陆山区，加快建设产业转移示范园区，提高区域协调发展水平。充分发挥国家级高新技术园区、经济技术开发区等载体平台作用，积极探索跨境投资合作的新途径，鼓励外资融入"一带一路"建设，在沿线国家和地区建设国际经济合作区和产业转移集聚区，促进优势资源互补，统筹协调区域发展，不断提高跨境资源配置能力。要制定科学的引资政策，强化政策扶持力度，积极发挥招商引资园区作用，提升内陆山区、欠发达地区的承接产业转移承载力，引导沿海地区产业有序转移，不断提高要素资源的配置效率。

三、不断完善营商环境

要根据营商环境要求，加快对标国际先进规则，加快单一窗口 3.0 版建设，进一步深化政府"放管服"改革，严格规范政府行为，提升公共服务效率，增强外商投资信心。要根据国际投资规则新变化，积极推动重点领域和关键环节改革，加快形成法制化、国际化、便利化的营商环境，最大限度保护外商投资者的合法利益。要以简化办事手续、减少办事时间、降低办事成本为着力点，促进产业开放由制造业为主转向以服务业为主，鼓励外资投向金融服务、航运服务、商贸服务、专业服务、文化服务、社会服务等服务贸易领域。要强化招商引资载体平台，促进国家级高新技术园区、台商投资区成为深化对外开放，发展开放型经济的重点区域，着力引进世界 500 强企业、国际知名跨国公司，提升产业集聚发展水平，培育形成新的经济增长点。要强化基础设施和产业发展环境建设，完善税收优惠政策，鼓励外资企业通过多种投资方式，促进央企、民企和外企的"三维对接"，加快发展混合所有制经济，全面提升利用外资质量和水平。

四、提高利用外资质量

目前，我国外资并购项目、金额占比都比较小，而全球国际投资的 1/3 左右是通过跨国并购实现的。近年来，随着劳动力"红利"下降，投资自由化便利化发展，外资重组并购活动日益活跃，成为各国和地区利用外资的重要形式之一。福建要适应经济发展新常态，进一步简化外资并购手续，鼓励外资利用并购重组方式，更多投向现代农业、先进制造业、战略性新兴产业和现代服务业，推动福建企业转型升级。要按照持续发展、产业关联、技术进步原则，以差异化、特色化为目标，鼓励各类资本参与国有企业的改制重组，改变以"绿地投资"（新设工厂）为主形态，促进产业对接、企业对接和项目对接，努力形成利用外资的良好氛围，进一步形成产业集群和市场集聚效应。

第十四章　安徽省

第一节　安徽省利用外资发展历程及特点

第一阶段：1977—1987 年，探索起步期。这一阶段，利用外资刚刚起步，1984 年，全省第一家外商投资企业——安利合成革落户安徽，由香港投资，落户于合肥市肥西县桃花工业园区，投资总额 1607 万美元，合同外资 554 万美元。公司立足于聚氨酯合成革的生产研发，是国内行业中出口创汇额、出口发达国家数量均居第一位的企业，对行业及地区出口创汇贡献巨大。公司是安徽省重点进出口企业、对外贸易先进生产企业，曾连续多次获得安徽省出口名牌企业荣誉称号。

第二阶段：1988—2000 年，全面推进期。1989 年，开始建设开发园区。1992 年国家批准全省第一家开发区合肥高新技术开发区，同时开始在厦门、上海、香港举办大型招商引资洽谈会，掀起了招商引资高潮。1992 年，第一家世界 500 强企业瑞士 ABB 集团落户合肥；1993 年，第一家境外上市企业马钢股份公司在香港联交所挂牌上市；1995 年，德国大陆来安徽投资，设立了芜湖大陆汽车电子（芜湖）有限公司；同年，世界最大挖掘机生产商——日立建机公司在安徽投资建厂。这期间，全省外商直接投资则由 1988 年的 435 万美元快速增长到 2000 年的 3.2 亿美元（省统计口径，含再投资等），年均增长达到43%。

第三阶段：2001—2011年，高速增长期。这一时期，从引资对象、行业、国别到引资方式都实现了全面突破，外商直接投资从2001年的3.4亿美元快速增长到2011年的66.3亿美元，年均增长34.7%（省统计口径，含再投资等）。十年间，安徽新引进了42家境外世界500强，设立了72家企业；首家外资并购企业（2004年，安徽天圆粉体新材料有限公司）、首家外资金融业（2008年，东亚银行合肥分行、首创安徽人寿保险安徽分公司）、首家金融租赁业外资公司和首家外资创投管理公司（2011年，安徽信成融资、合肥火花创投）纷纷设立，沃尔玛、家乐福、麦德龙、欧尚、大润发等世界知名零售企业也相继入驻。

第四阶段：2012年至今，转型发展期。2014年，美国惠而浦战略投资合肥荣事达三洋，成立惠而浦（中国）股份有限公司，成为安徽首个战略投资项目，拟在合肥建立惠而浦中国总部、全球研发基地、制造基地和出口基地，努力成为中国第一大洗衣机制造商、前三大冰箱制造商和中国出口第一家电企业；2015年，全省首家创投企业（合肥德丰杰雷名创业投资企业）、首家外资汽车金融企业（瑞福德汽车金融）、首家外资冷链物流园（吉宝皖江）、首家外资电子商务公司（三只松鼠）等现代服务业外资企业落户；2017年，德国大众与江淮汽车合资设立江淮大众汽车纯电动车项目，这是安徽初始投资额最大的外资项目，也是当前新能源领域体量最大的外资项目；首家外资对冲基金孵化基地、首家外资医疗机构、首家世界级网球培训机构也相继设立，填补了安徽这些领域利用外资的空白。

第二节　安徽省利用外资的成功经验总结

一、深入推进外商投资管理体制改革

一是落实外资审批制度改革。自 2016 年 10 月实行外商投资准入前国民待遇加负面清单管理模式以来，将不涉及国家规定准入特别管理措施的外商投资企业的设立及变更由审批改为备案管理，全省备案率超95%。按照国务院第八次常务会议和商务部、国家市场监督管理总局关于"一口办理"的工作部署，会同工商部门通力合作，落实工作责任，明确路线图、倒排时间表，实现了商务、工商部门间信息互联互通、数据共享。自 2018 年 6 月 30 日起，在全省推行外商投资企业商务备案与工商登记"一口办理"，进一步提升投资便利化水平。实行准入前国民待遇加负面清单的制度。

二是加强事中事后监管。按照商务部工作部署，完善事中事后监管，建立完善备案和信息报告制度，推动与其他部门信息共享和联合监管，探索建立外商投资全周期监管体系。会同地市做好事中事后监管工作，要求各地提高思想认识，强化组织领导，落实主体责任，加强政策宣传，强化部门联动，认真开展外资领域的监督检查工作，对外商投资企业或其投资者所填报的备案信息是否真实、准确、完整，是否在国家规定实施准入特别管理措施中所列的禁止投资领域开展投资经营活动，是否存在触发国家安全审查的情形等进行重点检查，切实做到放管结合。

根据商务部要求，完善外商投资企业年度投资经营信息联合报告制度，建立外商投资信息报告制度和外商投资信息公示平台。2017 年，全省共组织 2365 家外商投资企业参加联合年报，参报率达 90.3%，同比增长 7.8%，位居全国前列。按照商务部工作部署，服务全省 2500 余家外资企业参加 2018 年度联合年报工作，参报企业数较上年增加 140 家。

二、促进利用外资稳定发展

一是加强制度建设。深入贯彻国发5号文、39号文，推动省政府出台《关于进一步加强招商引资的意见》（皖政〔2017〕70号文）、《促进外资增长的实施意见》（皖政〔2017〕82号文），安徽省委省政府出台的《关于促进经济高质量发展的若干意见》中明确提出对研发中心、地区总部、重点制造业项目给予重点支持。推动各市依法出台招商优惠政策，16个市全部依法出台招商优惠政策。逐步完善全省利用外资政策体系，编制《利用外资政策汇编》。坚持内外资一视同仁、平等对待，推动地方、部门在政策适用、标准制定、资质条件、政府采购、行政许可等方面给予内外资企业同等待遇，切实保护外资合法权益。

二是优化外资环境。开展"外资法治建设年"，依法依规依职权会同相关市协调处理3起涉外投资纠纷、1起外资融资租赁投诉；依法对省内外资领域法规规章等规范性文件清理。自2015年起，连续三年委托第三方编制发布安徽省投资环境白皮书，从第三方视角宣传推介全省投资政策、投资环境和发展优势。结合省政府"四送一服双千工程"和千家外商投资企业联系服务制度、外商投资企业服务大使制度，积极开展外资政策的解读宣传和企业服务工作。

三是拓展招商渠道。近年来，成功承办第十届中国中部投资贸易博览会、2016和2017中国国际徽商大会、2018世界制造业大会和2018中国国际徽商大会等重大招商活动，取得良好成效。参与举办2015中德两国总理经贸活动、2016中德（安徽）经贸交流合作活动、2017外交部安徽全球推介活动等重大活动。组织参加中国（厦门）投资贸易洽谈会、中国中部投资贸易博览会等一系列境内重大经贸活动。积极参加境外经贸活动，先后赴欧美、东南亚、港澳、中国台湾等国家和地区参加经贸活动，为抢抓产业转移新机遇，深化安徽与境外企业特别是跨国公司的合作交流搭建了良好平台。

2018 世界制造业大会和 2018 中国国际徽商大会全面展示了安徽坚定不移地推进高质量发展、全力参与建设制造强国的新作为，充分展现了世界和中国先进制造业发展新机遇、合作新空间，规格之高、规模之大、模式之新、影响之广、成果之丰前所未有，实现了预期目标。"五百项目"对接活动共集中签约合同类项目 436 个、投资总额 4471 亿元。其中，央企 112 个，投资 1570 亿元；民企 107 个，投资 1799 亿元；外企 88 个，投资 756 亿元；侨企 23 个，投资 61 亿元；台企 106 个，投资 285 亿元。此外，还与华侨城达成具有操作性的合作意向 3 个，投资额 1450 亿元。

三、提升利用外资质量效益

根据国家商务部统计，2017 年安徽省吸收外资 92.5 亿元人民币，同比增长 23.1%（折 13.6 亿美元，同比增长 16.8%），增幅高于全国平均水平 15.2 个百分点。

一是夯实项目基础。围绕实施皖江城市带承接产业转移示范区、国家技术创新工程试点省、合芜蚌自主创新综合试验区、加快皖北地区发展等重大区域发展战略，立足全省产业布局和发展重点，围绕战略性新兴产业、优势制造业和现代服务业，深入做好优势制造业、战略性新兴产业、现代服务业利用外资项目的谋划、推介和签约工作。切实加强对市县和开发区项目工作的指导，制订激励促进和督查落实措施，推动项目建设，夯实工作基础。突出大项目的带动作用，把大项目谋划、对接、洽谈作为重中之重，有针对性地谋划、推介和签约一批总投资超亿美元、产业链长、带动力强、具有龙头效应的大项目。对符合条件的大项目建议省政府列入省"861"计划项目，在保障项目用地、加快环评时间、优先项目核准等方面给予便利，加以推动。

2017 年，全省新增德国大众、美国普莱克斯、英国联合食品集团、卡特彼勒、意大利马瑞利等 80 家境外世界 500 强企业在安徽投资设立 152 家外资企业。德国大众与江淮汽车合资设立江淮大众汽车纯电动车项目，是安徽初始投资额最大的外资项目，也是当前新能源领域体量最大的外资项目。行业引资取得新突破，省首家外资对冲基金孵化基地、首家外资医疗机构、首家世界级网球培训机构相继设立，京东、唯品会等两大电商落户安徽。全省现有外资企业地区总部约 3 家，研发中心等功能性机构 30 家。

二是创新引资方式。近年来安徽省将招商的重点区域定位在日本、中国香港、中国台湾以及欧美的世界 500 强企业、驻华机构在中国积聚的沿海城市。在承接产业转移过程中，依托安徽劳动力、土地、工业用水等基本生产要素供应充足、价格低廉，具有综合成本比较优势，通过举办综合性招商活动及小分队专业招商等形式，促进产业向高水平、宽领域、纵深化方向发展。省委省政府高度重视重点区域招商工作，省委书记或省长亲自带队赴香港、台湾、日本等重点区域举办经贸文化交流活动，全面展示安徽发展的新成就和对外开放的新形象，促进安徽与主要投资来源地间更宽领域、更深层次的交流合作。

各市聚焦"三重一创"等重点产业，紧盯国内外大企业、企业家和商协会等重点对象，突出高端技术、高端人才等重点要素，大力开展精准招商，招商引资实效不断提升。芜湖、宣城等推进企业"走出去"与"引进来"融合发展，蚌埠引进港资参与制造业企业资产重组，滁州经开区招大引强成效显著，合肥庐阳区引进全省首家国际对冲基金中心，马鞍山郑蒲港新区发挥港口平台综合优势引进一批大项目。

三是发挥开发区主体作用。安徽省开发区主要经济指标增幅高于全省平均水平，2017 年，全省开发区实现进出口总额 373.8 亿美元（增长 28.61%）、实际利用外商直接投资 113.2 亿美元（增长 13%）、财政收入 2077.1 亿元（增长 18.4%）、固定资产投入 13699 亿元（增长 19.6%），分别占全省的 70%、71%、43%、47%。合肥、芜湖中德合作智慧产业园挂牌筹建，江淮—大众新能源汽车项目被列为安徽省先进制造业"一号工程"并开工。芜湖中德合作智慧产业园的中德人工智能研究院正式签约。江汽集团等4家单位成功加入中德经济顾问委员会，占中方成员单位总数近1/10。

在2017年全国219家国家级经开区综合发展水平考核评价中，合肥经开区位列全国第11位，芜湖经开区位列全国第15位，进入全国国家经开区第一方阵。

四、复制推广自贸区改革试点经验

一是领导重视，高位推进。早在2015年省政府就成立了由分管副省长任召集人、28个省直单位参加的安徽省复制推广自由贸易试验区改革试点经验工作联席会议，并随着改革试点经验事项的增加，不断新增省直部门作为成员单位。联席会议办公室设在省商务厅，负责统筹协调推进各项改革试点经验复制推广工作，并制定了联席会议工作规则和相关工作制度，形成复制推广工作合力。

二是细化方案，落实责任。省复制推广自由贸易试验区改革试点经验工作联席会议办公室研究出台了《安徽省推广中国（上海）自由贸易试验区可复制改革试点经验工作方案》和《安徽省关于做好自由贸易试验区新一批改革试点经验复制推广工作的方案》，及时转发了《关于做好自由贸易试验区第三批改革试点经验复制推广工作的函》和两批自贸试验区"最佳实践案例"，明确复制推广任务的具体内容、责任单位和完成时限。各地、各有关部门按照要求，及时制订配套工作方案，落实主体责任，建立工作专班，保障了各项复制推广任务顺利进行。

三是强化督查，扎实推进。省委省政府将自贸区改革试点经验复制推广工作列入省委重点改革事项和省政府重点工作任务，逐月督查调度。联席会议办公室建立了动态跟踪平台和"信息报送＋工作督促"工作督查制度，及时跟踪各地、各部门工作进展，确保各项改革试点经验在安徽落地生根。截至目前，三批56项自由贸易试验区改革试点经验复制推广工作已在省内全部完成，第四批自由贸易试验区改革试点经验复制推广也已启动。

第三节　安徽省利用外资对于本地经济社会发展所发挥的作用

安徽省经济总体上还处在工业主导、投资拉动的阶段，而招商引资恰恰是产业和投资的最佳结合点，是推动发展的战略举措。利用外资作用主要体现在推动经济发展、结构调整、对外开放这三个方面。

一、经济发展主动力

随着实施西部大开发、促进中部地区崛起等重大战略的实施，中西部地区承接产业转移加快，投资快速增长。通过利用外资，一大批加工制造业、交通、农业、商业、市政建设、教科文、金融保险、医疗卫生等项目得以建设实施，支撑了经济发展。从工业统计数据看，平均每个外资企业对 GDP 的贡献是各类企业平均的 2 倍。据测算，目前，全省年招商引资额（境外投资和省外投资）占全省固定资产投资总额60%以上，省会合肥市新增就业的 70%、规上工业产值增量的 70%、地方税收增量的 50% 来自招商引资。近年来，各市通过招商引资，基础设施建设突飞猛进，城市面貌日新月异，群众工作生活环境明显改善，就业、教育等民生工程有力推进，"没有大招商，就没有大发展"已成为各地共识。

二、结构调整主引擎

通过招商引资和产业转移承接，引进了较为先进的技术和管理经验，加快了产业培育和优化升级，欠发达地区后发优势和增长潜力得以显现。

在家电产业，通过招商引进惠而浦、三洋、西门子、日立、海尔、格力、美的等国内外一线家电品牌企业，安徽已形成了集研发、生产、销售、物流及相关配套企业集群的家电产业体系。全省空调、彩电、冰箱和洗衣机四大家电年产量约 8000 万台，约占中国生产总量 20%，省会合肥市是中国最大的家电生产基地，合肥及周边地区家电产业配套率达 70%。

在电子信息产业，合肥新站综合开发试验区通过引进龙头企业京东方投资 175 亿元建设六代线项目（项目达产后年产值超过 120 亿元），吸引上游原材料、下游模组、整机乃至装备制造 30 余家相关配套企业落户新站区，建立了完整的平板显示产业框架，正在形成一个产值达 2000 亿元的新型平板显示产业基地。世界 500 强美国康宁公司在新站投资项目达 5 个，项目总投资额近 30 亿美元。

在工程机械行业，世界最大挖掘机生产商日立建机公司来安徽投资建厂，生产拥有日立独创电子液压系统、适应各种复杂工矿、符合人机工程学的低噪、高效、节能液压的多吨级挖掘机和多种特殊工作装置，销售位居全国前三强，助力安徽省成为工程机械大省。

在汽车零部件行业，德国大陆集团来皖投资设立的轮胎及汽车电子生产企业，引进了先进生产设备和工艺，延伸和提升了安徽汽车产业链。

在机电制造行业，瑞士 ABB 集团投资设立的合肥 ABB 公司是其全球最大的变压器组件产品生产基地，其变压器产品具有损耗低、噪音低、体积小、重量轻、免维护和使用寿命长等众多优点，加快了变压器产品更新换代。

在冶金行业，铜陵有色金属集团公司、日本住友金属矿山株式会社、住友商事株式会社等共同投资兴办的金隆铜业有限公司，在国内率先采用国际先进的闪速熔炼工艺，大大提高了电解铜的生产能力、生产效率和环保水平。

此外，嘉吉、蒙牛、雨润等一批农业产业化龙头企业的落户积极推动了安徽现代农业建设；沃尔玛、家乐福、麦德龙、欧尚、大润发等世界知名零售企业的入驻，加快了商业升级改造，提升了安徽省商业经营水平。

三、对外开放推进器

一是以外资促外贸。外资企业一直我国进出口的绝对主力，曾占全国进出口 50% 以上。2001—2007 年，全国外资企业进出口、机电产品进出口、加工贸易出口的占比均在 50% 以上。2014 年，合肥联宝和京东方两家外来投资企业拉动全省进出口增长 5.1 个点。2017 年，安徽外资企业进出口占比虽降至 31.4%，但仍高于国有企业的进出口占比。

二是市场资源配置国际化。通过利用外资，逐步形成了一大批外向型产业，参加国际产业分工，参与国际市场竞争，充分利用国际国内两个市场、两种资源。

三是带来先进发展理念。招商引资不仅引入资本和技术，也带来了国外和沿海地区先进的发展理念、管理方法和运行机制，对进一步转变思想观念、树立战略思维、加快开放发展具有十分重要意义。

第四节 安徽省新时代对外开放、利用外资展望

新时期安徽省确立了打造内陆开放新高地的奋斗目标，出台了《关于打造内陆开放新高地的意见》。全省打造内陆开放新高地的目标任务是：高端化的外向型产业集群基本形成、高质量的双向开放格局基本形成、高水平的对外开放平台基本形成、高效率的开放体制机制基本形成。

一是推进引资层次高端化。提高利用外资的质量和水平，进一步扩大开放领域，鼓励和引导外资投向实体经济、高技术产业、新经济、节能环保和现代服务业。着力解决好本土经济与外部经济的融合问题，坚持引资、引技、引智并举，以引资为"引子"，引进与外资捆绑在一起的先进的技术、管理、制度、理念、人才，开拓更高层次、更加广阔的国际市场，提升经济的质量和档次。

二是推进外资工作项目化。完善重点外资项目库，健全外资项目建成一批、在建一批、新批一批、在谈一批的工作格局。跟踪好签约项目，对世界制造业大会、中博会、国际徽商大会等重大活动中的签约项目，做好跟踪服务，掌握项目进展，促进项目尽早落地。

三是推进引资方式精准化。大力实施产业链精准招商、以商招商、专业化市场化招商，提高招商效率。坚持引资引技引智一体，紧盯重点领域、重点企业，聚焦世界 500 强和行业领军企业、领军人才，确保招大引强取得重大进展。加大政策创新，支持各地在依法合规的前提下制定出台招商引资优惠政策，积极推进徽商回归、"凤还巢"。

第十五章　湖北省

　　改革开放 40 年来，湖北利用外资取得了令人瞩目的成就，由改革开放之初不足 1 亿美元增加到了 2017 年的 109.94 亿美元，有力地推动了湖北经济的发展。近年来，湖北按照高质量发展要求，坚持新发展理念，以推动形成全面开放新格局为目标，围绕营造良好营商环境、优化开放布局两大任务，全力推进外资工作，打造引资新平台，提升引资新优势，实现了外资稳定增长、量质齐升，湖北利用外资工作迈上了新的台阶。

第一节　湖北利用外资的现状与特点

　　改革开放以来，湖北利用外资由少到多，总体规模不断增加。湖北省利用外资始于 1981 年。1981 年 12 月 6 日，第一家外商投资企业"湖北派克密封件有限公司"由原国家对外经济贸易合作部批准成立，拉开了湖北利用外资的序幕。在随后的 40 年里，外资企业如雨后春笋般在湖北这片的土地上生根、发芽。截至 2017 年底，全省累计设立外商投资企业 14353 家，实际利用外资 862.08 亿美元。从总量上看，湖北是中部地区累计利用外资最多的省份。湖北利用外资的主要特点是：

一、利用外资量质齐升

湖北利用外资总量不断增加。从 2016 年开始，湖北连续两年实际利用外资规模超百亿美元，2017 年全省实际利用外资 109.94 亿美元，同比增长 8.5%。1987 年，德国西门子公司在湖北设立长江西门子电传机维修中心，第一家境外世界 500 强企业在鄂落户。截至 2017 年，来鄂投资的世界 500 强企业增加到 267 家，其中境外世界 500 强企业 173 家。这些都表明，湖北利用外资不仅数量增加较快，而且质量也有了很大提高。

二、利用外资来源多元化

湖北利用外资的来源地不断增多，目前已遍布世界各大洲的主要国家和地区。2017 年，湖北实际利用外资金额在各大洲的分布情况为亚洲占 71.4%、欧洲占 13.7%、南美洲占 2.56%、大洋洲占 1.3%、北美占 0.47%、非洲占 0.04%。近几年欧美日韩等国家和地区对湖北的投资力度有快速扩大的趋势。其中，中国香港一直都是湖北利用外资的最大来源地，2017 年香港地区投资 59.1 亿美元，同比增长 45.03%，占全省的 53.76%。

三、利用外资地区分布不平衡

外商投资已经遍布全省各地，但地区分布极为不平衡。外商投资主要集中在以武汉为中心的城市圈内，武汉每年利用外资额几乎都占全省的 3/4 左右。这种格局主要与武汉城市圈的区位优势和产业集中度有关，不能充分发挥湖北各地区独有的地理环境、人文环境和自然资源优势，也相对减弱了几个副中心城市的辐射作用，加大了城市间的差距，不利于全省的均衡发展。值得注意的是，新的外商投资正向其他区域加速涌入。2018 年 1—5 月，全省有 3 个市实际使用外资过亿美元。依次是：

武汉市 40 亿美元、襄阳市 2.2 亿美元、荆门市 1.9 亿美元。

四、利用外资产业分布不断优化

随着改革的不断深入和国内市场的进一步开放，除少数我国限制和禁止外商投资的领域外，外商投资几乎涉及了全省国民经济的大部分产业或行业部门。从国民经济三大产业来看，外商投资主要集中于第二产业，第三产业次之，第一产业所占比重最小。2016 年至 2017 年：第一产业实际利用外资分别为 9364 万美元、1.93 亿美元，在全省实际利用外资的比重分别为 1%、1.7%。第二产业实际利用外资分别为 59.6 亿美元、59.7 亿美元，在全省实际利用外资中的比重分别为 58.8%、54.3%，所占比重与全省产业结构大体相似。第三产业由 2015 年的 44.6 亿美元提升至 2017 年的 48.3 亿美元，占比提升至 43.9%。其中，服务业利用外资发展较快，且结构更趋合理。到 2017 年，服务业利用外资已由房地产、住宿、餐饮、娱乐等一般服务业扩大到金融业，科学研究、技术服务，水利、环境和公共设施管理业等行业。2017 年租赁和商务服务业实际使用外资 82531 万美元，同比增长 79.1%；交通运输、仓储和邮政业实际使用外资 45141 万美元，同比增长 6.92%；科学研究、技术服务和地质勘查业实际使用外资 19431 万美元，同比增长 49.14%。可以预计，第三产业或服务业将成为未来湖北利用外商投资的热点领域。

五、外商投资方式多样化

湖北利用外资呈现出多样化的投资方式，其中中外合资经营企业、外商独资企业占绝大多数，是湖北利用外商投资最主要的投资方式。改革开放之初，合作企业曾经是湖北利用外资的主要方式；20 世纪 80 年代中后期，合资企业的项目数和实际金额先后超过了合作企业，成为外商投资的主要方式；90 年代中期以后，合资、合作企业所占比重总体上呈现下降趋势，独资企业的项目数逐渐超过合资企业，成为湖北利用外资的主要方式。2017全省设立中外合作企业 1 家，中外合资企业 92 家，外商独资企业 134 家。

第二节　湖北利用外资的主要贡献

改革开放以来，湖北利用外资取得了辉煌的成就，有力地推动了湖北经济的飞速发展。外资对湖北经济社会发展的贡献不容忽视。

一、扩大对外贸易

湖北对外贸易发展迅速，规模不断扩大，其中外商投资可谓功不可没，外商投资企业进出口占全省外贸进出口总额的比重不断增加。2017 年，外商投资企业进出口总额达 121.82 亿美元，约占全省外贸进出口总额的 26.3%。其中进口 56.04 亿美元，占进口总额的 35.4%；出口 65.79 亿美元，占出口总额的 21.6%。

二、创造就业机会

从湖北的现实情况来看，外资企业年末从业人数一直呈上升趋势，2017 年外资企业从业人数占湖北全部从业人数的比例 10% 左右。毫无疑问，外商投资已经成为湖北吸纳劳动力就业的重要渠道。

三、促进技术进步

相对于国内企业来说，外商投资企业往往具有先进的技术、营销和管理经验，有助于提高国内的整体技术水平。一方面，外商投资企业可以通过引进先进设备和生产线、技术转让等方式直接地提高国内企业的技术水平；另一方面，外商投资企业还可以通过传染效应、示范效应、竞争效应和人力资本效应等渠道对东道国产生积极的技术外溢效应。改革开放之初，外商投资主要集中于劳动力密集型加工业，通过"三来一补"从事简单的加工贸易，技术含量普遍不高。但是近些年来，交通运输设备制造业、电气机械及器材制造业、计算机和通信设备制造业、化学原料及化学制品制造业等资本密集型和技术密集型行业逐步成为外商投资的热点领域，进而带动了省内相关产业的转型升级，提高了整个行业的技术水平。外商投资已经成为湖北技术进步的重要推动力量。

第三节　进一步推动湖北利用外资的总体思路和措施

一、更加积极提升利用外资水平

稳步推进外资各领域开放，全面落实准入前国民待遇和负面清单管理制度，做好外资"放管服"改革。按照国家部署持续推进专用车和新能源汽车制造、船舶设计、支线和通用飞机维修、国际海上运输、铁路旅客运输、加油站、互联网上网服务营业场所、呼叫中心、演出经纪、银行业、证券业、保险业等领域对外开放。在湖北自贸区内大胆试、自主改，积极探索外资领域先行先试，进一步提升高端制造业和服务业对外开放水平。

二、更大力度促进引资引智引技

继续把招商引资作为第一要务，进一步突出吸引外资，精心组织好鄂粤港澳、台湾周等重大招商活动；针对世界 500 强及行业领军企业统筹做好"点对点"招商，全力打造"世界 500 强对话湖北"新平台，推动成立省长国际企业家咨询委员会；落实完善外资引资各项政策，促进外资溢出效应提升；加强与"长三角""珠三角""环渤海"国家级开发区开展异地园区合作，不断创新合作模式，发挥国家级开发区平台作用；积极推介中法生态城、日本产业园等国际合作产业园，谋划设立新的国际合作产业园等；开辟对外合作渠道，拟组织赴德国、法国等重点引资国家举行招商活动，统筹指导各地开展外资专场招商。

三、更快推进重点项目落实

继续推动一批已设立备案、投资额过亿美元的项目尽快落实到位。着力推动英国华盟跨境电商（中国总部）项目、雷诺乘用车智能焊装车间配套项目、拜宁生技新药研发及产品生产基地项目、英瑞杰武汉研发中心项目、武汉中澳合创科技有限公司、永旺梦乐城江夏购物中心项目、东风日产新车型选址和扩产项目、骆驼与克罗地亚 Rimac 公司电驱动设备并购合作项目、康明斯 2.8L/3.8L 发动机生产线改扩建项目、航宇精工与法国大福特公司合作项目等重大外资项目落实到位。

四、更实举措营造优良营商环境

继续贯彻落实国家和湖北省外资政策，充分发挥外商投资企业协会的作用，按照国家"凡在我国境内注册的企业，都要一视同仁、平等对待"的要求，推动和协调各地方和相关部门在政策和标准制定、相关资质条件确认等方面实现对内外资企业同等对待。探索共同开展外企的产品维权工作。继续加强对外资企业的跟踪服务工作。进一步完善重点企业联系机制，上下联动做好跟踪服务和项目落地督办工作。收集企业反映的突出困难和问题，拟定问题清单，积极配合省优化办和外商投诉中心协调解决。切实为外企的生产和经营营造和谐公平的环境。

第十六章　江西省

改革开放以来，江西利用外资从无到有、从少到多，走过了以开放促发展的峥嵘岁月，形成了利用外资方式齐全，多层次、多渠道、宽领域的开放格局，为江西经济发展和社会进步做出了突出贡献。

第一节　江西利用外资概况及特点

江西第一笔外资从 1979 年引进的"三来一补"项目到 2017 年累计批准外商投资企业 18203 家，签约合同外资金额 1043.18 亿美元，实际使用外资金额 891.68 亿美元。据 2018 年江西省年报统计数据显示，江西省参加年检运营外商投资企业 2800 余家，2017 年实现销售（营业）收入 4996.6 亿元；各种税收（不含海关代征关税）193.58 亿元；进出口总额 129.8 亿美元，占全省出口总额的 29.3%，其中出口 65.21 亿美元，占全省出口总额的 20.1%；从业人数达 38.7 万人，其中外籍从业人数 2612 人。

江西吸收的外商直接投资主要来自港澳台地区和美国、日本、加拿大、德国、英国、新加坡、韩国、泰国、菲律宾、文莱、澳大利亚等五大洲 90 多个国家和地区，外商投资企业遍及全省 100 个市、县（区）

和国民经济中的各个行业。江西利用外资呈现以下特点：

一、投资规模不断扩大

1984 年江西省迎来第一个直接外商投资项目，资金仅有 17 万美元。发展到 2018 年，江西最大的外资项目是江西赛维 LDK 太阳能高科技有限公司，累计投资 28.68 亿美元，赛维的落户同时带动了江西光伏产业的集聚和迅猛发展。进入 21 世纪以来，江西省外资项目的平均规模从 50 多万美元发展到 2045 多万美元。年度利用外资从改革开放初期每年 3000 多万美元发展到 2017 年的 114.64 亿美元，增长了 382 倍。

二、投资形式多样化

改革开放初期，江西利用外资的形式主要是对外借款，随着对外开放的不断深化，利用外资形式逐渐转变为外商直接投资为主。目前，利用外资的形式呈现多样化，直接投资、对外借款、并购、服务外包、企业在境外证券市场发行股票等多种形式共同发展。2018 年 6 月 26 日，江西银行正式在香港上市交易，发行 11.7 亿股 H 股，募集的资金规模约为 74.76 亿港元，开创了金融业境外直接融资的先河。7 月 10 日，九江银行在香港联交所主板挂牌上市，成为境内第 15 家赴香港上市的银行。

三、投资项目质量不断提高

随着国家利用外资政策的不断调整，江西外商投资项目的质量、效益不断提高。一方面，重大项目增多。合同外资金额 1000 万美元以上的大项目累计达到 3000 多个，美国福特、百事、百胜，日本五十铃、日本京瓷，法国梅利亚、德国费森优斯卡比，英国联合食品、香港渣打银行等相继落户江西，截至 2018 年，落户江西的世界 500 强境外企业达到 66 家。另一方面，外商投资资金、技术密集型项目日益增多，效益越来越好，涌现了江铃汽车股份有限公司、江西铜业股份有限公司、晶能光电（江西）有限公司、晶科能源江西有限公司、博硕科技（江西）有限公司、神基科技（南昌）有限公司、南昌海立电器有限公司、江西雅保锂业有限公司等一批投资规模较大、技术含量较高、产业辐射较强的龙头企业。

四、投资结构日趋合理

一方面，产业结构进一步改善，由最初的外商投资项目中劳动密集型企业、餐饮服务等占比较高，21 世纪以来高新技术产业、现代制造业、现代服务业、金融、农业等领域外商投资的规模越来越大；另一方面，外商投资的地区结构逐渐趋于合理。过去外商投资 60% 以上集中在南昌周边地区，交通不便地区利用外资较少，随着全省各地对外开放力度加大，吸引外资有了大幅度增长，到 2017 年外商直接投资实际利用外资南昌地区所占比例下降到 27.75%，九江、赣州、上饶、吉安、宜春、新余、萍乡、抚州、景德镇、鹰潭分别占到 17.31%、14.54%、9.95%、9.34%、6.73%、3.79%、3.2%、3.08%、2.52%、1.79%。

五、外资对经济发展作用日益增强

据有关资料显示，外向型经济对全省国民经济发展的贡献度不断提高，依存度由 2000 年 6.7%，提高到 2017 年的 14.7%。在全省进出口贸易中，外商投资企业的进出口额占比重越来越大，2017 年占全省进出口总额的比重已达到 29.3%。江西利用外资不仅在轻工、纺织、机械、化工等传统领域发挥着重要作用，而且涉足光伏产业、LED 发光材料产业、铜精深加工产业、汽车及零配件产业、电子信息产业、新材料等高新技术和服务贸易领域，主导作用日益增强。

第二节　利用外资取得的主要成就

改革开放 40 年来，江西变化巨大，成效显著。江西省利用外资从小到大，完善了产业结构，促进了产业升级换代，增进了对外交往，提高了对外依存度，扩大了城乡就业，增加了城乡居民收入，提高了全省经济社会综合水平。2017 年，由招商引资引领的开放型经济对全省经济增长的贡献率达到 50%，投资占全社会固定资产投资比重达到 55%，所提供的财政收入占全省财政总收入的 1/3，新增就业人数占全省新增就业的 52%；全省工业园区实现工业增加值占全省工业增加值的 59%，上缴税金占全省税金总额的 38.2%。

一、利用外资弥补了固定资产投资不足

江西省通过引进外资，有力地缓解了江西经济发展中资金短缺、投入不足的矛盾，扩大了投资需求，提高了对江西固定资产投资的贡献度。1984 年前，江西实际利用外资仅占全社会固定资产投资总额的 0.06%，其中外商直接投资为零。1992 年以后，江西利用外资得到了长足的发展，占全社会固定资产的比重迅速提高。1992—2000 年，江西实际利用外资占全省社会固定资产投资总额的比重由 1984 年以前的 0.06% 上升到 10.79%，其中外商直接投资提高到 6.87%，2001—2008 年期间又提升到 7.53%。虽然有所下降，但外商投资仍然在全省社会固定资产中发挥重要作用，21 世纪以来江西省外商投资占全省社会固定资产投资比重不断提升，外商直接投资扩大了江西省全社会固定资产投资渠道，培育了部分行业内的龙头骨干企业。如江西亚东水泥公司先后六期建设项目总投资 80 亿元，采用了最先进的设计和生产技术，年产能可达到 1400 万吨，主营业务收入达到 50 亿元，实现税收 5 亿元。

二、利用外资推动了产业结构优化升级

长期以来进入江西省的外商投资主要集中在第二产业和第三产业，通过扩大投资对这些产业的规模扩张和结构升级起到了重要作用，江西三次产业结构排序由改革开放初期的"一、二、三"转变为"二、三、一"。同时，也推动了一批新兴产业的发展。截至 2017 年底，江西省外商直接投资金额中第一产业、第二产业和第三产业分别占 5.28%、60.53% 和 34.2%，引进了福特、东芝、ABB、京瓷、法国电力、联合食品等境外世界 500 强企业 66 家，同时美国科勒和卡博特、加拿大麦格纳、德国世泰科、英国新亚国际和冠京香料、比利时贝卡尔特和克林尼科、挪威埃肯等一大批知名跨国公司相继落户江西，对重点产业发展发挥了引领和促进作用。引进的一大批具有代表性的大企业大项目有力促进了重点产业发展，已初步形成了以晶能光电、绿扬光电、绿晶光电为代表的半导体照明产业；以晶科能源、赛维 LED、旭阳雷迪为代表的光伏产业；以格特拉克、ABB、力德风电、恒天动力为代表的装备制造业；以世泰科、贝卡尔特、万宝至、百利精密为代表的特色冶金和金属制品；以新海洋、伟创力、红板科技、一元数码、海立电器、奥克斯空调为代表的电子信息和现代家电产业；以可口可乐、统一、汇源、中粮米业、双汇、雨润为代表的食品工业；以亚东水泥、海螺水泥、富美家、艾尔兰为代表的建材产业。产业发展具备了较好基础，为推动江西产业转型升级蓄积了正能量。

三、利用外资带动了对外贸易增长和技术进步

境外企业在赣投资兴办企业，除资金、技术专利、专有权外，带动了外商投资企业及与之配套的国内企业产品进出口，加速了江西省对外贸易规模的扩张。由于外资企业的有利通道和较强产品竞争力优势，外商投资企业逐步成为推动江西外贸发展的重要力量。2017 年外商投资

企业出口 65.21 亿美元，占全省出口比重 20.1%。同时，外资企业的引进带动了技术的进步与发展。如江铃与福特、日本五十铃、昌河与日本铃木公司通过展开全面的合资合作引进和借鉴国外的制造、工艺技术和经营管理理念，主动与国际惯例接轨，实现了销售、采购、物流、产品开发体制的不断创新，产业聚集趋势进一步加强。围绕江铃、昌河及面向全球的汽车零部件体系正在逐步形成美国伟世通、李尔内饰、德国格特拉克、香港新电车用空调等一大批国际著名汽车零部件企业纷纷来江西投资建厂。外资企业的引进也加速了江西省科技进步和技术成果的转化。如南昌市通过引进由金沙江、永威投资、淡马锡等多家国际著名的风险投资基金成立了晶能光电公司，其"硅衬底蓝光二极管材料及器件"技术，被学术界认为是新型发光材料与器件领域内，足以与美日技术相媲美的"第三种技术"，填补了国内空白，其成果获得国家科学技术进步一等奖。

四、利用外资创造了财税收入和就业机会

开放型经济为增强财政实力、扩大就业做出了重要贡献。据统计，目前江西全省开放型经济提供的财政收入约占江西省财政总收入的1/3，开放型经济越来越成为一个地区特别是市、县财政增收的主要来源。外商投资企业创造了更多的就业机会，随着利用外资规模的逐步扩大，外商投资企业吸收的劳动力数量逐年增加。据统计，2017 年底全省实有运营外商投资企业 2800 余个，外商投资企业直接从业人员已由 2000年的不到 14 万人增加到 2018 年的 38.6 万人，这还不包括间接从事与外商投资企业有关的配套加工、服务等活动以及参与利用国外贷款和援助项目的人员。最近两年，很多新引进的投资项目甚至出现"招工难"，各级政府都花大力气帮助企业解决企业缺工的"燃眉之急"。利用外资不仅为保就业、保稳定奠定了基础，增进了中外人员交往，而且为提高城乡居民收入做出了重要贡献。招商引资弥补了我们省固定资产不足，

促进了江西省工业化进程，带动了对外贸易增长和技术进步，创造了财政收入和就业机会，推进了城镇化进程，扩大了江西对外影响力。据测算，2017 年，全省开放型经济对 GDP 的贡献率为 36.1%，招商引资占固定资产投资的比重为 34%，外资企业对全省新增国税的贡献为 16.9%，开放型经济每年新增就业率达 60%。

五、利用外资带动了开发区产业集聚

开发区是对外开放主阵地。江西开发区实现了从无到有、从少到多、从低端到高端的发展历程，现有 100 个开发区，其中国家级开发区 19 个（国家级经济技术开发区 12 个、国家级高新技术产业开发区 7 个）、省级工业园区 70 个、筹建省级工业园区 11 个。开发区基本上达到每个县都有一个布局。江西充分发挥开发区载体作用，推动利用外资向园区集聚，到 2017 年，全年国家级开发区实际利用外资 34.55 亿美元，占全省利用外资比重的 30.14%，实际利用外资 1000 万美元以上项目有 110 个。全省 10 家国家级经开区实际利用外资 22.52 亿美元，同比增长 5.7%。当前，江西已初步形成了以国家级开发区为引领，省级重点工业园区为主体，其他园区和筹建园区为补充的发展格局，一批特色产业集群在全国有较高的知名度和影响力。如赣南开发区的稀土、钨等新材料产业集群，宜春、赣州开发区的锂电产业集群，鹰潭开发区的铜加工产业集群，南昌、九江、景德镇开发区的汽车等先进装备制造产业集群，九江开发区的石化、船舶产业集群，南昌、吉安开发区的电子信息产业集群，宜春、抚州开发区的生物医药产业集群，景德镇开发区的航空产业集群等。

六、利用外资打造了对外交往平台

为吸引更多的客商前来投资，江西深挖自身特色，在打造重大经贸活动平台上取得了显著成果，成功举办了一批规格高、国际化、综合性重大经贸活动平台，主要包括世界绿色发展投资贸博览会（已举办4届，2018年将举办第五届），世界赣商大会，连续17年举办赣港经贸合作活动，连续16年举办赣台经贸文化合作交流会，连续15年举办景德镇国际陶瓷博览会。对外开放重大活动有声有色，亮点纷呈，成功打造了突出江西特色、展示江西形象、促进江西发展的盛会，提升了江西的知名度和影响力。

世界绿色发展投资贸易博览会。由江西省人民政府主办，目前已举办了4届，旨在促进绿色发展、循环发展、低碳发展，加快转变经济发展方式，通过论坛研讨、展览展示、投资合作、贸易促进等方式，研讨世界绿色发展新趋势、共享全球绿色投资贸易新机遇、探索国际生态合作新途径、传递中国绿色发展新理念、展示美丽中国"江西样板"新成果。第四届世界绿色发展投资贸易博览会签约项目共165个，签约合同金额2428亿元。

世界赣商大会。2017年江西省举办了首届世界赣商大会，大会吸引超过2000名海内外嘉宾参会，190余位央企、知名民企、跨国公司高管和新赣商代表，120位上市公司负责人，29个省（区、市）的江西商会会长，40多个国家及地区近60个江西籍社团200余名负责人，40名新时代赣籍海外博士回到江西、回到家乡研讨交流、洽谈合作，为兴赣富民增添巨大正能量，进一步增强了开放发展的动力。

香港经贸活动大会。香港经贸活动大会是江西省打造了17年之久的合作平台与增进了解的盛会，该活动已经成为江西坚持大开放主战略的重要标志之一。通过连续多年不间断地在香港开展经贸交流活动，不仅引来了香港华润、香港民生、香港中国水务、香港嘉里等大集团投资江西，渣打银行、大新银行落户南昌市多年营运良好；赣州（香港）工业园建设，开创了赣港合作的新模式，对香港产业梯度转移和加快江西发展都具有重要意义。通过这些平台，赣港交流更为密切，为全方位合作发展奠定了良好基础。截至目前，江西省累计设立港资企业有

12047 家，合同投资总额 784.2 亿美元，实际进资 697 亿美元，企业数和实际进资分别占全省的 66.18% 和 78.17%。

赣台经贸合作研讨会。由江西省人民政府、国台办共同在江西举办，自 2003 年开始已连续举办了 15 届，已成为中部地区规模最大的对台经贸交流盛会之一，在推动两岸交流往来、促进江西社会经济发展方面发挥了积极作用。据统计，目前江西省累计引资台资项目 3331 个，实际进资 120.1 亿美元，主要分布在机械、化工、轻工、电子、食品加工、服务业等领域。

景德镇国际陶瓷博览会。这是我国唯一的国际化、专业化、市场化、规范化的陶瓷博览会。自 2004 年首次举办以来，共吸引了来自世界 40 多个国家和地区的 8000 多家参展企业、500 多家采购公司和 3 万多名中外嘉宾参会参展。瓷博会已发展成为集陶瓷精品展示、陶瓷文化交流、陶瓷产品交易为一体的国际性陶瓷盛会，成为我国重要的轻工业类国际会展平台，在弘扬传统陶瓷文化、加强陶瓷贸易投资、推动中国乃至世界陶瓷产业发展等方面发挥着越来越重要的作用。

七、利用外资促进了环境改善

环境是经济发展的重要保证。改革开放以来，江西省之所以能够不断缩小与全国的发展差距，一个非常重要的原因就是优化发展环境，营造出一个包容性和亲和力、创造力较强，诚信度较高的软环境和基础设施建设成效显著的硬环境，逐渐形成了环境的品牌效应，大大增强了吸引和聚集生产要素的能力。随着改革开放的不断深入和"放管服"改革的推行，全省大力推进行政管理体制改革，深化"放管服"改革，继续加大放权力度。严格按照"精准赋权、协同放权"原则，对省政府部门行政权力事项进行多轮清权、减权、确权工作。自本届政府以来，省本级行政权力事项减至 1736 项，精简率 82.4%，其中，行政许可事项精简至 258 项，精简率 72%。2013 年以来，为不断深化"放管服"改革，以转变政府职能为重点，深入复制推广自由贸易试验区改革试点经验，推动外商投资企业简易注销改革事项落地实施，多次将外资企业审批权限下放，积极开展"单一窗口、单一表格"受理改革，招商引资承诺兑现专项督查，切实维护投资者合法权益，按照对外商投资企业设立实施"全面备案＋有限许可"的新管理模式，建立事中事后监管模式，江西外商投资企业设立及变更项目备案率96％以上，外商投资便利化水平大幅提高。

第三节　基本经验

一、坚持扩大开放不动摇是扩大利用外资的重要前提

改革开放40年来，江西利用外资之所以能取得如此令人瞩目的成就，最大的经验与启示就是思想与观念的革新。正是解放思想、转变观念，使加快发展的活力不断迸发。特别是进入21世纪以来，江西省委、省政府通过对省情的深刻分析，充分认识到江西要发展，关键在解放思想，出路在扩大开放。为此江西省委省政府开展了广泛深入的以解放思想为先导一系列大讨论活动，更新了广大干部群众的观念，凝聚了人心，增强了干劲，激活了机制，形成了加快发展的大环境和强动力。面对经济全球化和激烈竞争的新势，提出了"对接长珠闽、联结港澳台、融入全球化"的发展思路，明确了全省对内对外开放的主攻重点和方向，努力使江西由"承接基地"变成"承接热地"，实现更高层次的承接、更有效益的开放，引导全省开放型经济持续健康发展；围绕重塑江西入新形象，江西省在打造新形象方面不断求新，开门迎客，"我助你发财、你助我发展"的意识逐渐深入人心，全省上下形成了一股敢闯新路、竞相发展的气势，在国内外的影响不断扩大，思想的解放起到了"观念一变天地宽"的效果。

二、建立有效工作机制是扩大利用外资的重要保证

领导重视的程度，决定推动工作的力度。为加强对开放型经济的领导，江西省建立健全了一套行之有效的领导机制和工作制度。2003 年初省政府成立了开放型经济工作领导小组，2007 年成立了省招商引资重大项目推进小组，2017 年又健全完善成立了省开放发展领导小组，各地都建立了相应的领导组织。对招商引资工作，从省委、省政府主要领导到地方党委、政府主要领导坚持亲力亲为，高位推动，做到重大招商活动亲自参加，重要客商亲自会见，重大项目亲自洽谈，重要问题亲自协调解决，既当指挥员，又当操盘手，以实际行动带出了开放的信誉和亲商的氛围，赢得了招商引资的主动；坚持开放型经济调度会制度，不定期组织召开开放型经济调度会，对开放型经济工作中遇到的矛盾和问题进行研究协调；坚持对投资规模在 1000 万美元以上的重点项目，组织省有关部门、项目单位、项目所在地政府不定期召开调度会，对招商引资重大项目进展进行检查督促、调度推进和协调服务，形成各方支持和推进重大项目的运行机制。正是这一系列招商引资制度的建立，为江西扩大利用外资提供了重要保证。

三、不断创新招商方式是扩大利用外资的重要手段

江西省委、省政府在招商引资的实践中不断总结经验，改进招商方法，促进了吸引外资快速健康发展。根据全省招商引资的发展形势，江西省委省政府及时提出要正确把握扩大吸引外资与提高招商引资水平、经济发展与环境保护、招商与安商等关系，在发展开放型经济、承接产业转移的过程中，始终坚持"既要金山银山、更要绿水青山"的发展理念，坚决贯彻"三个坚决不搞"（对环境污染的、低水平重复建设的以及黄、赌、毒、高危行业的坚决不搞）的原则，变招商引资为择商选资。要求全省招商引资不得下达指标、分派任务；乡镇原则上不搞工业，有

好项目可在工业园区落户；严禁弄虚作假等，确保了江西省吸引外资工作的健康发展。在招商方式上，由粗放型招商向平台招商、上门招商、产业招商、以商招商、小分队招商、驻点招商、规划招商转变；在招商方法上，由"单打一"式的招商向集中力量突破重大项目转变，变招商引资为招商选资；为克服金融危机带来的不利影响，促进产业转移对接，扎实推进重点产业招商，在全省范围内组织成立了产业招商小分队，围绕全省重点产业开展招商引资工作．引进了一批特色产业、优势产业、龙头企业和重大产业项目，有力地支撑全省经济快速发展。

四、打造"诚信最好、服务最优"品牌是扩大利用外资的重要保障

江西省各级地方政府着力在围绕营造良好的发展环境上下功夫，通过"引进来""走出去"拓宽干部群众的视野，通过舆论宣传增强加快发展的责任感和紧迫感。通过主题教育活动、表彰评比活动、专项整治活动在全省形成"亲商、安商、富商"良好氛围。同时连续多年开展集中投资环境专项整治活动，严厉打击侵商、损商、坑商等违法乱纪行为，通过优化政务环境。全面推行政务公开，实行首问负责制、服务承诺制、一次性告知制和限时办结制，着力建设责任政府和服务政府，在全社会形成了"人人都是投资环境，事事关系招商引资"的良好氛围。省政府每年均要对行政执法部门和行政综合管理部门组织开展政务环境评议评价活动，大大提高了政府部门的工作效率和服务水平。全省各市、县（区）都设立了统一办证服务中心，实行了统一受理、并联作业、限时办结、"一条龙"服务。为了方便外商投资企业设立，简化审批程序，下放外商投资企业审批权限至县（市、区）、国家级开发区。为打造"诚信江西"，大力开展诚信服务活动，重点抓好优化程序提高办事效率、依法依规兑现政府承诺、搞好跟踪服务和解决外商投诉，保持政策的连续性和稳定性，构筑江西"诚信最好、服务最优"的品牌。

五、提高招商人员素质是扩大利用外资的重要基础

为提高招商引资的针对性、有效性，打造一支不仅能较好地把握有关政策、掌握外情内情、善于寻找规律，而且事业心强、肯钻研、能吃苦善实践，对招商引资项目谈得拢、盯得住、落得下的招商队伍，江西省采取多种形式加强招商队伍建设。根据江西招商引资发展形势和要求，围绕"熟、强、灵、专"要的求，每年在全省范围内对开放型经济工作队伍进行大规模轮训，定期举办全省招商引资培训班、招商团培训班，省领导多次到培训班授课，亲自确定培训主题，设计培训内容，请专家讲授国家新的对外开放政策，利用外资法律法规和有关业务知识，请招商引资先进单位和骨干传授招商引资工作经验，开展现场交流互动在全省招商干部中产生强烈反响。江西省委、省政府要求各级政府每年都要选派适当数量的后备干部到沿海发达地区、外资比较集聚的开发区和有扩张意向的大型外商投资企业挂职，学习先进经验更新思想观念，了解投资信息，提高工作能力。通过派年轻干部到沿海地区挂职锻炼，在学习发达地区的先进经验、掌握更多的招商信息的同时，有助于干部开阔视野和拓展思路，为拓展外资渠道，提高招商引资水平提升了有力保证。

第四节　前景展望

40年改革开放的实践充分证明，没有开放江西就没有发展的机遇，就将失去活力。当前江西省正处在全面建成小康社会迈进的关键时期，也是经济增长方式转变、经济社会结构转型的重要阶段。发展不足仍然是江西的主要矛盾，江西要实现全面建成小康社会、奋力促进江西崛起的新跨越，全面扩大开放是江西实现跨越发展的必然抉择，利用外资在相当一段时期内仍然是驱动江西经济发展、产业升级、固定资产投资增

长和项目建设的核心动力。站在新的起点上，必须主动适应新常态，开创开放发展新局面，着力打造内陆双向开放高地，不断拓展利用外资的广度和深度，必须在总量和质量上有全面的提升。

一、优化全面扩大开放布局面

以主动对接"一带一路"、长江经济带国家战略和"长珠闽"经济板块为着力点，优化对外开放布局，按照深度融入"长珠闽"、巩固港澳台、强攻欧美、拓展韩日澳的总体思路，推进多点布局，积极主动对接具有世界先进技术以德国为重点辐射欧盟的发达国家和以美国为重点的北美国家；深化与港澳台地区合作，重点对接香港、澳门现代服务业和台湾先进制造业；深度融入"长珠闽"经济板块，瞄准重点地区强化对接，实现与"长珠闽"经济板块深度融合，积极承接产业转移。建设昌九开放合作核心区，紧紧依托赣江新区的龙头带动，将南昌、九江建成对接"一带一路"和长江经济带战略的重点开放城市；建设赣江开放合作带，打造南昌、吉安、赣州加工贸易转型升级梯度转移承接示范地，将赣州建成赣粤、赣港开放合作高地，将吉安、宜春建成赣台开放合作高地，将景德镇建成陶瓷文化和航空产业开放合作区；建设高铁开放合作带，将上饶、鹰潭、抚州建成赣浙、赣闽开放合作重点区域，将新余、萍乡建成赣湘开放合作重点区域,在全省形成"一核两带"区域开放布局。

二、进一步突出利用外商投资的产业导向

各设区市、产业园区应根据自身比较优势，立足已经形成的产业基础，展望未来的发展趋势，在认真调查研究的基础上提出各地的招商重点，进行产业细分研究，分析可能形成的产业链，找出其中的核心项目和缺失环节，为招商引资和产业聚集提供目标指向。根据江西产业发展特点和比较优势，在国家《外商投资产业指导目录》基础上，编制《江西省鼓励外商投资产业目录》。鼓励引进产业关键技术，推动传统优势

产业向高附加值、低消耗、低排放方向发展；积极引进高新技术和新产品，培育新能源、新材料、电子信息、生物医药、先进装备等高新技术产业；适度引进并合理布局石化、冶金、建材、船舶制造、能源等重化工业，弥补产业结构瓶颈；顺应工业化和城市化快速发展趋势，大力拓展现代服务业和基础设施、城市公用事业；鼓励投向农业综合开发和农产品深加工等领域。对于列入江西省鼓励类产业目录，应在优先保障土地供应、资金、水电等基础服务方面给予支持。

三、充分发挥产业园区的载体作用

江西省现有各类开发区 109 个（含国家级新区 1 个，国家级经开区 10 个，国家级高新区 9 个，综合保税区、出口加工区各 2 个，保税物流中心 1 个，省级开发区 84 个）。2015—2017 年，江西省开发区利用外资 237.21 亿美元，占全省利用外资总额的 75.6%。商务部对国家级经开区 2017 年度考评结果显示江西省有 5 个经开区进入全国百强。产业园区及相关开放功能区的建设已经成为江西新世纪经济发展的新亮点、经济发展的重要增长极、扩大开放的重要载体、实现集约发展的重要途径、扩大就业的主要渠道和城镇化快速推进的加速器。因此，在新形势和经济发展的新常态下，园区要继续成为工业发展的主载体、转型升级的主阵地、创新驱动的主战场、为全省经济社会又好又快发展提供了重要支撑。大力支持赣江新区建设发展，集中资源支持赣江新区建设发展，在法律法规允许前提下，推动投资、贸易新的管理体制在赣江新区先行先试。加快推进南昌、赣州综合保税区建设，推动九江、井冈山出口加工区转型升级为综合保税区，支持有条件的设区市设立海关特殊监管区。推动国家级经济技术开发区转型升级，支持条件成熟的省级开发区升级，强化考核评估，促进建设发展。

四、着力完善政策制度环境

深入贯彻落实国务院《关于积极有效利用外资推动经济高质量发展的若干措施》及国家发改委商务部《外商投资准入特别管理措施（负面清单）（2018 年版）》和省委省政府《关于进一步扩大开放推动经济高质量发展的若干措施》，引导江西服务业、制造业采矿业和基础设施等领域扩大开放，按照积极探索、先行先试、稳步推进、逐步完善原则，复制推广自由贸易试验区改革试点经验；推进南昌构建开放型经济新体制综合试点试验，坚持扩大开放与体制改革相结合、培育功能与政策创新相结合，形成与国际通行投资贸易规则相衔接的体制机制框架；积极探索负面清单管理模式，对外商投资和民营资本投资领域实行法无禁止即允许；注重培养、引进和使用开放型经济人才，完善吸引人才来赣工作创业的激励政策，为专业人才出入境、户籍管理、医疗保障、子女教育等方面提供最大限度便利。按照国际化、法治化要求，全面清理和废除妨碍公平竞争的规定和做法，破除市场分割的机制障碍，建立统一开放、竞争有序的现代化市场体系。深入推进"三单一网"建设，进一步简政放权，打造透明、便利、规范的政务环境，营造亲商、安商、富商的良好氛围。

五、创新利用外资方式方法

推动招商理念转变，紧紧围绕扩大有效投资，实现招商引资由粗放型向质量效益型转变，由依赖廉价资源和优惠政策向提供高效服务和优质营商环境转变，由产业链中低端向中高端转变，由按产业找资金向引资、引技、引智一体化转变，抓龙头、补链条、聚集群，着力推动招商引资提质增效。围绕电子信息、生物医药、有色金属和航空制造 4 个江西优势型产业，光伏、汽车及零部件、节能环保和特种船舶 4 个成长型产业，新能源汽车、智能装备和集成电路 3 个培育型产业，重点引进引领产业发展的龙头项目；紧密跟踪沿海发达地区加工贸易产业转移新动向，研究制定支持承接加工贸易梯度转移的政策措施，整体承接一批有实力、有技术、有品牌、有市场的加工贸易企业。完善驻德国、香港、北京对外经济联络和招商中心建设，依托我国驻外机构、赣籍中资企业、海外江西同乡会，重点设立美国、德国、新西兰、新加坡等驻外经贸代表机构，组建专业招商小分队开展驻点招商。同时，注重资本招商，设立产业引导基金，支持引进重点产业项目，鼓励境内外企业通过参股、并购、技术合作等形式，参与省内企业兼并重组。支持符合条件的省内企业到国际债券市场融资。鼓励境内外企业依法依规在江西设立创业投资、风险投资等私募基金和投资性公司；鼓励以商招商。鼓励招商引资企业积极引进合作伙伴和上下游配套企业落户，延伸产业链，建立招商合作机制，探索开展有偿委托招商。

第十七章 苏州市

利用外资是苏州开放型经济发展的先导和重要组成，在苏州改革开放的发展历程中为全市经济社会的跨越发展做出了重大贡献。近40年来，苏州坚持以开放促改革，积极融入全球化经济体系，利用外资规模持续扩大，方式日益丰富，结构不断优化，水平逐步提升，形成了量质并举、迈向高质量发展新阶段的坚实基础。

第一节　苏州利用外资发展历程及特点

改革开放以来，苏州在推进利用外资方面不断探索，在不同历史时期内外发展条件的差异背景下，走出了一条独具特色、阶段性发展特点明显的外资发展道路。总体上主要可以分为起步阶段、蓬勃发展阶段、转型升级阶段、提质增效阶段等四个阶段。正向高质量发展阶段迈进。

一、起步阶段（1979—1990 年）

1978 年 12 月党的十一届三中全会后，国家把吸收外商直接投资、加速国内经济建设列为实施对外开放国策的主要内容。1980 年苏州市成立了市进出口管理办公室，开始了利用外资的工作探索。1983 年，原外经贸部外资局确定苏州市为全国利用外资联系点之一，同年苏州市政府出台了《关于开展利用外资工作意见的报告》，提出了加快推进利用外资工作的要求。1984年7月，苏州第一家中外合资企业"中国苏旺你有限公司"建立。早在1984年8月昆山县为拓展经济发展空间，开展与上海的横向经济联系，自费辟地建设了工业小区（昆山经济技术开发区的前身），成为早期开发建设的典型成功案例。1985年，苏州被国家列入沿海开放地区后，深入贯彻国务院《关于鼓励外商投资的规定》和省政府《关于鼓励外商投资的若干规定》，狠抓利用外资工作，将其作为发展外向型经济的重点，加强业务指导，成立管理机构，下放审批权限，简化审批程序，全面启动推进，初见成效。截至1990年末，全市累计批准的外资企业超过380家，实际使用外资超过1.2亿美元。

这一阶段的主要特点有：

1. 投资规模普遍较小

单体项目平均注册外资规模仅为70余万美元左右，虽然在当时处于全省平均水平，但从苏州利用外资的发展历程来看，相对规模较小。

2. 投资形式以合资为主

这一时期设立的企业中，中外合资企业数量占总数的九成以上；中外合作企业、外商独资企业数量较少。

3. 产业结构单一

外资项目以工业企业为主，占比超过全市总数95%。主要投向纺织服装、机械电子和医药化工等行业，3行业合计外资企业数、注册外资分别约占全市总数的1/2、3/4。

二、蓬勃发展阶段（1991—2005年）

20世纪90年代初，我国对外开放步伐加快。1992年，邓小平南方谈话掀起了中国新一轮改革开放的序幕。党的十四大召开，明确提出了建立社会主义市场经济体制的改革目标，强调要不失时机地抓住机遇，加速发展。苏州做出了全方位开放、多层次推进，加速与世界经济接轨的决策，紧抓浦东开发开放、中新合作开发建设苏州工业园区等一系列重大发展机遇，很快掀起利用外资的高潮，外商投资纷至沓来。进入21世纪后，苏州再一次迎来并把握住了中国加入世贸组织、国际资本尤其是国际中高端制造业和现代服务业加快向亚洲转移的重大历史机遇，积极扩大利用外资、主动融入全球产业分工体系。在此期间，苏州外资规模迅速增长，形成了外资制造业和生产性服务业的基本产业构建，跃居为跨国公司在华主要的投资集聚地和全球重要的制造业据点。苏州利用外资在全国大中城市中一直名列前茅，2003年实际利用外资曾一度超越上海，位列全国第一。

这一阶段的主要特点有：

1. 项目规模不断扩大

期末全市外资企业注册外资平均规模提高至前一阶段的5倍以上。1991—2005年，累计新批总投资3000万美元以上外资大中项目超过800个（含新设及增资）。

2. 投资结构日趋优化

虽然外商投资中的90%仍是制造业投资，但比重较起步阶段已有所下降。制造业引资的内部结构也明显优化，从原先的以纺织、轻工等传统加工工业为主逐步向机械制造、电子通信、精细化工等技术含量高的制造业领域拓展，以机械及装备制造业、电子通信业为代表的一批外资现代产业集群逐渐崛起。1991—2005年，机械及装备制造业、电子通信业等行业引资占比提升幅度较大，纺织服装业、化学制品业等传统产业的引资占比则有所下降。与此同时，与现代制造相适应的基础设施、交通物流、研发、管理咨询等生产性服务业以及房地产、商贸、餐饮等生活服务业引资起步和发展。

3. 投资来源地更为多元

外商投资来源地（国家和地区）从初期的10多个扩大到超过100个。

台资大规模涌入，跃居第一大外资来源地。香港在苏投资仍占重要地位，位居次席。日本、韩国、新加坡、美国、德国、英国、法国等主要发达国家来资活跃，引资占比显著提升。

4. 知名跨国公司纷至沓来

来苏州投资的外商主体已经由前期的港澳台地区中小投资者为主逐步转变为知名跨国公司、大集团为主体。截至 2005 年末，已有 107 家境外世界 500 强企业在苏有投资项目。

5. 规模型生产经营企业增加

2005 年末，累计开业外资企业已经超过 8000 家，其中销售规模 1 亿元以上的外企超过 1000 家，有 54 家企业入围中国最大的 500 家外商投资企业名单。

6. 各类开发区成为引资主阵地

这一时期，苏州相继建立起了 10 多个国家级、省级开发区，为外商投资提供了良好发展载体。开发区的投资软硬件环境建设得到各级政府的高度重视和不断推进，特别是政策先行先试和体制机制、技术、管理创新的力度不断加大，使开发区的引资优势凸显，外资高地规模集聚效应进一步扩大。开发区成长为全市扩大开放、吸引外资的中坚力量和主阵地。

三、转型升级阶段（2006—2012 年）

7 年间，苏州利用外资继续保持全省和全国的前列，但与前一阶段借助有利的国际经济环境和一系列重大机遇而顺水行舟高速发展相比，苏州利用外资受到深刻复杂的国际国内政治经济形势变化、资本和产业转移的新趋势变化影响，一度受到国际金融危机的较大冲击。但在国家宏观政策的指导下，全市上下沉着应对，引进外资总体保持在高位平稳运行。这一时期，苏州进一步发挥在深厚的产业基础、日渐成熟优质的投资环境、丰富完善的发展载体等方面的先发优势，从危机中发现机遇，再一次成功地抓住了产业结构优化升级的战略机遇，始终将外资转型升级、结构优化作为主线贯彻工作始终，推动外资质量和结构持续向好。2009年，苏州市政府在原市外经贸局和原市贸易局基础上，合并成立了市商务局。作为推进全市开放型经济发展的政府职能部门，苏州市商务局在市委市政府的坚强领导下，秉承"亲商兴贸、助企惠民"的理念，加强内外贸融合，统筹两个市场、两种资源，加快推进开放型经济发展。

这一阶段的主要特点有：

1. 引进外资规模在高位运行

7年间年度新增注册外资基本稳定在160亿美元左右；实际使用外资保持在每年80亿美元左右的高位，稳居全省、全国第一方阵。

2. 外资结构调优成效明显

大中项目、企业增资的支撑作用明显，增资形成的注册外资占总额比重提升；现代制造业注册外资占比逐年上升；服务业占比也稳中见长，内部结构变化也较大，研发、科技服务、现代商贸、投资性公司、创业投资、金融等领域的外资引进步伐加快；外资总部经济起步发展，大型跨国公司的投资来源和功能型项目增加。

3. 产业不断向高阶迈进

7年间，制造业新兴产业领域新设项目数、新增注册外资占制造业比重分别超过60%、70%。一批生物技术和新医药、节能环保、智能电网和物联网、新型平板显示、高端装备制造等新兴产业龙头企业相继落户。2012年，服务业实际利用外资占比提升至超过30%。引进了一批跨国公司管理型地区总部、外资投资性公司、外资独立研发企业、销售中心、财务中心、物流配送中心、创业投资企业、融资租赁企业等高端服务业项目。

4. 各类发展载体功能不断完善

苏州工业园区经过十多年的高起点规划引领和高水平开发建设，在新型工业化、经济国际化、城市现代化、功能板块打造等多方面，取得了显著成效，连续多年名列"中国城市最具竞争力开发区"前列，作为中新合作的成功典范；张家港保税港区获国务院批准，成为全省第一家保税港区；昆山高新区、常熟经开区、吴江经开区等获批升级为国家级开发区，全市国家级开发区数量增加至 11 家；又获批了综合保税区、出口加工区、报关报检中心、保税物流中心等一批海关特殊监管区；区港联动、虚拟口岸快速通关和直通放行模式成效明显；获批设立了一批国家级、省级特色产业园。相继启动建设了科技城、创意产业园、软件园等一大批科技创新载体；苏宿工业园、宿豫工业园等一批南北共建园区全面启动。

四、提质增效阶段（2013—2018 年）

这一时期，全市引资规模虽然受到外部环境影响较前期高位有所下降，但继续保持了在全省的位次不下降、份额不缩小，同时提质增效的新阶段特征也愈发明显。自 2016 年 10 月起，苏州全面对外商投资实施"准入前国民待遇＋负面清单管理"模式，实现了外资企业设立和变更事项由逐案审批向备案制的转变，与国际主流方式进一步接轨，投资透明度和便利化程度迈上新台阶。苏州 99％ 以上的外商投资企业设立和变更办理事项已通过"网上办、不见面、无纸化"备案实现。2013 年 2 月，国务院批复同意设立昆山深化两岸产业合作试验区，昆山深化两岸产业合作试验区成为大陆与台湾深化多领域、全方位产业合作的重要载体。2015 年 9 月，国务院批复同意苏州工业园区在全国首家开展开放创新综合试验，苏州工业园区成为长三角地区重要的开放创新试验载体。

这一阶段的主要特点有：

1. 引资规模波动性较大

2013—2016 年，全市引资规模有所收缩，但 2017 年、2018 年上半年同比均出现大幅增长。前几年苏州利用外资规模的下降，本质上与国际金融危机后国际贸易和全球跨境资本流动性未恢复相符合；也与苏州吸引外资从成本驱动型向综合要素及市场驱动型转变;利用外资的重点转向顺应产业升级规律和产业链提升方向;更加主动而为追求选商择智和项目质量等因素有关。

2. 产业结构更加优化

截至 2017 年,制造业累计实际利用外资占全市总数的 3/4。但近五年全市服务业实际使用外资占总数的比重提升至 39%,较累计情况有很大变化。从制造业引资结构来看,制造业内部呈现出高新技术等先进制造业比重逐步提高的优化过程。2013—2017 年的 5 年间,战略性新兴产业和高技术项目实际使用外资占同期全市总数的比重为 45%。从服务业引资结构来看,自 2013 年起,全市服务业新设项目数首次超过制造业,到 2017 年服务业新设项目数已达到制造业的两倍左右。

3. 价值链提升型项目带动新型产业发展

5 年多来,全市又新引进了数十个既有规模优势,又掌握核心技术的产业链优质项目,巩固完善原有产业,延伸拓展新兴产业。一大批产业龙头项目和高成长、高创新、高科技的高能外企有效推进了光电产业"电子元器件—显示模块—面板—新型光电材料和关键设备";汽车产业"汽车零部件—核心零部件—整车—原型车设计和测试";智能制造产业"普通装备—关键智能设备—生产智能化改造成套设备及系统集成方案";海工装备产业"运载机械制造—高端港口装备—海洋工程特种装备";轨交设备产业"机械零部件—盾构机—信号系统—轨交车辆装配及系统维护本地化";生物医药产业"化学制药—生物制药—新型药物、试剂及器械研发";新能源产业"零部件—核心生产设备—新材料研发—系统集成—电站总装"等的产业演进和细分。通过外资引入,还明显促进了冶金、化工等传统产业的层次提升和纳米、3D 打印、AI 等新兴产业的起步发展。

4. 外资总部经济加快发展

跨国公司地区总部和功能性企业作为重要价值链节点和功能辐射源

头呈现加快发展的良好态势。5年多来，新引进和形成外资地区总部及功能型企业超过150家，占累计总数的近半数。其中省认定的跨国公司地区总部和功能性机构占全省的半数。形成了管理型总部、投资性总部、研发中心、物流中心、销售中心、结算中心、采购中心等多样化共享管理服务机构集聚发展的良好局面。培育台资总部经济成绩明显，有十多家台资跨国公司将在苏基地型制造业项目转型升格为集团区域总部或功能性机构。

5. 服务业开放向纵深发展

5年多来相继开放了外商独资医疗机构、营利性养老机构、商业保理、跨境电商、检验检测、职业培训等一批服务业细分领域。基本形成了以生产性服务业为主导、全面开放的整体格局。外资物流业已成为苏州快速连接多元国际市场的重要产业资源；类金融业为本地企业提供更丰富的融资渠道；商贸业正从传统模式向互联网化、信息化特征的电子商业及新型业态转化；越来越多的非核心业务被外企剥离出来，通过外包化采购实现，客观上拓宽了本地服务业市场。

6. 投资方式更为多样

5年多来，共有2400多家外资企业增资，新增外资占同期总额的比重较"十一五"显著提高。外资积极参与并购重组，外资并购项目数量超过360家，并购交易金额超过12亿美元。跨境人民币出资和股权出资作为新出现的出资方式，从无到有，从少到多，近两年全市共有320余家外资企业以跨境人民币出资,12家企业的外方投资者以其境内股权出资。

7. 来源地更趋于多元均衡

在苏州投资的国家和地区已达127个，2013—2017年5年间，外资的主要来源地为：中国香港、中国台湾、日本、新加坡、欧盟、美国、韩国，来源地区结构趋于多元化。"一带一路"沿线国家在苏州新设投资项目超过380个，有多个国家在苏州投资实现了"零突破"。

8. 外企国际贸易结构优化

外企贸易方式进一步优化。2017 年，一般贸易在外企贸易方式中的占比已提升至超过 1/4。外企还积极参与全球维修业务、市场采购贸易方式、跨境电子商务、增值税一般纳税人试点。同时，大量具有"自主创新、自创品牌、自有标准"特点的外企自主产品增多。多家大型代工企业申请了自有品牌注册或开发自主产品、标准。在龙头企业示范带动下，大量中小加工贸易企业由单纯的贴牌生产（OEM）向委托设计（ODM）、自有品牌（OBM）方式发展，积极攀升价值链高端。

9. 多样化"隐性"外资成为重要构成

长期以来，我国 FDI 统计仅反映公司制独立法人的外资金额。但随着改革开放向纵深发展，外资的来源（存在）方式也发生了变化。近年来，外资分公司、外商投资合伙企业、内设研发机构等非法人性质、外资企业境内再投资、累积利润再增资等多种形式的外资存在数量增长迅速。

第二节　苏州利用外资的经济社会贡献

改革开放 40 年来，利用外资不仅弥补了苏州资金的短缺，引进了先进的技术、管理经验和中高端人才，更重要的是对于苏州重要产业构建、市场化改革、制度化建设、市场经济政策体系建设和外向型经济发展发挥了重要作用，在全国树立了苏州样板。

一、为国民经济发展做出巨大贡献

目前，苏州每年引进外资约占全省的 20% 左右、全国的 5% 左右，累计已有超过 1250 亿美元的资本投入苏州，约占全省的 30%、全国的 6.5%。外资集群由小到大、外资主体由弱渐强，实际运营的存量企业达 1.7 万余家，外资经济在全市开放型经济中占据了重要地位。近年来，苏州每年约六成的规模以上工业产值、主营业务收入、利润总额；四成的税收收入、七成的对外贸易额均来自外商投资企业的贡献，累计提供了260余万个就业岗位。利用外资对稳规模、调结构、促创新、强动力的支撑作用依然明显。苏州开放型经济起步比较早，在资金短缺阶段，发挥了很好的资本形成效应。目前已有36家外资企业在境内外上市，约占苏州上市企业总数的30%，成为资本市场"苏州军团"的重要力量。

二、对开放型经济带动作用显著

外商投资企业进出口是苏州对外贸易增长的重要带动因素，2017年全市的进出口贸易的75%由外资企业贡献。外资经济推进了苏州现代产业体系的构建。通过利用外资，苏州实现了大规模的产业构建，成为中国主要工业城市和全球制造业重镇。其中，机械及装备制造、电子信息、汽车和轨道交通设备、医药和医疗器械、精细化学品等产业外资集聚度高，产业国际地位高，部分产品产量全球居前。境外世界500强企业中已有151家在苏州投资400多个项目。2017年全市战略性新兴产业和高技术项目实际使用外资占比达到51.2%。同时，随着苏州制造实力的增强，跨国公司逐步扩展在苏州上下游产业链布局，完成产业梯度转移，将更多的研发、销售等功能部门迁移至苏州，促进苏州从劳动密集型产业为主到资本、技术密集型产业为主的产业结构变迁，也提升了苏州开放型经济水平。

三、技术溢出效应显著

引进外资和引进技术叠加的特征日益显著，全市大中型工业企业拥有的自主知识产权中，外企的专利申请数和拥有发明专利数已占相当比重。外商投资企业通过设备和技术进口、直接在苏州设立研发中心、产品链条的技术延伸、面向协作企业的技术援助、人员培训等方式产生了技术溢出效应。外资引领效应促进全社会日益重视研发对企业发展的重要作用,提高科研开发水平和对市场的适应性及针对性,对苏州的技术进步发挥了重要作用。此外,由于外资企业带来了先进管理理念,除了对劳动者技能提高产生直接影响,也间接对市民素质提升带来了潜移默化的影响。

四、发挥产业转型升级的推进作用

随着苏州经济结构转型升级,外资在促进产业结构优化方面也发挥了重要作用。一是外资总部经济加快发展。累计引进和形成具有地区总部特征或共享功能的外资企业 280 多家。其中,省级跨国公司地区总部和功能性机构 104 家,占全省总数的 52%。二是服务业开放向纵深发展。2017 年服务业外资项目数占比提升至 66%。除大量传统开放领域,近年又相继开放了外资医疗机构、营利性养老机构、商业保理、跨境电商、检验检测、职业培训等一批服务业准入,基本形成了服务业整体开放的格局。三是项目投资强度高。近年来 50% 以上的引资依靠存量企业增资;新项目亩均投资强度已至 80 万美元 / 亩左右,较"十一五"明显上升。四是国际贸易结构优化。2017 年,一般贸易在外企贸易方式中的占比已提升至 25.9%,外企积极参与全球维修业务、跨境电子商务、增值税一般纳税人试点,具有"自主创新、自创品牌、自有标准"特点的外企自主产品增多,积极攀升价值链高端。

五、促进市场化、国际化进程及治理能力现代化

作为全国外商投资进入较早和密集的城市,围绕着激发市场活力,国家先后在苏州率先试行了一些开放经济体制改革的政策与措施,外资管理需求一定程度上"倒逼"和促进了苏州经济管理体制的改革、市场机制和竞争机制的形成及国有企业的改革和现代企业制度的建立和完善,对于苏州从计划经济体制向市场经济体制转轨起了不可忽视的作用。外资经济的发展过程,也是苏州对国际先进理念、文化等文明要素的吸

纳提优过程，苏州政府不断根据国际贸易投资规则加快推进各项改革开放举措，努力营造更加公平、透明、可预见的营商环境。此外，科技、文化教育涉外交流合作活跃，外资在城市国际化、提升公共服务、建设法治城市、提升公民素质、促进多领域对外交流等方面都发挥了重要作用。经过多年对外宣传推介和境外投资者的口碑相传，城市国际知名度大幅提升，品牌影响力空前拓展。

第三节　苏州利用外资的成功经验

苏州利用外资取得了世人瞩目的成绩，同时也创造和积累了宝贵的经验。这些经验主要可以概括为以下几个方面。

一、紧抓时代机遇，以开放促发展

回顾苏州利用外资 40 年发展历程，把握全球产业链、价值链、创新链转移和布局的洞察能力；抓住一切有益国际资源提升自我的变革能力，亲商、安商、护商的服务意识，得到历届市委市政府一以贯之的传承。苏州牢牢把握纳入沿海开放地区、浦东开发开放、中新合作苏州工业园区获批、中国入世、十八大后国家加快深化扩大开放等一系列重要历史机遇，上下一心，真抓实干，持续推进全方位开放，不断深化利用外资工作。前瞻的开放思维、持久的战略定力、高效的执行能力成为苏州外资工作不断前行，走在江苏开放型经济前列的重要基石。

二、政府高度重视，建树弘扬"三大法宝"精神

多年来，苏州各级党委和政府一直将开放型经济发展放在突出重要地位，把招商引资作为经济工作重要内容，对利用外资等相关工作常抓不懈、持续推进。实际使用外资常年列入市人大、政府的开放型经济发

展重要考量指标，市政府每年召开开放型经济工作会议，主要领导亲自指导利用外资等工作。各板块普遍重视外资经济的发展，党政领导抓外资、抓项目、抓服务的优良传统得到很好传承创新。在具体的招商工作中，不断创新思路，通过强化招商产业引导、深耕二次招商和以商引商、扩大行业准入开放、实施精准灵活的项目优惠、营造优良投资环境、拓宽招商渠道网络、拓展招商手段和平台、建立健全与跨国公司总部的沟通机制、有效开展各类投资促进活动，多措并举不断深化招商工作。经过多年培育，一支素质高、业务精的专业化招商引资人才队伍也成为全市吸引外资的优势条件之一。苏州逐渐在发展意识上凝结出"张家港精神"，在发展模式上走出了"昆山之路"，在发展理念上嬗变出"园区经验"，准确把握住国际产业资本转移态势，提升投资环境，打造城市品牌，大力承接现代产业资本，迅速融入国际分工合作体系。

三、集聚优质资源，发挥开发区主阵地作用

在利用外资的过程中，苏州一向重视开发区作为优质资源集聚区的作用。1992 年昆山经济技术开发区获国务院批准成立，成为首个以县级市命名的国家级开发区。1994 年，中国首个跨国合作共建开发区——中新苏州工业园区落户苏州。多年来，苏州大规模推进各级各类开发区、产业集聚区和特殊功能区域的建设，迅速形成了全面开放的态势。各类开发园区的建立，为苏州打造出许多"外资高地"和"产业高地"。目前，已有国家级经济技术开发区、高新技术产业开发区、保税区、旅游度假区 14 个、省级经济技术开发区 3 个，仅 17 个省级以上开发区每年实际利用外资占全市的比重在八成左右。另外还有综合保税区、出口加工区、物流园区等特殊监管区和科技园区、创业园区和软件产业园区、动漫产业园区、服务外包基地等特定产业发展载体数十个。各级各类载体集聚了苏州重要的产业集群、发展要素、政策资源和高端人才，直接催生产业优势，整体引领了苏州经济现代化进程。

四、创新体制机制，拓展利用外资适宜生态

以苏州工业园区为代表的一批开放开发载体率先走出了一条符合利用外资发展需要的新路。一是始终紧密结合地方实际，学习借鉴外国经验，自主、有选择地在城市规划与建设、经济发展、公共行政管理、转型创新、社会治理等领域与时俱进，丰富拓展合作面，坚持在合作中有特色，在学习中有发展，在借鉴中有创新。以工业园区为代表，形成了"借鉴创新、圆融共赢"的发展经验。二是积极进行改革开放"试验"，争创全国首个综合保税区、首个"服务贸易创新示范基地"等多个第一和唯一，引领了在现代物流、科技发展、金融开放等方面的功能创新，为开发建设提供了有力的支撑。三是按照"小政府、大社会，小机构、大服务"的要求和扁平化管理模式，建立了"精简、统一、效能"和区域一体的行政管理体制，开创了政企分开、市场运作、国资带动、社会参与的开发区管理模式。四是产城共生融合发展，大力推进新型工业化与城市现代化的有机结合，促进产城共生、产城融合、产城互动，推进新兴科技产业发展的同时，打造国际化的城市，让产业高端化和城市现代化形成良性互动。

五、不断改善营商环境，推进治理国际化

苏州一直积极致力于努力打造事前、事中和事后完善的服务管理环境，同国际接轨，逐步建立起全国一流的亲商服务环境，率先在国内建立了第一个以一站式服务为核心的公共服务平台，为全省乃至全国行政体制机制创新发展大胆实践、积极探索。一是创新优化投资环境，完善服务机制。通过全市开放型经济发展协调领导小组联席会议制度和重大项目推进制度，在全面指导开放型经济各项工作的同时，直接推进项目进展过程中涉及的供地、规划、环评、融资、能源供应、注册登记、用汇等方面的问题。同时，建立外企生产经营分析及预警机制。强化机关

作风效能建设和行政权力规范运行机制，营造优质高效的服务环境，加快推行电子政务，提高政府服务信息化水平。加强部门协同配合，凝聚合力，共同推进外资项目加快审批落户、加快建设投产、加快运营增效。二是海关、国检、税务、外汇、工商等部门大力实施"放管服"改革，全面优化监管政策环境。商务部门强化与多部门的工作协同和信息共享机制建设，依托商务部外商投资综合管理信息系统、外商投资企业经营情况年度报告制度、重点企业（项目）联系制度等信息平台，提升项目全程服务能力，强化对整体外资情况的分析和管理。

第四节　新时代背景下苏州利用外资展望

新时代苏州利用外资将加快实现高质量发展的目标：

一、在外资动能上，更加凸显创新驱动发展

在以优化资源配置、促进技术进步和提优经济结构为目标的投资促进导向下，利用外资将实现从规模速度型向质量效益型的转变，适应经济增长由投入驱动转向创新驱动的新动能要求，适应市场需求内外融合的新趋势。

二、在投入领域上，更加聚焦构建新型产业、高阶产业环节和深化服务业开放

通过扎实推进以"一基地一高地""两个标杆""四个名城"建设为导向的针对性产业招商和新型优势产业培育，苏州将在若干先导产业、新兴产业、先进制造业和现代服务业领域形成一批外资新型优势产业集群和集聚区，有效增强外资经济高质量可持续发展的新动能。例如，新一代信息技术、生物医药、纳米技术、人工智能等先导产业；高端装备、

智能制造、大物移云、新能源、新材料、医疗器械、交通装备、半导体、光电等先进制造业；外资总部经济、共享经济、金融、商贸、物流、创意设计等现代服务业。

三、在载体功能上，更加注重发挥区域协同效应

适应现代产业体系对产城融合和现代服务业支撑的需求特点，开发区、城市乃至街镇在利用外资中的协同作用将进一步显现，助力全市拓展利用外资空间和提升对外资的承载力。开发区将继续发挥在先进制造业利用外资中的主阵地作用，打造高效、集约的特色创新集群。城市在对金融、研发等生产服务业和教育、医疗等生活服务业利用外资中的容纳功能将进一步增强。街镇将发挥对吸引旅游、养老和现代农业等行业的助力作用。

四、在观念更新上，进一步深化对落实外企国民待遇的本源性认识

在长期本土化发展的促进作用下，苏州外资企业在产业属性和生态圈属性上更多呈现了本地属性。随着全市上下对国家推行外资国民待遇重大决策，全面部署各项促进外资高质量发展措施的贯彻，解放思想充分认识外资企业的本地本土属性、切实保障外资国民待遇将成为各地各部门的自觉行为。苏州外企将更充分发挥在新兴产业领域的集聚作用，更公平地参与市场竞争，与政府、内资企业共同携手构建开放创新生态系统。

五、在引资方式上，更加侧重高端要素融合引进

对外资质量的考评将改变以规模论英雄的观念，更加注重对结构优化和产业链的引领带动作用，以及外资项目本身高端要素的吸纳集聚能力和溢出效应。以此为导向，经贸投资促进、涉外招才引资、科技招商、

产业交流、对外交往等各类引资引智活动的融合深度和广度将进一步提升。与之相应地，外资并购、股权出资、跨境人民币出资等多元出资方式将更活跃。外资以合伙企业、分公司、分支机构等多种非法人制形式的进入将增加。对市场化招商方式的探索将加快。发展外资总部经济作为集聚国际资本与技术、人才、管理等创新要素；促进制造业和服务业融合发展；引导品牌、市场资源和生产资源有效配置的重要抓手，将得到加快推进。在目前初具规模的基础上，外资总部经济有望进一步形成数量更集聚、功能更全面、服务层级更高的良好局面。

六、在核心竞争力上，更加突出高水平营商环境优势

苏州作为中国改革开放的排头兵，将加快转向以一流营商环境为基础的高水平开放阶段。招商引资的竞争优势将主要来自制度机制红利，即依靠加强同国际经贸规则的对接和国内顶尖水平的借鉴，增强政府运作的透明度，强化对外资等非国营主体的产权保护，鼓励竞争，公平市场，平等待商，为企业创造更有吸引力的投资环境。

第四部分 **开发区篇**

案例 1　天津开发区

一、天津开发区利用外资发展历程及特点

天津开发区自 1984 年建区以来，在 30 多年发展历程中，通过充分利用外资，走出了一条具有自身特色的新型产业发展之路，积累了雄厚的经济实力，形成先进制造行业高度集聚、体制机制与国际市场高度衔接的良好局面。从建区初期的 1987 年工业产值不到 2 亿元发展到 2017 年超过 4600 亿元，年均增速达到 30%，拥有电子、汽车、石化 3 个千亿级产业，医药健康、装备制造两个超 500 亿级产业。在商务部国家级开发区投资环境评价中，天津开发区已连续 17 年位居前列，特别是"生产总值""工业总产值""实际使用外资"几个重要指标持续多年保持第一。从项目规模来讲，建区最初 10 年开发区项目投资平均规模仅有 145 万美元，到目前已经累计引进 55 个国家和地区的外资项目 5613 个，累计实际使用外资 564 亿美元，其中投资总额 1000 万美元以上的项目 1415 个，91 个《财富》500 强跨国公司在开发区投资了 282 个项目。销售收入过亿元的企业达到 608 家，10 亿元级企业 144 家，百亿级企业达 19 家，500 亿级企业 3 家。

回顾 34 年来的发展历程，天津开发区的高速发展，得益于改革开放战略的深入推进，抓住了世界产业转移的机遇，利用国家赋予的优惠政策，以工业和吸引外资作为立区之本，迅速完成了经济实力和产业规

模的快速积累，形成了对国内外的强大辐射效应。总体来看，开发区外资企业的集聚发展可分为三个阶段：

（一）1984—1991 年，崭露头角的起步阶段

开发区充分利用改革开放的政策优势，利用外资，引进技术，从国际分工体系的低端、从劳动密集型的加工制造业切入，建立了外向型工业区的格局，区域经济发展取得显著成就。至 1991 年，开发区 4.2 平方公里起步区开发完毕，入区企业 800 余家，其中外资企业 350 家，投资总额 6 亿美元；实现地方生产总值 6.71 亿元，工业总产值 18.7 亿元，出口 1.1 亿元。

（二）1992—2001 年，能量爆发的加速发展阶段

1992 年，邓小平南方谈话推动了我国整体对外开放的又一次高潮。以跨国公司为主体的外资开始取代中小资本争相进入中国投资。开发区抓住发展机遇，1992 年摩托罗拉在天津开发区投资 1.2 亿美元设立在华第一家公司，成为当时中国最大的外商独资企业。摩托罗拉入驻的效应促使三星、可口可乐、雀巢、SEW、诺和诺德等著名企业纷纷来区投资设厂。同时，开发区一些引进项目在所在领域填补了国家空白，缩小了和世界先进水平的差距，对推动中国工业现代化进程起到了难以替代的作用。跨国公司投资项目对产业配套化生产要求高，辐射效应明显，具有"引进一个，带来一串，辐射一片"的功效，对开发区产业水平的提高起到了至关重要的作用。

（三）2002 年至今，高端化、高质化、高新化发展新阶段

2001 年底我国加入世界贸易组织，开始全面参与全球化分工，"世界工厂"地位日益凸显。同时，以信息技术为代表的新一轮产业革命向纵深推进，天津开发区进入新的发展阶段，外向型经济取得长足发展。电子、汽车、装备制造、石化、医药健康五大先进制造业集群初步成型。目前，电子和汽车已达到千亿级的产业规模，医药健康、装备制造已是 500 亿级的产业群，石油化工依托南港化工区的发展也将在 2020 年实

现千亿级的产值规模。与此同时，现代服务业也得到快速发展，占全区的经济的比重不断提高。开发区已从最初发展主要依靠资源消耗、环境代价和廉价劳动力投入，转变为主要依靠人才智力资源、知识和创新驱动，大力发展绿色经济、低碳经济和循环经济，完成了从单一加工区向现代先进制造业基地的快速转变。

二、天津开发区利用外资的主要经验

（一）与时俱进，不断创新外资引进观念

天津开发区在全国率先提出"项目是生命线""投资者是上帝""为投资者提供方便，让投资者赢得利润"等符合市场经济特点的新观念。为适应外资对高质量"软环境"的需要，在国内率先提出并推行"新九通一平"的理念，即信息通、市场通、法规通、配套通、物流通、资金通、人才通、技术通、服务通和面向 21 世纪的新经济平台。通过制定《天津开发区关于利用外资的指导性意见》《天津开发区关于改善投资环境的指导性意见》等专业化招商规范，对以往的投资促进经验进行了全面深入总结，对投资推广策略、项目促进行为、工作流程进行完善创新，不断适应新的发展环境和外资投向趋势，努力构筑多层次、高层次的开放型经济新优势。

（二）深耕细作，打造专业化招商团队

天津开发区高度重视招商团队的建设，在专业化、特色化方面狠下功夫，按照地域板块和主导行业分别设立了美国处、欧洲处、日韩处及电子信息、汽车机械、生物医药、食品、高附加值服务业等行业促进小组，形成了招商队伍的矩阵式分工，使全体招商人员都能各司其职，分工负责，并在各自专业化领域形成良好的经验和素质。对投资环境进行专业化营销。随着产业发展及外商投资趋势的变化，天津开发区不断调整招商团队设置，目前已形成投资促进、智能制造、新经济、科技工业、南港经发等 7 个投资促进局。遵循跨国公司进行市场营销的管理模式，

天津开发区采取"亚政府、准企业"的特殊模式，把投资环境作为特殊产品来营销，使吸引外资类似一种企业销售行为。将开发区的土地空间、区位条件、政策优势，制度环境、政府服务，市场环境、生产运营环境、产业环境、生活环境，配套能力、文化氛围以及人力资源和有可持续发展的潜力等信息有效地传递出去，使更多的投资者和潜在的投资者认知认同天津开发区，并进而转化为投资的实际行动。

（三）做好店小二，为外商投资提供全方位、个性化服务

天津开发区很早就将服务外商投资贯穿到政府工作的方方面面和每个环节，无论是招商部门还是二线服务部门都通力合作，踏踏实实地做外商的店小二，针对不同类型的外资投资，分门别类地提供全方位、个性化的服务，对企业在筹建、投产和日常经营过程中提供全的全方位的服务类似于企业的"售后"服务。如天津开发区对摩托罗拉、三星、丰田等大企业都组建了专门的合作委员会，就双方合作事项进行措施。天津开发区还定期召开对这些大企业与其配套商的服务恳谈会，对企业群体的困难和需求进行个性化服务，以"当场答复，限期解决"的方式为企业排忧解难。使得所有在开发区投资的外商都切切实实地感到放心和满意，并愿意与开发区一起发展壮大。

（四）按图索骥，构筑现代产业发展高地

天津开发区从建区伊始至今，始终将制造业为主体的实体经济作为发展的核心任务。充分发挥的要素集散、辐射带动、集约用地、服务创新等作用。天津开发区通过制定吸引外来投资、促进产业发展的板块式、梯度式政策体系和电子信息、汽车、生物医药、石油化工等产业规划，为投资项目的甄选与产业有序发展奠定了坚实的基础。以将开发区建成相关核心产品的生产基地为战略目标，变随机式引进项目、被动地接受产业形成的状态为主动地、有规划地培育和引导优势产业的形成；变简单依靠大企业的龙头作用自发形成产业集群，为根据产业发展规划有意识、有步骤地积极培育和完善产业配套环境，着力延伸和强化产业链条。

随着推动实体经济发展的不断深入，天津开发区逐步由单一工业园区向以产业为主导的综合性功能区转型升级，带动自身及周边地区实现工业化、城镇化、生态化发展。

三、新时代加大利用外资的战略构想

2017 年底，天津开发区与中心商务区合并。在范围上，覆盖了滨海新区主要的核心区；在载体上，集工业园区、双创特区、城市 CBD 于一身；在政策上，融合了自贸区、自创区的改革创新举措。新开发区的地位更重要、功能更多元、改革创新空间更大，相应实践高质量发展要求的压力也更大，天津开发区原有的发展模式、产业结构、空间布局、工作机制等需要因时而变、升级换挡。天津开发区要向中国产业升级与供给侧改革的探索者、引领者转型，由要素驱动向创新驱动转变，推进小政府大市场高效管理，打造先进产业与新型城市综合体，实现产城人文多元融合发展。天津开发区为实现自身的发展定位，充分利用好外资是重要抓手之一。当前，世界经济复苏缓慢，跨国投资增长乏力；部分国家"逆全球化"思潮明显上扬，保护主义加剧；不确定不稳定因素增加，国际引资竞争加剧，引进外资工作面临严峻挑战。在新时期，天津开发区将努力调整利用外资的定位和战略，确立利用外资的新路径和新思路，着力提高利用外资的质量效益，优化外资结构，强化外溢效应，努力实现内外资企业的协同发展，充分抓住京津冀协同发展带来的机遇，以适应新变化和新挑战。

（一）聚焦主导产业，实现产业升级新突破

抓住主导产业转型升级的历史机遇期，充分利用外资在技术、管理、创新及经营等方面的先进经验，着力推动汽车、电子、医药健康、石化、金融等五个产业的优化升级。汽车产业要从以传统汽车为主向燃料汽车、新能源汽车、智能网联车三车并进转变。电子产业重点发展消费电子、汽车电子、航空电子，特别着力发展芯片的研发制造。医药健康产业重

点关注生物制药、医疗器械、健康服务三个领域，其中生物制药着眼具有自主知识产权的药物研发生产，建设覆盖创新—孵化—中试—生产全产业链的制药基地；医疗器械聚焦高附加值器械、耗材研制生产；健康服务业建设医疗大数据平台、互联网诊疗平台等。石化产业全力吸引高性能复合材料、高性能工程塑料、氢燃料电池等石化下游项目落户南港工业区，并由产业链下游向上游追溯。金融业着力聚集央企金融板块、法人金融机构及分支机构、持牌类金融主体及引导型金融主体，重点发展产融结合、大资管、供应链金融、金融科技，提升跨境投融资服务平台功能，强化金融监管体系建设。

（二）积极对接高标准贸易投资规则，发挥开放型经济主力军作用

全面落实准入前国民待遇加负面清单管理制度，实现负面清单以外领域外商投资企业商务备案与工商登记"一口办理"。抓住国家新一轮对外开放契机，率先探索金融、交通运输、商贸物流、专业服务、电信、文化、旅游等领域扩大开放，进一步提升先进制造业领域开放水平。加强产融合作平台建设，探索以产业链金融为主体的产融合作模式，为实体经济发展提供包括风险投资、供应链融资、设备租赁、并购融资、跨境资金配置等在内的全生命周期金融支持。实施企业跨境资金运用、人才出入境便利化举措。完善服务贸易市场准入制度，发挥海关特殊监管区域政策优势，发展研发设计、检验检测、跨境维修、国际结算等服务贸易新业态。加快建设国际贸易"单一窗口"。健全知识产权保护制度，加强商事法律综合服务。

（三）持续优化营商环境，进一步练好"看家本领"

深化商事制度改革，继续推进"证照分离"试点，健全事中事后监管体系，深入推进"互联网＋政务服务"。全面清理和取消资质资格获取、招投标、权益保护等方面的差别化待遇，实现各类市场主体依法平等准入相关行业、领域和业务。研究建立土地按不同功能用途混合利用新机制，制定产业用地弹性年期供应制度，完善低效产业用地退出机制。落实工程建设项目审批制度改革，做实"一口受理""两验终验""函证结合""容缺后补"等新举措，大幅压缩审批时间，提高建设项目管理效率。

（四）着力探索创新，拓展资本招商新路径

针对智能制造、医药健康、汽车、新一代信息技术等开发区优势产业和龙头企业，探索政府财政资金直接投资机制，吸引社会资本广泛参与，形成市场化的"项目引进—股权投资—企业壮大—资金回收"运作流程，通过产融结合，以重点企业为突破口，以打造产业集群和健全产业生态为目标，开拓招商引资和经济发展新路径，打造开发区投资促进新优势，助力开发区经济结构转型优化。

（五）坚持绿色发展，践行循环经济发展理念

坚持走集约型、资源节约型的发展路子，严格控制技术水平低、资本密度低、土地利用率低、能源消耗高、环境污染大的项目的引进。坚持构建节约型产业结构，降低单位 GDP 的能耗，引进和发展环保产业和节能降耗的工艺和技术，加强废物、废气的处理率和水的重复利用率，提高土地集约利用水平，将天津开发区建成高质量外资发展的循环经济示范区。

案例2 广州开发区

　　广州开发区位于广州市东部，是广州城市"东进"发展的战略龙头。2017年，全年完成地区生产总值3210亿元，固定资产投资1101亿元，规模以上工业总产值7459亿元，实际利用外资22.2亿美元，进出口总值2662亿元，财税总收入突破1000亿元大关，各项经济指标在全市和全国开发区都位居前列，提前三年实现"十三五"目标。

　　外资工作方面，2017年，开发区新设外资项目117个，同比增长27.2%；合同外资22.4亿美元，实际利用外资22.2亿美元，位居全市第一、国家级开发区前三。2018年以来，全区新增外资项目51家，同比增长78.3%；合同利用外资6.12亿美元，实际利用外资6.48亿美元。

一、利用外资发展产业

　　广州开发区作为新经济空间的一个显著特征就是开放合作，产业在国际间、地区间和企业间的交往日趋紧密，资金、技术、人才等生产要素和产品的全球化流动不断加强。开发区围绕招商重点主抓外资引进，形成了新一代信息技术、高端化工、汽车及零部件三大千亿级产业集群和新材料、食品饮料、金属制造、生物健康四大五百亿级产业集群，智能装备、工业机器人、节能环保、电子商务等新兴业态快速发展。"十三五"全区产业规划布局如图1。

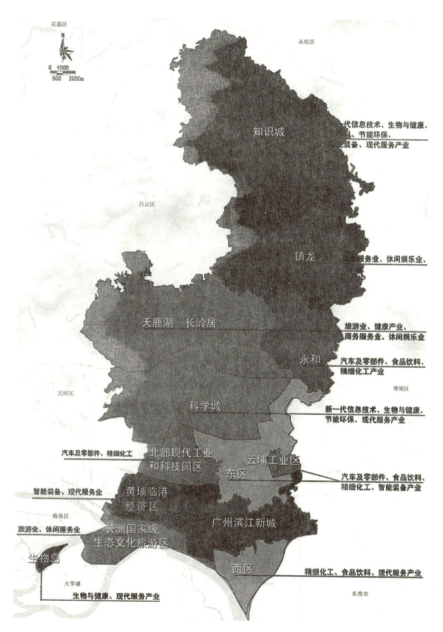

图 1 广州开发区功能区和产业布局图

近年来，伴随国内外投资贸易新形势，开发区外资总量平稳中有波动。全区累计吸引近 70 个国家（或地区）外商投资，历史累计外资项目 3600 多个，累计引进外商投资的世界 500 强投资项目约 130 多个。比如，2017 年新引进世界 500 强和知名跨国公司背景的投资项目 10 多个（GE 生物科技园、LG OLED、百济神州生物医药、玛氏箭牌、宝洁数字中心、日立系统、卡斯马汽车、赛默飞科技、冷泉港实验室、捷普精密工业等）。总体来看，全区外资产业发展呈现如下特点：

一是引进项目的产业结构优化，逐步从传统制造业向总部、现代服务业过渡。2017 年，开发区抓住跨国企业开始由新建投资转向并购投资、股权投资机遇，引进了中国首个回归中概股分众传媒总部，并成为广州市值最大的上市公司，合同外资量 40 亿美元，仅在 2016 年该项目营业收入达到了 100 亿元，GDP 贡献 20 亿元，拉动本区 GDP 增长 0.8%。2017 年以来，重点引进了 500 强等跨国外资总部，如玛氏箭牌糖果中国总部项目（由世界知名企业玛氏公司将在中国的巧克力业务和箭牌糖果的业务进行合并），卡斯马汽车系统总部项目（全球第三大汽车部件供应商麦格纳国际集团与广汽集团两家世界 500 强联合投资）。世界 500 强宝洁公司与开发区签订"宝洁数字创新中心项目"投资合作协议，计划投入 1 亿美元设立大中华区电子数据创新中心，推动传统的"制造＋零售"企业向以数字技术创新为基础的新型商业体转型。

二是具有集聚效应的项目凸显，龙头项目的"含金量"更加明显。重大项目的"龙头引领"效应明显，通过上下游、关联企业带领核心产业链聚集。例如开发区围绕平板显示产业从"制造"向"智造"深入发展，以 LG 项目为核心打造平板显示产业基地，累计实现产值 5000 亿元。2017 年上半年，推动落实了 LG8.5 代液晶面板项目三期项目增资扩产（新增投资 10 亿美元），配套厂商全球三大玻璃基板厂商之一日本电气硝子增资扩产，LG 三期预计产值达 160 亿元人民币，预计开发区平板显示产业集群年产值将达到千亿。目前，继续深化与 LG 面板的跨国合作，加快推动全球最大尺寸和最先进的新型显示器生产线投资建设，继续推动 LG 系列 OLED 产业项目落地。围绕面板产业开发区还加快与创维电视集团合作，推动其新建产品智能制造及新能源研发基地，提升广州全球"显示之都"实力。

三是引进创新价值的产业科技园、创新基地等新业态，以"价值园区"新模式促进产业创新。围绕 IAB（新一代信息技术、人工智能、生物医药）、NEM（新能源新材料）等战略性新兴产业，探索建设融生产生活生态于一体的"价值创新园区"（Value Park）。比如，重点推动世界500 强 GE 通用电气公司投资建设 GE 生物科技园（Campus），该项目是 GE 在亚洲建设的首个生物科技园，开发区发挥社会资本和国有资本的作用，与 GE 成立合资公司开展项目共建。通过 GE 科技园项目的引荐，百济神州、康方、绿叶、辉瑞等国际知名生物医药企业慕名而来，以商引商"价值乘法"效应凸显。其中，绿叶集团投资 60 亿元人民币在开发区建设绿叶生命健康产业园，与新日本科学合作开展医疗服务产业、制药产业、精准医学与再生医疗产业以及健康基金与保险产业。赛默飞世尔科技投资的精准医疗客户体验中心已在国际生物岛投入运营，该项目是赛默飞全球首家精准医疗客户体验中心。世界顶尖医学研究机构美国冷泉港实验室（"分子生物学摇篮"）与开发区签署合作协议，将打造冷泉港（广州）研究院和科技成果转化中心。

二、主要经验和做法

一是深度做好项目服务，促进招商手段创新。结合各行业市场、技术合作需求，重点以市场推送、技术合作、股权投入等新方式开展招商工作，实现从项目的"引荐人"到"合伙人"理念转变，力争成为项目策划者、资源整合者、专业服务者、市场推送者。比如，发挥社会资本和国有资本的作用，与 GE、百济均成立合资公司，组成经济发展共同体。在 GE 项目中，开发区主要提供土地空间、基础设施和政务服务，并发挥政府资金的杠杆作用强化合作；GE 则主要发挥专业技术、管理和运营、客户资源、客户服务的优势。比如，开发区为百济神州等项目初期资金问题的解决，提供风险投资式的合资入股、银行贷款、融资租赁等多金融工具一体化的解决方案。通过政企合作共建、运营生物医药园区公共设施，开创了招商领域的全新政府—企业合作模式。

二是拓展招商合作渠道，推动政策优势创新。2017 年以来，开发区第一时间释放"政策红利"，响应《国务院关于扩大对外开放积极利用外资若干措施的通知》（国发〔2017〕5 号）和《国务院关于促进外资增长若干措施的通知》（国发〔2017〕39 号），第一时间出台四个"黄金 10 条"（制造业、总部、服务业和高新技术）和两个"美玉 10 条"（人才、知识产权）等产业扶持政策，后续出台了金融 10 条、技改 10 条等政策。目前正在研究出台 IAB 产业单项政策（集成电路、生物医药、人工智能三大产业）。我区带着政策走向国内外，积极对接境内外招商资源，陆续参加了 2017 中国广州国际投资年会、中国（广东）—英国（伦敦）经贸合作交流会、大连夏季达沃斯论坛，主动对接 2017 年《财富》全球（广州）论坛路演等活动，"走出去"打好投资推介组合拳。

三是优化招商工作体制，保持队伍活力创新。施行灵活的招商体制，以投资促进局为主力，采取"N（职能部门）+6（功能园区）"招商模式，在相关部门和 6 个功能园区设置招商机构，建立区招商引资及项目用地评审工作联席会议制度，成立统筹职能的"投资促进工作领导小组"。按招商"全链条"配置职责和人员，全区一盘棋、开展大招商。同时，开发区坚持自身特色，发挥二十多家市场化专业招商公司的作用，统合社会力量开展招商工作。在招商队伍建设上，按统一政策理解、统一宣传口径、统一业务水平"三个统一"，逐步打造了一支分工有序、专业规范的"政府＋社会"招商团队。

四是提升行政审批效率，探索服务方式创新。以"绿色清单"为抓手，推行"一窗式集中审批"政务集成服务，有效破解企业投资审批慢。企业投资建设项目审批时间、审批材料双减半；简化企业注册登记条件，不断推动工商、税务、外资"多证联办"，简化外资审批备案流程，探索了"一枚印章管审批"的行政审批新模式。充分发挥投资促进工作统筹机制，会同招商业务部门和园区组织起草制定，从全区的角度进行政策设计、统筹和协调；围绕政策兑现"一口受理、一门办结、限时办结"的目标，明确了从申请受理到资金拨付，严格落实政策兑现限时办结硬杠杆，真正使企业享受到资金扶持便捷化服务。

三、下一步工作构想

当前，外资利用和招商工作总体形势平稳，但实际中也面临一些困难和问题：一是开发区原有政策优势逐步弱化。随着国家级新区、自贸区的设立，新一轮对外开放竞争更加激烈，开发区在税收、财政、土地、人才、知识产权保护等方面享有综合性优惠政策逐渐淡化。二是区域招商竞争趋于白热化。国内先进地区招商力度不减、同类开发区和自贸区招商优势凸显，招商引资由原先区域化的竞争扩展到泛国际化竞争。另外，可用于大招商、招大商的土地、楼宇等载体资源紧张态势未根本改变，影响了一批跨国公司及上市公司总部项目的落户。三是外商投资整体趋势仍然缓慢。国内外市场的变化对外商投资者的影响特别大，受中美贸易战短期或长期的影响，加上市场因素和其他不可控因素，可能会对外资项目落地投资带来深远不利影响。

（一）担当好招商角色转型换位

招商形势在变化，需要政府自身转型作为。开发区将继续培育一批懂政策、识市场、有专长的专业化招商人才，由原来的项目引荐者，向项目策划者、资源整合者、市场推送者、专业服务者转变，通过市场推送、资源整理等新角度，更加精准发力、合作招商，实现引进项目"从无到有"、培育项目"从小到大"有效衔接，实现招商引资和投资促进的有效结合。

（二）围绕核心产业抓好关键项目

充分用活用好"黄金 10 条""美玉 10 条""IAB 实施意见"等政策，

依托国家、省、市各类有影响力的展览、论坛、座谈等活动，加快引进一批资本密集、技术密集、基地型、旗舰型、爆发力强的大项目，紧密关注技术密集型、资金密集型和人才密集型项目，同时还要借助互联网形成的新商业模式，不失时机地加大引进金融、融资租赁、股权投资类外资项目。

（三）继续抓好重大载体平台开发

重点聚焦 IAB、NEM 产业，加快落实 4.2 平方公里新一代信息技术价值创新园区、3.2 平方公里人工智能岛、3.4 平方公里生物医药产业价值创新园区、6.4 平方公里新能源新材料园区、4 平方公里新能源汽车价值创新园区建设。今后围绕这些重大平台，做好重大外资项目"落地生根""以商引商"，打造具有竞争优势的产业创新集群。

案例 3 苏州工业园区

苏州工业园区（以下简称园区）是我国对外开放的重要窗口，开发建设以来，充分发挥国际合作优势，抢抓国际产业转移机遇，积极开展择商选资，构筑了具有国际竞争力的产业体系，实现了开放型经济的跨越赶超。尤其是近年来，园区突出以择商选资引领转型升级，推动招商资源、招商重点向高端制造、新兴产业、现代服务业、科技创新创业等领域聚焦，在提升利用外资水平、拓展利用外资领域方面取得了显著成效，做出了许多探索，积累了良好经验，对新时期更好地利用外资具有一定的启发和借鉴意义。

一、园区利用外资的发展历程和主要特点

自 1994 年启动以来，园区依托中国新加坡两国政府合作的特有优势，全力推进经济国际化战略，积极探索扩大开放的有效途径，创新利用外资方式和管理体制，在提高利用外资质量和水平方面取得了显著成绩。从园区利用外资发展历程看，主要经历了以下几个阶段：

第一个阶段：奠定基础期（1994—2000 年）。1994 年 5 月，园区项目正式启动，通过认真学习借鉴新加坡在经济发展尤其是招商引资方面的成功经验，大力引进国际知名公司，集聚了一批投资规模大、技术水平高的外资企业，中新合作区内企业平均投资强度超 3000 万美元，

欧美项目占比达 50% 左右，基本形成了对国际产业资本具有较强吸引力的投资发展环境。

第二个阶段：快速发展期（2001—2005 年）。2001 年中新双方实行股比调整后，合作双方抢抓中国加入 WTO 红利，不失时机实施大开发、大建设、大招商战略，重点开展产业链招商，欧美、日韩和台资企业迅速入驻，5 年间累计新增合同利用外资 154.34 亿美元、实际利用外资 60.39 亿美元，区域经济融入全球化态势更加明显，基本形成了集成电路、航空与汽车零部件、机械装备等主导产业。

第三个阶段：转型提升期（2006 年至今）。从 2006 年开始，园区开发建设逐步成熟，土地资源日益紧缺，外延式发展总体上趋于尾声，进入了以转型升级创新发展为主要特征的新的发展阶段，先进制造业、现代服务业以及创新创业等领域成为利用外资的主攻方向，利用外资的方式也日益多元化，内外资开始实现融合发展，腾笼换凤、汰劣留强、优二进三、产业并购、境外上市等成为利用外资新的热点。

经过近 25 年的发展，园区利用外资从零起步、跨越发展，多次获得"亚洲最具竞争力开发区""全球高科技前哨城市"等殊荣，综合发展指数连续两年位居全国开发区第一。从园区利用外资情况来分析，主要有以下几个特点：

1. 外资总量规模大，项目质量较好

截至 2017 年底，园区累计引进外资企业 4277 家，合同外资 359.59 亿美元，实际利用外资 302.94 亿美元。累计引进 84 家世界五百强企业 130 个项目，投资总额 1 亿美元以上外资项目 124 个，拥有各类外资研发机构 147 家，获认定总部企业 78 家，其中经江苏省认定的跨国公司地区总部和功能性机构 39 家。

2. 产业结构不断优化，服务业占比逐年提高

2006 年以来，园区制造业利用外资逐年下降，服务业利用外资逐年上升，新增注册外资中服务业占比从 2010 年的 24.36% 逐渐上升至

2017 年的 67.58%，占比提高 1.5 倍以上。2017 年园区完成服务业投资 333.31 亿元，占固定资产总投资 69.9%，服务业增加值占 GDP 比重达 44%。

3. 投资来源分布广泛，港澳台地区投资额占比较大

按企业数来分，全区外资企业中，欧美企业占 26%，亚洲（不含港澳台）企业占 29%，港澳台企业占 35%，其他占 9%。按合同外资金额来分，全区外资企业中，欧美企业占 14%，亚洲（不含港澳台）企业占 27%，港澳台企业占 40%，其他占 17%。

4. 利用外资形式多元，并购、上市不断加强

2014 年至今，区内发生并购案例 130 个，通过并购吸引合同外资 5.01 亿美元。其中制造业项目 51 个，合同外资 8905 万美元，占总项目数的 39%；房地产项目 2 个，合同外资 2.94 亿美元，占总合同外资的 59%。

二、园区拓展提升利用外资的实践和探索

近年来，园区主动适应全球经济、科技发展新形势，积极转变利用外资思路和举措，实行更加积极主动的开放战略，不断提升利用外资的质量和水平，有力推动了区域经济转型升级与创新发展步伐。

（一）利用外资促进制造业提档升级

近年来，园区牢固树立产业立区、项目带动的外资促进理念，注重通过引进国际龙头企业、高端制造项目，推动制造业结构调整和优化升级，不断向价值链高端攀升。一是引导企业向"总部"转型。园区早期外资企业多属于"工厂型"，企业不具备研发、设计、财务、分拨等功能，其中又以"大进大出、两头在外"的加工贸易企业最为典型。近十年来，园区出台了"总部经济"发展政策，鼓励生产型企业设立总部机构、研发机构、共享服务中心（财务、供应链、IT、人力资源等）。推进总部经济优质高效发展，是园区产业转型升级的战略选择。截至目前，经认定的跨国公司地区总部及功能性机构（省级总部）39 家，占全省

19.5%、占苏州大市 36.4%；苏州市级总部 39 家，占苏州大市 28.8%。在园区总部经济的政策支持下，经认定的区级总部企业和功能性机构已达 34 家。二是引导企业向研发设计环节转型。通过政策引导，扶持企业向"微笑曲线"两端延伸，依托区内高端制造、综合环境和高效服务优势，引进微软苏州研发中心、耐世特亚太管理总部及技术中心、哈金森亚太研发中心、苹果苏州研发中心、康美包亚太技术中心、日产化学研发中心等研发中心或总部，天弘全球商务服务、强生人力资源及供应链共享服务、阿克苏诺贝尔共享财务中心落地。三是引导企业向中高端制造环节转型。部分加工贸易企业逐步进入关键零部件和核心技术研制领域，提高加工制造水平和技术含量，提升智能制造水平和产品附加值。如博世汽车部件有限公司成为博世集团在全球工业 4.0 项目试点工厂之一，友达光电通过内设研发机构开发出领先同业的平板技术。四是引导企业向多元化经营转型。通过发挥市场机制与政策机制相互激励作用，鼓励发展售后维修、物流配送等生产性服务业，积极拓展国内市场。据统计，园区目前有近千家企业开展维修、检测、产品研发、临床实验等服务性业务。五是引导企业向内外销协同转型。部分外资加工贸易企业新增或扩大一般贸易，积极开拓国内市场，尤其是抓住中国经济扩大内需的新机遇，增加了内销比重，如久保田农业机械公司设立专门从事国内市场调研、独立产品研发、售后服务三包和产品应用信息反馈等专职部门，目前内销比重已经超过 75%，部分机种甚至超过 90%。

（二）利用外资推动创新创业

近年来，园区主动把握全球新科技革命和国家鼓励战略性新兴产业发展的重大机遇，充分发挥开放平台优势，统筹推进开放型经济和创新型经济发展，努力在全球范围引进创新技术，在全球范围配置创新资源，在全球范围集聚创新人才，通过实施更高水平的开放，促进创新资源要素集聚，更好地参与国际创新合作与竞争。一是大力吸引外资机构包括风险投资机构的资本推动新兴产业发展。学习借鉴国外高技术产业发展先进经验，大力吸引发展股权投资机构，先后和以色列英菲尼迪、日本软银等国际知名创投机构开展合作。截止到 2018 年 6 月，元禾控股旗下的东沙湖股权投资中心（国家千人计划创投中心）入驻股权投资管理团队 128 家，设立基金 190 支，集聚资金规模超过 1439 亿元，其中 10 支外资基金总规模 6 亿美元。中心建立了海外高层次人才回国创业融资通道，实施"2241"计划，计划完成对 2000 个创业项目的投资，通过投资新增"千人计划"创业人才 200 位，支持 400 个"千人计划"创业项目实现再融资，培育 100 家"千人计划"上市企业，目前中心有 84 人入选国家"千人计划"创业人才，8 人入选国家"千人计划"创投人才。近年来，该中心累计为 1000 多家企业提供股权投资，为 4000 多家企业提供债权资金支持，并成功孵化出晶方半导体、同程旅游、基石药业等一批上市或待上市企业，有力推动了新兴产业发展。此外，园区还积极对接国际投资机构，帮助创新创业企业与国内外风险投资机构合作，仅科教创新区内累计接受风险投资服务的企业达超 500 家，吸纳风投金额近百亿元。得益于国际资金的支持，目前部分科技企业发展非常迅速，正在加快成长为小巨人创新创业企业，如信达生物制药公司与礼来制药达成战略联盟，联合开发潜在肿瘤治疗药物，2015 年将 PD-1 单抗授权给礼来，首付 5600 万美元，里程碑付款超过 23 亿美元，成为中国第一个自主创新生物药授权给全球 500 强的企业。2016 年 11 月，凭借自主研发实力，成功完成 2.6 亿美元（17 亿元人民币）D 轮融资，成为 2016 年全球生物医药非 IPO 融资金额排名第二的企业。二是吸引海外人才在外资、内资支持下自筹资金创新创业。自 2007 年园区启动 "科技领军人才创业工程"以来，累计入选"千人计划"149 人、"省双创人才"179 人、"省双创团队"13 个，"姑苏领军人才"282 人、"创新团队"5 个、"园区科技领军"1248 人（其中海归人才所占比例 54.3%）。目前在园区就业的外籍人才 7000 余名，累计引进外国专家 2000 余名，6000 余名海归人才创办了 600 多家企业，园区被评为国家级 "海外高层次人才创新创业基地"，集聚了天演药业、赛景生物、景昱医疗、思必驰语音技术、旭创科技、圣赛诺尔传感器技术等一批优质创新创业企业和一大批高层次创新创业人才。成功引才的背后，是持之以恒的跟踪分析，根据产业链条特点做出研判，为引进的科技领军人才做好上下游产业配套。例如，生物医药产业是投资大、周期长、风险高的新兴产业，但同时也是占据未来发展制高点的战略领域。近年来，苏州工业园区生物医药产业发展迅速，形成从孵化、中试到产业化的完整产业链条。目前苏州工业园区已经被国内外生物医药业界誉为国内创新能力最强、产业链最完善、成长速度最快的生物医药产业园区。园区已集聚超 1000 家生物医药企业，其中有 13 位院士创建的企业以及 50 多家国家"千人计划"企业。以生物医药、纳米技术应用、人工智能三大新兴产业则从无到有，日益勃兴，2018 年产值有望超 1600 亿元，年均增长 30% 左右。三是通过海外收购引进国际先进技术。如 2005 年苏州元禾控股公司联合以色列创投基金投资成立了晶方半导体科技，主要从事集成电路的晶圆级芯片尺寸封装测试业务，后通过收购吸收以色列企业 Shellcase 先进的芯片封装技术，自己培养研发团队持之以恒钻研开发，使之在国内成功量产，填补了国内空白，成为中国大陆第一家从事影像传感芯片晶圆级芯片尺寸封装的企业。目前公司拥有世界唯一的 ShellOC 量产线，并成功开发超薄封装新技术，2014 年 2 月在上海证券交易所上市，成为国内该领域的领军企业。四是大力推动国际科技创新交流与合作。利用中新联合协调理事会的平台优势，2014 年 10 月正式挂牌成立，以新加坡国立大学为主要合作单位，面向新加坡科技创新资源，以生物医药、纳米技术应用、云计算等领域为重点，进一步推动新加坡国立大学成熟的国际知识转移服务体系软件输出到苏州，在园区打造适合国际知识成果孵化、落地的生态环境。近年来园区持续聚焦生物医药、纳米技术应用、云计算等新兴产业领域，聚焦应用研究和创新成果转化，在技术转移与成果转化、科技企业培育与孵化以及国际科技合作与交流等方面开展国际科技合作，在哈佛大学、麻省理工学院设立离岸创新创业基地，设立了"新加坡—中国（苏州）创新中心"、中芬纳米创新中心、冷泉港实验室亚洲会议中心等项目，并成功举办了中国国际纳米技术产业发展论坛（已成功举办六届）、中新国际科技交流与创新大会（江苏省首届新加坡科技项目推介会）、苏州金鸡湖云产业高峰论坛等大型产业展会，有利促进了国际科技创新交流与合作。

（三）利用外资推动现代服务业发展

近年来，园区坚持发挥国际制造业集聚优势，大力引进外资服务业，推动制造业和服务业融合发展，加快推动产业转型升级步伐。截至目前，园区累计引进服务业外资项目 1949 个，注册外资 109.6 亿美元，服务业已成为园区引进外资的生力军。一是利用外资推动金融产业后来居上。抢抓长三角一体化和上海国际金融中心建设的契机，充分发挥毗邻上海的区位优势，积极引进包括外资在内的金融和准金融机构，服务于园区及周边产业发展，推动园区逐步成为苏州金融产业高地。目前，园区聚集金融类机构总数近 900 家，其中外资金融机构 33 家（银行 17 家、保险 16 家），成为全省外资金融机构最集聚的地区。在准金融机构方面，融资租赁及商业保理企业占到苏州全市机构数的 60% 和 50%，这些机构绝大多数以外商投资为主。此外，在高端专业服务业发展上，以国际三大会计师事务所（普华永道、德勤、安永）、38 家全国百强专业服务机构集聚为标志，金鸡湖中央商务区已引进法律、会计、税务等高端专业服务业机构 187 家。二是利用外资推动服务外包转型提升。随着大数据、云计算、移动互联网、物联网等新技术的推广运用，园区引导鼓励一批服务业外资企业从单纯提供劳务外包转向提供解决方案转变。目前，累计设立外资服务外包项目超过 500 个，其中包括 IBM 交付中心、微软亚洲工程院、强生财务中心等 30 多个知名项目，KPO（知识流程外包）份额逐年提升，2017 年 KPO 占比超过 50%，产业结构由 ITO（信息技术外包）一枝独大，转变为 KPO 迅猛发展、BPO（业务流程外包）

较快增长、ITO 稳步转型的良好格局。三是利用外资优化公共服务资源
配置。园区在开发建设过程中，始终把提高公共服务资源配置作为为
民、便民、惠民的实事工程来抓，积极从自身实际出发，把外资作为公
共服务资源投入的有效补充，推动教育、医疗、养老等公共服务资源配
置不断优化，满足不同人群的需求。在教育领域，投资建设我国第一所
中外合作办学项目——西交利物浦大学科教创新区已引进新加坡国立大
学、澳大利亚莫纳什大学等 20 余所中外合作办学项目，利用外资金额
达 1.6 亿元；在医疗领域，投资 13.5 亿元与香港九龙集团合作建设民营
九龙医院，目前是园区唯一一所三级医院；在养老领域，2013 年引进
新加坡宜康集团投资建设了苏州首个针对老年人养老的精装酒店式养老
公寓，成为苏州目前建设标准最高、服务最优的社会化养老机构。四是
利用外资推动产城融合发展。近年来，在转型发展中，园区按照综合商
务城定位，高标准、全方位推进环金鸡湖金融商贸区、独墅湖科创新区、
阳澄湖半岛旅游度假区等功能板块建设，引进了久光百货、新光三越、
诚品书店、山姆会员店、欧尚、印象城、永旺、奕欧来等国际知名商业
品牌，以及凯宾斯基酒店、洲际酒店、凯悦酒店、尼盛万丽、新罗等国
际著名酒店品牌，进一步提升了城市功能内涵。

利用外资对推动园区开发建设和转型升级发挥了不可替代的重要作
用，园区 25 年的发展也是利用外资不断创新、不断探索的 25 年，归纳
起来有以下几点启示：一是不断创新利用外资理念。坚持把利用外资与
区域产业发展战略相结合，围绕产业发展方向和重点，积极实施"择商
选资"，摒弃"捡到篮子都是菜"的粗放理念，既注重"筑巢引凤"，
瞄准世界 500 强及其关联项目，引进位居产业核心地位的龙头项目，又
注重"筑巢育凤"，规划建设一批功能载体，加大各级领军项目、海归
人才项目、创业团队项目引进力度。二是不断丰富利用外资内涵。注重
专业化精细化招商，根据不同阶段发展需要，与时俱进丰富招商内涵，
围绕归国留学生创业项目、金融服务业项目、软件动漫及云计算项目、

生物医药项目、纳米科技项目、人工智能项目、物流贸易项目、高校及研发机构项目等，构建专业化招商队伍，打造分工明确、各有侧重的专业化精细化招商体系。三是不断优化利用外资服务。始终把利用外资作为一项系统性工作来抓，营造综合环境优势，建立"全过程、全天候、全方位"的亲商服务体系，设立充分授权的一站式服务平台和专注于企业发展和人才服务的企业发展服务中心，创新建立了符合园区发展实际的新型海关监管体系，积极通过信息化手段提升服务效率和质量，营造了法治化、国际化、便利化的营商环境。

三、新时期园区提升利用外资水平主要措施

新时期，园区要确保开放型经济对全市经济社会发展贡献不减，在全国全省地位不降，国际国内竞争力稳步提升，需要进一步创新利用外资方式、拓展利用外领域、提升利用外资水平。园区将从以下几方面入手，推动全区利用外资工作再上新台阶：

（一）更加注重产业生态圈的构筑和完善

产业生态圈体现的是一种新的产业发展模式和一种新的产业布局形式，良好的产业生态圈有利于产业持续发展和深根发展。园区应围绕产业规划，着力构建以主导产业、龙头企业为核心的具有较强市场竞争力和产业可持续发展特征的地域产业多维网络体系，突破原先简单的产业链上下游、产业集群等概念，通过整合产业链、创新链、投资链、服务链、人才链等多维要素资源，促进生态圈内物流、人流、资金流、信息流的有效互动，构建更加有利于产业发展的生态环境。

（二）创新利用外资方式和管理体制

园区是全国外向型经济较发达的开发区之一，应充分发挥外资集聚优势，更加积极有效利用外资，突破以绿地投资为主的利用外资方式，拓宽利用外资的渠道，鼓励外资企业通过参股、并购等方式整合产业链，提升产业水平。突破依靠低成本的引资优势，引导外资由成本取向转为

市场、创新和高科技取向，促使产业链高端环节、研发和营销环节的进入，努力向产业链的两端延伸，提升产业价值链。同时，加强内外资企业配套协作，发挥本土企业与跨国公司在价值链上的关联效应，扩大技术溢出效应，更好地融入全球价值链分工和生产体系。

（三）构建加工贸易转型升级机制

长期以来，加工贸易一直是园区利用外资的主导，且在短期内仍难以撼动，促进加工贸易转型升级对提升利用外资的质量和水平具有无可替代的作用。应鼓励现有加工贸易企业引进先进工艺和设备，加快改造提升，提高技术含量和竞争力，提高产品附加值，推动加工贸易从OEM 向 ODM 和 OBM 升级。探索外资企业和本土企业融合发展机制，鼓励内资企业参与加工贸易，提高产业配套能力和发展水平，尤其是鼓励和支持有自主研发能力、自主知识产权型的内资加工贸易企业进入跨国公司的产业链，提高同国外企业的产业配套能力。完善落实促进加工贸易内销便利化措施，引导加工贸易企业积极开展内销，鼓励企业扩大国内分销业务和强化本地化配套，增强与国内市场的紧密度，提高抗市场风险能力。推动加工贸易企业实现绿色低碳发展，鼓励企业实施节能规划、使用节能技术，减少对资源要素的依赖。

（四）积极推进外资企业转型升级

主动对接国家战略，进一步完善制造业产业链，积极抢抓全球产业布局调整机遇，大力进军高端产业，鼓励和引导企业增加研发、销售、总部等职能，推动制造业向微笑曲线高端延伸。同时，鼓励优势跨国企业主动实施兼并重组，将集团海外产能转移到园区生产，进一步提升其在母公司的地位，成为集团的重要生产基地或生产总部。鼓励现有外资企业主动加快转型升级，进行产品升级换代，提升技术水平，创新商业模式，发展新的业态。鼓励企业从制造环节向服务延伸，使加工制造向投资、品牌和生产性服务升级。加强对产业链前端设计企业的培育和扶持，并发挥其对产业的引领和带动作用。

第五部分 **企 业 篇**

案例1 正大集团在中国

一、正大集团在华投资发展历程

正大集团是泰籍华人创办的知名跨国企业，在中国以外称作卜蜂集团（Charoen Pokphand Group）。正大集团是一家以农牧食品、商业零售、电信三大事业为核心，同时涉足金融、地产、制药、机械加工等十多个行业领域的多元化跨国集团公司，业务遍及21个国家和地区，员工超34万人，2017年集团销售总额超过500亿美元。

作为中国改革开放后第一家在华投资的外商企业，40年来，正大集团秉承"利国、利民、利企业"的经营宗旨，积极投身中国改革开放事业，并不断加大在华投资力度。中国已经成为正大集团全球业务的重要支撑。截至目前，正大集团在中国设立企业超过400家，下属企业遍布除西藏以外的所有省份，员工超8万人，总投资额超1200亿元，年销售额约1200亿元，拥有正大饲料、正大食品、正大鸡蛋、正大种子、卜蜂莲花、大阳摩托、正大广场、正大制药、《正大综艺》等具有广泛知名度的企业、品牌和产品。正大集团已成为在华投资规模最大、投资项目最多的外商投资企业之一。

正大集团作为全球最大的农牧食品企业之一，率先进入了中国的农牧业，从此揭开了正大集团在中国投资发展的序幕。40年间，正大集团引领、推动了中国饲料、养殖、食品行业等产业化进程，为中国经济发展特别是农业现代化、产业化做出了重要贡献，也分享了中国经济快速增长带来的巨大成果。正大集团特别注重各种公益慈善、产业扶贫方式，履行社会责任。特别注重参与社会公益事业，涵盖了教育、科研、文体、扶贫、救灾等领域，包括北京大学、清华大学、中国农业大学、浙江大学、华南农业大学、复旦大学等高校和科研院所、国家体育总局训练局以及抗击非典、汶川／玉树／雅安地震等。据不完全统计，各事业板块参与公益慈善和捐助捐赠总额超 14 亿元人民币，各类产业扶贫项目总投资额超 55 亿元。

第一阶段：正大集团在中国事业的初创期——作为第一家投资的外商企业，是中国饲料工业化、农业现代化的开创者和引领者。

1979 年，正大集团联手美国康地公司投资 3000 万美元在深圳成立了正大康地公司，取得了深圳市外商投资 0001 号营业执照，成为中国首家外资企业。正大康地的深圳南头饲料厂成为国内第一家现代化的饲料厂，随后，1984 年成立了吉林正大有限公司，是中国饲料行业第一家中外合资企业。至 20 世纪 80 年代末，正大饲料厂进入了飞速发展的阶段。

20 世纪 80 年代，正大集团就开始在中国投资农牧企业"一条龙"企业。1985 年，与上海松江县合资建成中国第一家肉鸡"一条龙"大型农牧食品企业——上海大江有限公司，是全国第一家饲料生产、良种繁殖、畜禽饲养、食品加工、内外销售一条龙企业。由于经营出色，也成为中国第一家外资企业的上市公司。

第二阶段：正大集团在中国事业进入成长期——不断布局和完善农牧行业的产业链，开展多元化经营。

1990 年 4 月，中国领导人邓小平在北京中南海接见了正大集团董事长谢国民先生，对正大集团在中国投资给予了高度评价，并希望正大集团能做外商投资的典范。20 世纪 90 年代以后，正大投资饲料厂的规模和数量进一步扩大，并且继续加大投资了黑龙江正大、吉林德大、秦皇岛正大、青岛正大等一条龙企业。

1985 年正大集团与"上海拖拉机汽车公司"（现上海汽车集团）合资成立"上海易初摩托车有限公司"注册资本 4500 万美元，是当时上海最大的合资企业之一，引进日车本田技术，"幸福牌"摩托车畅销全国，并率先进入国际市场，为中国摩托车工业的进步做出很大贡献。1991 年，正大集团又与中国北方工业集团（现中国兵器装备集团）合资成立了洛阳北方易初摩托车有限公司，生产的大阳牌摩托车已经向全球各地销售摩托车 1600 多万辆，"大阳"品牌连续多年荣登"中国 500 最具价值品牌"排行榜。

1992 年正大集团董事长谢国民先生响应上海市政府浦东开发号召，为完成陆家嘴 CBD 核心区的商业配套，正大决定出资 4 亿美元建造核心区唯一的商业项目——正大广场，2002 年正大广场正式营业，是国内第一座真正意义上的一站式购物商业旗舰，也是上海陆家嘴金融区的标志性建筑之一。1997 年正大集团将国外大卖场概念引入上海浦东，在浦东开业了占地 2 万平方米的"易初莲花"超市，这是第一家外商独资企业在中国投资的大卖场。除此之外，1992 年成立了正大国际财务有限公司，是中国境内经政府批准最早设立的外商独资国际性金融机构；2000 年，正大制药集团旗下的"中国生物制药有限公司"在香港成功上市。

第三阶段：正大集团在中国事业进入新的发展期和转型期——加强从农场到餐桌的全产业链投资，同时加大资本运作实现企业合作和兼并，促进企业的进一步发展。

正大集团在中国不断加大全产业链的建设和转型，除了大规模地投资现代化的猪场、鸡场之外，在原有的一条龙企业基础上，加大在中国养殖事业、现代食品事业方面的投资，相继在全国数十个省市建立现代化的食品生产线或企业，新建了秦皇岛新食品厂、青岛新食品厂、襄阳正大、北京平谷正大蛋业等工厂，并在中国建立食品销售网络。

2012 年，正大集团投资中国平安保险（集团）股份有限公司，出资 93.9 亿美元，持股 15.57%，成第一大股东。2015 年，正大集团联手伊藤忠商事株式会社入股中信集团，出资约 104 亿美元，持股 20.61%，成第二大股东。

二、正大集团在华投资特点

特点一：正大集团始终坚持"利国利民利企业"的三利原则，投资中国敢为人先，并不断加大在中国投资发展的力度，是中国改革开放的支持者、参与者、贡献者。

从正大集团第一代创始人谢易初先生开始，正大集团一直有着深厚的中国情结，并始终把"三利原则"作为正大投资发展的经营理念。中国改革开放政策刚刚提出之后，正大集团便开始在中国投资建厂，成为第一个在中国投资的外商企业，在诸多领域都成为引领者，正大优质的产品、现代化经营模式，就成为国内很多企业学习模仿的对象。40 年来，正大集团始终扎根中国，从未动摇过在中国投资和发展的决心，即便遇到困难、低谷仍然持续加大在中国的投资力度，先后在中国兴建合资和独资企业，投资区域遍及除西藏以外的所有省市。农牧食品是正大集团在中国最主要的投资项目，正大集团中国区农牧食品企业共 390 余家，总投资额 540 多亿元，员工近 5 万人。

习近平主席提出"一带一路"倡议以后，正大是第一个由企业牵头推动"一带一路"倡议在海外（泰国）落地（经济特区、高铁项目）的外资企业。正大集团与上汽集团、北汽集团、中信集团、中国移动、阿里巴巴等大型企业合作，整合各方优势资源，助力"一带一路"中泰合作项目在泰国的实施，为中泰两国的经济建设做出了重大的贡献，共商共建共享，为"一带一路"倡议的推进起到了率先垂范的引领作用。

特点二：正大集团的农牧产业化经营模式不断创新，从早期的中国现代饲料产业到"一条龙"模式，以及近年来打造"从农场到餐桌"的全产业链，引领了中国农业产业化发展趋势。

20世纪80年代，正大最早把现代饲料业的理念带入中国，中国的饲料工业在正大集团投资和引领下实现了从无到有、从小到大、从弱到强的跨越式发展。中国虽然是农业大国和饲养大国，但是农民分散养殖，饲养质量差，效益低。改革开放之前，中国没有饲料工业，饲料企业基本上都是粮食部门下属的年产数百吨的加工厂，只能粗放地生产混合饲料，处于低级阶段。中国改革开放后，正大集团看中了亟待发展的中国饲料市场，率先投资开发，率先推动全价料与预混料的专业化生产。正大在中国第一个引进了先进的动物营养饲料概念和技术，首创出全价配合饲料，用优质的原料、先进的配方、现代化设备生产出一流的产品，赢得了广大养殖户的信赖，成为安全、放心的品牌，为中国饲料企业树立了样本。正大还引入了现代企业管理经营方式和经验，建立完善了一整套健全的质量管理和保障体系，正大的饲料标准、饲料产品及生产性能指标均达到了国际先进水平，安全可靠，营养价值高。

20世纪90年代初，正大引入了畜禽养殖理念和专业技术，现代化规模养殖、标准化养殖，效益大幅提升，开启了肉鸡"一条龙"模式，产生了巨大的示范效应。由于饲料业与种植业、养殖业联系紧密，正大集团在中国饲料业的投资，大大推动了上下游产业的发展。工业优质饲料的推广使用，大大提高了农户饲养水平，带动了养殖业从传统"小而散"到"大而专"现代养殖的转变。以肉鸡养殖为例，正大实行的现代化养殖方式不仅实现了肉鸡在饲养数量上的飞跃，而且实行"订单生产""五统一"标准化养殖模式，拉动肉鸡养殖实现了质的提升，推动了我国肉鸡养殖业的产业化发展。与此同时，正大第一个在中国建立原种鸡场——艾维茵肉用原种鸡，使得中国从此不再需要从外国引进种鸡，肉鸡质量达到世界标准，中国也成为世界上重要的肉鸡出口国。

此外，正大还为农户提供畜禽种苗和饲养技术，指导农户生产管理，并负责回收成品，甚至帮助他们解决融资难题，降低了农户的养殖风险，提高了养殖效益，引导和扶持农民走上了规模化、现代化养殖道路，极大地促进了中国农牧业的发展和经营方式的变革。

20 世纪 90 年代，正大集团率先将肉鸡育种孵化与饲料生产、养殖、屠宰及深加工为一体的企业经营模式搬到中国。此后，农牧业产业经营一条龙模式在中国就开始被不断复制，出现了一大批本土的家禽、生猪及奶牛、水产养殖业的农牧业经营一体化的代表性企业。一条龙经营模式，成为一部分大型饲料企业向现代化畜牧业企业转移的主要选择。

21 世纪以来，正大集团是第一个打造从"农场到餐桌"的安全、生态、高效、现代的食品全产业链。正大集团建立起从种禽、孵化、饲养、屠宰、深加工，最后到终端零售的全产业链一条龙作业体系，通过培育和选用优良的品种，全程饲喂正大自产的安全优质饲料，采用先进、科学的饲养管理模式和严格的防疫制度，确保生产出安全、优质的畜禽类肉、蛋产品。通过加强畜禽养殖和食品加工一体化经营，从农场到食品厂，再到销售流通的各个环节都做到有效管理，最终实现"从农场到餐桌"全程可控。

正大在中国的饲料产业已经成熟完善，将继续加大养殖业、食品深加工。目前养殖业，已覆盖猪、肉鸡、蛋鸡、肉鸭、鱼、虾等。正大食品种类丰富，包含鸡蛋、禽肉、猪肉、水产等生鲜食品；速冻面点、休闲小食、方便餐、香肠等方便食品以及葡萄酒、茶叶等饮品。截至目前，饲料企业 92 家，饲料年产能 1600 万吨；食品企业 19 家，食品年加工产能 100 万吨；养殖企业 76 家，其中产蛋鸡存栏 800 万羽，年产蛋品 12.5 万吨；肉鸡年出栏 3 亿只；生猪年出栏 300 万头；肉鸭年出栏 1400 万羽；年供应虾苗 198 亿尾。

特点三：正大集团不仅最早将饲料、养殖、农牧业的先进理念、技术设备、资金引进中国，而且培养了一大批农牧业精英，成为中国农牧业的"黄埔军校"。

正大集团是第一家在中国发起合资企业高管本土化、推进人才本土化的外资企业，这不仅大大降低公司成本，而且为公司培养了大量本地人才。40 年来正大集团培养了一代又一代的中国农牧业精英，储备了一批又一批农牧人才队伍，对普及先进的农牧业理念、提高现代化管理水平起到了巨大的推动作用。正大集团在各地的农牧企业举办了各种培训班、讲习班、推广会，受益农户数以千万计。对农民饲养技术的培训，使得农民成为养殖的专业户，并且帮助扩大养殖规模，提高生产效益。举办企业内部职工的专业知识、技能、管理水平的培训，使得员工能够更好地适应现代化养殖的需要，成为行业的专家。同时，正大集团还捐赠给中国农业大学、浙江农业大学、华南农业大学建立肉鸡饲养中心、培训中心，资助教育事业，为中国农牧业各类人才的培养、储备做出了重要的贡献。

特点四：坚持品质、安全、绿色发展理念，用国际化的高标准、最先进的技术装备，保证高品质的产品和服务，打造正大的品牌价值，做农业可持续发展的典范。

正大集团从第一家企业建厂开始，始终坚持在中国投建饲料加工厂、食品厂时，都应用最先进的技术设备、高素质的员工，投资研究开发，这一切都是正大产品高质量的保障，不仅保证了企业长期可持续发展，也为农牧食品行业起到带头示范作用。正大建成了一大批标志性的现代化养殖、食品加工工厂。2012 年正大集团北京平谷投资 7.2 亿兴建 300 万只蛋鸡场，是目前亚洲单体最大、现代化程度最高的家禽养殖企业。2016 年，正大食品企业（秦皇岛）有限公司，投资总额 10.58 亿元，拥有国内首家具有全自动化面点生产线；正大食品企业（青岛）有限公司，总投资 18 亿元，年产能 13.2 万吨，是目前亚洲单体投资规模最大、最先进、自动化程度最高的食品深加工上市企业之一。2017 年，正大集团在襄阳投资 13 亿元兴建 100 万头全产业链猪项目，采用国际一流的屠宰及食品加工设备，可实现全程信息可追溯的全国一流的生猪全产业链。

正大集团通过打造全产业链，在保障食品安全、发展农业循环经济等方面发挥了重要作用。在食品安全备受关注的今天，正大集团依托其肉鸡、生猪全产业链，采用国际一流的自动化生产工艺和设备，执行最严格的食品安全监控体系，为给消费者提供便捷、安全、营养、美味的食品。正大食品建立了从农场到餐桌的全产业链双向可追溯体系，涵盖种植管理、养殖管理、产品研发、屠宰分割、原料验收、生产加工、产品检测、产品储藏、产品运输以及顾客体验十大环节，并在种养、原料、加工、终端等方面开展重点监测；先后通过 HACCP、ISO9000、ISO22000 体系认证，并取得 BRC（英国零售商协会）认证，全面保障食品安全。

2010 年正大集团在慈溪投资建设的正大慈溪现代农业生态产业园，已形成连片规模化的优质粮食、精品水果、蔬菜等三大主导产业，并相应配套规模化畜禽养殖，打造了一个种养结合的生态循环格局。园区占地 3.9 万亩，是集种植、养殖、食品研发、食品加工、生鲜物流、牧业机械制造、房地产开发、生态旅游观光、金融服务、电子商务、培训、特色小镇等多个产业功能区块于一体的多元化产业园区，是正大集团在全球涵盖产业最多的综合性园区。目前正大慈溪现代农业生态产业园已设立公司 20 多家，完成投资超过 20 亿元。2017 年 6 月，农业部、财政部公布了首批国家现代农业产业园创建名单，慈溪现代农业产业园列在名单的第二位。未来正大慈溪现代产业园将打造成国内外一流、综合性的现代农业产业园建设样板。

2016 年正大集团在内蒙古区建成并投产了 100 万头生猪全产业链项目——正缘项目，总投资人民币 3 亿元。项目包括了生猪养殖、绿色种植，而且打造了种养结合、粪水还田的生态养殖模式，被农业部授予全国首批"畜禽养殖废弃物资源化利用种养结合示范基地"，也是集团"种养加销一体化"绿色可循环的全产业链模式的综合示范项目，将对于带动地区农牧业现代化发展、加速迈入农业 4.0 时代意义巨大。

特点五：正大集团通过产业扶贫帮助农民致富和实现永久脱贫做出

了重要贡献。

正大集团作为农牧龙头企业，自进入中国以来，积极与农户、政府以及相关组织机构开展深入合作，创造性提出了"产业带动、精准扶贫"理念，并在发展过程中不断探索和创新扶贫发展模式，从早期的"公司＋农户"模式，到近几年的"四位一体"模式等。这不仅促进了中国农业产业化、现代化发展，而且通过这种产业扶贫模式，让贫困户成为扶贫产业的股东，拥有了可实现持久脱贫、长期增收的自有产业，为广大农民和贫困户带来了财富和幸福，并连续多年荣获中国商务部外商投资企业协会颁发的履行社会责任优秀案例。

20 世纪 90 年代，正大集团率先引入和实行"公司＋农户"的模式，上海大江是中国第一家试点企业。随后又与时俱进地开创了"政府＋企业＋银行＋农业合作组织"的"四位一体"模式。该模式最先成功应用到北京平谷正大，通过"四位一体"模式，将政府、企业、银行和农民合作社各自的政策、技术、资金和土地资源优势整合，解决了农民缺资金、缺技术、缺市场等瓶颈，通过搭建多方融资平台撬动资金流动，对接农民专业合作组织进行项目运作，实现了多方共赢。目前，正大集团在中国的这种成功模式已经推广运用到了种植事业、蛋鸡事业、猪事业和食品加工事业等领域。正大集团与四川省梓潼县政府合作，联合打造集生猪养殖、饲料、屠宰、深加工为一体的正大（梓潼）50 万头生猪全产业链项目。这种受惠全县贫困户的种养结合、生态循环的"1+5"产业扶贫新模式，在产业带动、精准扶贫、绿色发展等方面，都具有引领和示范效应。正大集团还因地制宜地开展其他不同类型的多种产业扶贫项目，对农户和贫困户种植的茶叶、葡萄实行保护价收购，确保农民的收入，规避种植风险，实现长期脱贫。

三、未来展望

秉持"做世界的厨房，人类能源的供应者"的企业愿景，正大集团以近百年的行业实践经验，着力打造由种子—种植—饲料—养殖—屠宰—食品加工—物流—终端销售组成的完整现代农牧食品产业链，做世界现代农牧食品业产业化经营的典范。

正大集团坚持产业链"高标准、高效益、低成本"的发展思路，未来将做到年出栏肉鸡30亿只、年出栏生猪4500万头、年产蛋鸡存量6000万只（年产鸡蛋100万吨）、年产虾1200亿尾，将极大带动饲料销量。5年内计划建设2000个现代化智能化的中小食品加工厂，开设100万家餐厅，每个餐厅设置一个主打产品，并在中国培养"小老板"团队。正大集团还将打造全国领先的现代农牧食品业＋互联网创新中心，并将不断孵化创新项目，全面助力正大集团4.0战略愿景的实现，不断促进农牧食品业的升级换代和社会经济的快速发展。

过去40年时间里，正大集团参与和见证了改革开放的辉煌历程，伴随着中国共成长、共繁荣，为中国的改革开放、经济发展，特别是农业现代化等方面做出了不可磨灭的贡献。未来，正大集团将初心不改，继续前行，坚定不移地推进在中国的投资发展战略，并将生产更多、更好的产品服务于中国人民。

案例 2 英特尔在中国

一、英特尔在中国的发展历程

20 世纪 80 年代，中国的 PC 产业刚刚迈出了第一步。刚刚进入中国的英特尔和其他跨国公司一样，也不了解中国市场，只能摸索前行。在这一阶段，英特尔慢慢地了解了中国这一新兴市场的环境和游戏规则，发现了一些产业机遇，也积累了初步的经验。在这一基础上，英特尔制定了中国业务发展战略——抓住中国电脑普及的机遇，与中国 IT 产业共同成长。

1995 年底，英特尔与联想正式达成合作。随后，一场"万元奔腾"风暴席卷整个中国，引发了消费者的强烈反响，激励英特尔与众多中国 OEM 伙伴一起，奏响整个中国 IT 产业崛起的序曲。两年后，在中国 PC 市场上，联想、方正、同方等英特尔本土 OEM 伙伴的市场份额由 30% 一举跃升至 70%。英特尔对中国的重视程度、投资规模也随之不断提升，植根中国、与本土 IT 产业合作共赢也成为英特尔制胜的必由之路。随后，英特尔进入"融入"中国的新阶段。

从 2006 年，英特尔认识到，当中国 IT 产业、中国 PC 市场具备全球影响力时，必须使自身的发展战略符合中国的国策。英特尔在北京建立的市场销售与产业合作基地、在上海建立的技术研究与产品开发基地、在成都和大连建立的封装测试和芯片制造基地，令中国成为英特尔公司在美国以外投资最大、职能最完善的战略中枢。英特尔在中国也成为本地化的共同体，同时通过先后在上海、成都和大连布局，呼应了浦东开发、西部大开发、振兴东北国家战略，成为在华运营最成功的跨国公司之一。

目前，英特尔在华员工约 8200 人，协议总投入约 130 亿美元。英特尔在中国拥有美国总部之外最为全面的部署，覆盖了前沿研究、产品技术开发、精尖制造、产业生态合作、市场营销、客户服务、风险投资、企业公民责任等。

二、配合中国战略实施区域布局

1. 投资浦东：找准战略契合点

英特尔对中国第一次大规模投资始于 1996 年，也就是曾位于上海浦东外高桥保税区的英特尔在华的第一个芯片封装测试厂。该厂曾以高达 5.39 亿美元的投资成为当时外高桥保税区最大的海外商投资项目，并对其他 IT 和科技项目的投资落地起到了一定的示范和带动效应。

虽然后来由于布局的调整，英特尔将上海浦东的封装测试工厂整合到成都工厂中去，但英特尔投资浦东的意义依然重大——英特尔在此与中国经济找到了战略契合点，两者的合作由此走向良性互动，节奏越来越默契。2005 年 9 月，英特尔亚太研发中心落户上海紫竹，成为在美国之外最大的产品和技术研发基地以及职能完备的研发机构，具备全面的研发能力，几乎涵盖了英特尔所有平台的事业部，如今正在引领大数据、云计算、核心软硬件及应用的研究和推广，不断书写着新的传奇。

2. 建厂成都：助力西部打造中国 IT 产业的一极

中国政府启动西部大开发战略与英特尔在成都设立芯片封装测试工厂，是英特尔与中国的第二次战略契合。

在西部大开发启动的头几年，虽有政策支持，但基础设施比较滞后，各种配套服务一时也跟不上，到西部投资的跨国公司不少，其中上亿美元的项目却很少。在此过程中，英特尔对成都的投资脱颖而出，起到了示范和引领作用。2004年，英特尔成都工厂一期工程开工建设，投资3.75亿美元。2005—2009年数次追加投资，使之迅速跻身英特尔全球集中进行晶圆处理的三大工厂之一，也是英特尔全球最大的芯片封装测试中心之一。

2014年12月，英特尔宣布在未来15年内投资16亿美元，对英特尔成都工厂的晶圆预处理、封装及测试业务进行全面升级，并首次把高端测试技术引入中国。2016年11月，英特尔成都高端测试技术（Advanced Test Technology）顺利投产。这项技术能够测试英特尔产品的各种类别并适用于多类产品，诸如高性能计算、5G通信、平板电脑、智能手机、物联网和可穿戴设备等。由此，英特尔成都工厂全面实现了集芯片封装测试、晶圆预处理和高端测试技术于一身的重大"创新睿变"，成为美国境外唯一的高端测试技术工厂。

英特尔成都工厂形成的强大产业联动机制，对成都的电子信息产业产生了1:10:100的蝴蝶效应，即每投入1元，就能拉动第二产业圈层10元的效益，拉动第三产业圈层100元的效益，包括原材料供应、下游应用的产出，第四圈层的服务业效应则更加可观，难以计数。此外，英特尔成都工厂还践行"以人为本"的企业社会责任理念，积极回馈当地社区，大力支持当地创新人才培养，全面彰显其企业精神。作为"绿色制造"的标杆，成都工厂还获得了英特尔内部最高奖"英特尔全球质量奖"以及美国绿色建筑协会颁发的LEED银奖，不仅对广泛的产业链升级和区域经济发展起到了积极而重要的作用，对成都乃至中国西南地区的社会发展都做出了积极贡献。

3. 投资大连：为振兴东北老工业基地增添动力

2003年，中国国务院提出振兴东北老工业基地的任务，而大连在东北的振兴中起着示范性作用，承担着带动东北地区旧工业改造和自主创新进程的重大历史使命。2007年3月，英特尔正式宣布在大连建厂，并于当年 9 月奠基，2010 年投产。英特尔大连芯片工厂初期投资 25 亿美元，是英特尔在全球第八个、亚洲第一个 300 毫米晶圆厂，有力地推动了中国在芯片制造、半导体技术人才培养、信息技术产业集群以及环保等多方面的发展。

2015 年 10 月英特尔宣布投资 55 亿美元，升级大连工厂为非易失性存储技术制造基地。该项目于 2016 年 7 月正式投产，这是英特尔迄今在中国的最大一笔投资。

英特尔大连工厂与成都工厂一样，都是绿色制造的典范。工厂在设计、建造和运营上都坚持最高级别的环保标准，并在节水改造方面树立了标杆。与此同时，英特尔大连工厂也非常重视中国本土人才的培养，并与当地政府、学校、产业链伙伴以及社区展开广泛的合作，推动其可持续发展，连续多年荣获"大连市企业履行社会责任最佳外商投资企业"称号。

4. 投资深圳、西安和贵阳

深圳是中国改革开放的"窗口"，重要的高新技术研发和制造基地，也是英特尔深化与中国共创新战略的重要节点。2014 年，英特尔宣布智能设备创新中心落户深圳，并设立总额 1 亿美元的"英特尔投资中国智能设备创新基金"，鼓励合作伙伴在超级移动设备、可穿戴设备、物联网等领域进行创新。

2011 年 5 月，英特尔公司与西安高新区正式签订投资协议，确定在西安设立移动通信研发中心，投资 1500 万美元，专注下一代移动通信芯片的研发。西安高新区打造 IT 产业高地、创建世界一流高科技园区提供的示范带动作用和战略驱动，再次树立了英特尔在中国发展的一块里程碑。

2015 年 6 月，英特尔与贵阳市政府签署了合作备忘录，双方协议共同推动贵阳市的智慧城市建设、大数据产业和众创空间发展，打造"三维一体"的创新平台。2017 年 8 月，英特尔、中国人工智能产业创新联盟和贵阳市人民政府签署了战略合作备忘录，宣布三方将在人工智能领域建立长期战略合作关系，充分挖掘和释放数据价值，加速贵阳作为首个国家级大数据综合试验区核心区的发展以及中国人工智能的应用创新。

三、驱动产业协同深化伙伴合作

英特尔专注技术创新，作为全球研发体系的重要组成部分，英特尔在中国做系统性的研究开发资源布局。位于北京的英特尔中国研究院是英特尔全球创新中枢之一，是 2009 年由英特尔中国研发中心"升级"而来，凸显出中国市场、中国研发实力在全球市场越来越重要的位势。2016 年 11 月，随着英特尔数据中心事业部入驻上海紫竹数字创意港，英特尔亚太研发中心已经发展成为英特尔在亚洲最大的综合性研发基地之一。此外，英特尔在中国还有 4 个研发中心。这些研发机构是英特尔技术创新的开放式引擎，为英特尔在技术、应用、服务和产业合作方面提供持续动力，不仅研发与中国市场相关的技术，同时还以培养全球影响力为重要目标。

英特尔以开放的创新架构，与国内产学研用各界合作，共同持续推动信息产业的发展及各产业与互联网等新兴技术的融合。2016 年 12 月，英特尔联合发起和成立边缘计算产业联盟，搭建边缘计算产业合作平台，推动 IOT 和 ICT 产业开放协作，孵化行业应用最佳实践，促进边缘计算产业的健康与可持续发展。2017 年 6 月，英特尔与京东、浪潮、科大讯飞等，发起中国人工智能产业创新联盟，从物、网络到云，英特尔提供端到端的架构和技术，致力于为智能机器人产业发展不断注入新动力。

在支持自主创新方面，早在 2014 年 9 月，英特尔就宣布向紫光集团旗下展讯通信和锐迪科微电子的控股公司投资人民币 90 亿元（约 15 亿美元），联合开发基于英特尔架构和通信技术的手机解决方案，在中国和全球市场扩展英特尔架构移动设备的产品和应用。2017 年 2 月，展讯推出了基于英特尔架构的 14 纳米 LTE 芯片平台，该芯片平台面向全球中高端智能手机市场，于 2017 年第二季度正式量产。

可重构计算兼具通用计算的高灵活性及专用计算的高性能和低功耗特性，被认为是下一代突破性的集成电路技术。2015 年 4 月，英特尔宣布与清华大学携手，推动拥有自主知识产权的基于可重构计算技术的新型计算硬件和软件研发。2016 年 1 月与清华大学、澜起科技签署协议，联手研发融合可重构计算和英特尔 X86 架构技术的新型通用处理器，英特尔将提供资金及其他资源支持。2017 年 4 月，澜起科技偕同清华大学及英特尔宣布，安全可控数据中心应用的澜起津逮服务器 CPU 成功发布。

英特尔在关键领域与中国伙伴深化合作。例如，与阿里云等联合宣布启动的天池医疗 AI 大赛，向早期肺癌诊断发起挑战；与科大讯飞合作，共同推进语音及人工智能技术全面应用和规模落地；与京东合作，把图像识别的线上性能提升 4 倍以上，图像版权保护线上性能提升近 2.3 倍。在 5G 方面，英特尔作为中国 5G 技术研发试验第一阶段获得 IMT-2020（5G）推进组证书的唯一芯片企业，协助完成 5G 无线和网络关键技术测试，共同推动全球统一的 5G 标准实现，并与运营商以及华为、中兴等技术厂商合作，构建完整的端到端 5G 生态系统。

英特尔不断拓宽产业合作的广度。首先是支持"大众创新，万众创业"，孵化、焕发创新的潜力，继 2015 年在中国率先启动"英特尔众创空间加速器"计划和 2016 年推出"创客爆米花"计划，2017 年 3 月，进而升级启航"英特尔创新加速器"。截至目前，英特尔已经在国内 8 座城市建立了 15 家联合创新加速器以及 3 家开放创新实验室，并于创新生态圈内 100 多家专业机构建立起合作关系，孵化与加速了数千个创新项目。此外，英特尔已经连续 4 年支持和联合承办中美青年创客大赛，有力地支持了中美青年创新和人文交流。

英特尔投资是最早在中国进行战略风险投资的外商投资机构之一，

秉承投资创新科技、激发创业精神、推动产业链发展的理念，以战略投资等方式支持中国本土科技创新以及产业生态系统的建立和发展。英特尔投资在中国重点投资领域包括云计算和服务、大数据分析、物联网、智能设备等，自 1998 年开始在中国拓展业务以来，已向 140 多家科技公司累计投入超过 19 亿美元，已有 40 家投资组合公司成功上市或被收购。此外，英特尔投资在中国还设立多支专项基金，包括"英特尔投资—中国天使基金"（总额 8000 万人民币）、"英特尔投资—中国智能设备创新基金"（总额 1 亿美元）、"英特尔投资—中国技术基金 II 期"（总额 5 亿美元）和"英特尔投资—中国技术基金"（总额 2 亿美元）。

四、担当社会责任引领企业创新

英特尔深刻意识到，社会需求的不断变化，赋予了企业持续创新的力量。因此，英特尔以社会需求为导向规划产品和服务，将本土化战略、创新基因等融入企业责任，贯穿于运营管理的每一环节。

在教育创新方面，英特尔连续 22 年支持中国教育事业的创新发展，培养创新人才，被中国教育部认定为最佳合作伙伴。在基础教育方面，英特尔致力于培养下一代创新人才，在 15 年中累计培训了 244 万名中小学教师，使上亿学生受益；连续 15 年共支持 499 名中国学生在英特尔国际科学与工程大奖赛获 285 个奖项。在高等教育方面，英特尔搭建产学研创新生态，与国内 100 多所顶尖大学合作，每年大约有 15 万名高校学生受益。

在环境可持续发展方面，英特尔致力于减少自身运营和供应链产生的排放，并通过英特尔及 ICT 行业技术帮助其他行业减少气候足迹，促进行业进步和政策变革。

在社区创新和社会治理方面，英特尔认为，不仅需要技术创新，更需要以人为本和公众参与，要发挥每个人的热情，打造可持续创新生态圈。通过"DIYMY CTIY"等活动，激发社区活力，挖掘社区深层需求，运用专业知识和技术能力，为社区提供综合性的解决方案，让社区、城市变得更智能、更宜居、更以人为本，同时推进社会创新。

英特尔致力于为员工创造健康安全的工作环境，开展多种健康安全项目，使员工能享受以高品质的生活。英特尔还探索出适合中国创新型人才的培养机制，在中国设立了 I2R（Idea to Reality）创新项目，旨在更好地催化员工的创新想法得以实现，促使员工发挥创新活力。

英特尔致力于使自身业务、产业责任和社会担当相统一，以民生和社会需求为基准，探寻产业生态的新增长点，通过创新技术和模式，应对社会挑战，帮助解决产业、城市乃至国家的可持续发展问题。在此过程中，英特尔也很好地发挥了责任创新的引领作用，获得了社会各界的高度认可，连续多年被政府、专业机构和媒体评为"社会责任领袖企业"。

英特尔相信，预测未来，不如创造未来。创新是发展的不竭动力，也是英特尔的追求。英特尔见证了中国 30 多年来翻天覆地的变化，面向未来，英特尔对中国的发展充满信心，将继续与中国业内合作伙伴勠力同心，砥砺前行！

案例3　陶氏化学在中国

　　陶氏化学公司（简称陶氏）汇聚科学和技术知识的力量，提供人类进步所必需的高端材料科学解决方案。陶氏拥有行业内最广泛、最强大的解决方案之一，通过强大的技术、资产整合、规模效应及竞争能力，能够解决复杂的全球性挑战。陶氏以市场驱动和业界领先的业务组合，包括高新材料、工业中间体以及塑料业务，为包装、基础设施、消费者护理等高增长市场的客户提供品类广泛的、基于差异化技术的产品和解决方案。

　　陶氏成立于1897年，是一家总部位于在美国密歇根州米德兰市的财富500强公司。早在20世纪30年代，陶氏就已经在中国开展贸易业务，并于50至70年代初在香港成立办事处和工厂。1979年，陶氏在广州成立办事处，标志着陶氏的业务正式迈入中国内地市场。在接下来的近40年间，随着中国改革开放的深入，以及中国市场的繁荣发展，陶氏在中国市场不断成长和壮大。目前，中国市场是陶氏第一大国际市场，陶氏在大中华地区共有10个业务中心和17个生产基地，员工人数约5000名。位于上海张江高科技园区的上海陶氏中心是陶氏在亚太区的商务和创新中心，同时也是陶氏全球最大的一体化研发中心，汇聚了世界一流的研发专业技术和面向市场的应用开发实力。

一、投资历程

陶氏在中国的发展步伐集中体现了中国改革开放的进程：

1980—1990 年间，位于改革开放浪潮的一线城市成为外企开拓市场、服务客户的枢纽；陶氏相继在广州、上海和北京成立办事处。

1990—2000 年间，中国国内市场启动，需求增长加速；陶氏在宁波、武汉、广州和上海成立生产基地，持续扩大产能，以满足中国本土市场的需求。

2000—2010 年间，中国国内市场需求不断升级，人才富集效益和创新动能增加。陶氏在此期间在上海成立大中华区总部，建立完整的组织架构；扩大生产基地的投资，在张家港成立全资制造基地，配置多条先进的一体化生产线；并于 2009 年在上海张江高科技园区成立亚太区研发和创新中心，积极吸纳本土创新和技术人才，更高效快捷地服务本土市场。

2010 至今，随着中国成为世界第二大经济体以及最具消费潜力的客户市场，其国际商贸和政治地位的不断提升，中国成为向全世界输出高质量产品和创新成果的中心；陶氏在此期间相继开设了成都、哈尔滨、武汉和新疆办事处，将服务网络覆盖全国以及西部"一带一路"市场；保持每年一家新工厂开业的速度，不断扩大产能以满足日益增长的市场需求；在多地成立客户创新中心，和客户一起联合创新，携手解决市场挑战。

二、投资特点

中国的改革开放不断深化和市场的长期蓬勃发展吸引陶氏持续投资，引进先进的制造理念和产品技术；中国在数字化服务领域的领先成就驱动着陶氏探索更便捷的服务方式；中国政府充满雄心的制造战略和环保承诺，也符合陶氏作为国际领先材料科学公司的专长和愿景。陶氏在中国的投资方向和中国改革开放的阶段性重点非常契合。

（一）卓越制造，注重环保

陶氏目前在大中国区拥有 17 家生产基地，和陶氏遍布在世界 30 多个国家的生产基地一样，陶氏在中国的生产基地除了采用一流的生产工艺和严格的安全管理以外，都积极贯彻统一的世界级环境、健康和安全管理体系，将生产运营对环境的影响降到最低。

坐落在江苏省张家港市扬子江国际化学工业园的陶氏张家港生产基地是一家世界级水平的生产基地，也是陶氏在中国最大的生产基地，并拥有中国最大、最先进的有机硅一体化生产装置。该生产基地占地 140 万平方米，员工约 1000 名，投资总额达 25 亿美元，是张家港市最大规模的外商投资企业。该基地包括生产 12 万吨的 P- 系列醇醚生产工厂等多条生产线以及年产能总和为 21 万吨的硅氧烷装置和气相二氧化硅装置。陶氏化学张家港在环保方面的投入已逾亿元，建有完备的具有国际先进水平的废气、污水控制系统和其他环保设施。自 2002 年建成至今，运行正常而且所有污染物的排放远远低于国家控制的排放标准。这充分体现了陶氏对客户和社会的承诺，以及一贯坚持的经济、环境和社会效益三丰收的可持续发展战略。陶氏张家港生产基地多次获得苏州市"安全生产先进企业"以及中国石油和化学工业联合会授予的"责任关怀最佳实践单位"，成为张家港市安全生产的示范窗口；每年接待的来自政府、企业以及行业协会的代表团人员多达 1000 余人。

（二）创新技术，迎接挑战

陶氏为解决全球面临的挑战提供创新产品和技术，包括提供更安全新鲜的食品，更清洁的能源，更节能的建筑，更健康的个人护理产品等。陶氏的创新实力屡获嘉奖：2017 年陶氏 10 项创新荣获 "R&D 100" 大奖；2018 年，4 项创新获得"爱迪生发明奖"。陶氏在凭借领先的研发和创新实力，不断为人类进步贡献力量。

陶氏将世界一流的研发能力部署在中国。位于上海张江高科技园区的上海陶氏中心是陶氏在亚太区的创新中心，设有 100 多个实验室以及中国最早的化工类高通量实验室。600 多名顶尖科学家和工程师齐心协作，立足本地市场，满足客户需求。近三年陶氏在中国的研发投入累计超过 12 亿人民币（未包括固定资产投资）。

在中国，陶氏创新聚焦于与中国经济转型和可持续城镇化相契合的全面解决方案，我们关注三个战略领域的创新：可持续包装，基础设施以及消费者护理市场。例如，随着各类电商平台在中国的兴起，大量的货物由快递送到消费者手中，海量的包装材料也引起了公众和业界对环境的担忧。陶氏的可持续性包装材料在提供同等程度的耐久性、柔性和功能性之外，比传统的包装材料节约原材料用量并可进一步回收再利用，在保持食物新鲜的同时减少对环境的影响。目前，陶氏和京东等电商携手合作，助力其在绿色工业链以及环保包装领域的承诺。

陶氏在中国的研发团队不仅为中国本土市场带来创新的解决方案，一些针对本土市场客户需求的研发成果也成功走入国际市场，造福世界其他市场的消费者。比如，上海陶氏中心研发团队针对国内消费者对室内空气质量的担忧，开发出具有抗甲醛功能的室内涂料，能够捕获空气中由于新装修带来的甲醛，将其分解。这项技术在国际市场也大受欢迎，成为陶氏中国研发团队的重要创新里程碑。

在中国，陶氏积极与客户、学术界以及政府密切合作，联合创新，从而更好地创造商业价值，推动可持续进步。陶氏在上海陶氏中心设有客户创新中心，陶氏的科研人员和客户密切合作，每年开展 30 多场头脑风暴会议，把终端市场的机会和新颖构想转化为支撑盈利的解决方案。

陶氏致力于与顶尖高校开展合作，资助联合研究项目和优秀学生，如复旦大学、上海交通大学、华东理工大学、北京大学、清华大学在内的国内六所高等学府。陶氏与复旦大学成立了联合材料研究中心，成果卓越。陶氏在全球拥有为数不多的技术猎头，关注高等院校、国家科研机构、技术创新型企业等正处于萌芽状态的前沿技术，通过潜力的研究、分析和评估，陶氏会通过多种途径进行共同研发。

（三）服务升级，客户为重

对客户服务的重视是陶氏在中国市场成功的原因之一。除了设立专门的客户服务部门和客户热线，陶氏遍布中国各大区的办事处为当地客户提供更加便捷的服务。

中国是世界上最大的移动通信设备用户市场，迅猛发展的电商和数据平台给消费者提供了更丰富和快捷的信息渠道，也对企业的客户服务水平提出更高的要求。过去三年间，陶氏在广州和成都办事处内成立虚拟客户创新中心，利用在线通信技术为当地客户提供即时技术支持服务。

2018 年 2 月，陶氏宣布亚太区数字化商业中心正式启动，陶氏数字化转型由此迈上新台阶。亚太区数字化商业中心位于上海陶氏中心，是陶氏在亚太区的商务能力展示中心，这里将开展设计思维研讨会，催生以市场为导向的创新项目，并致力于打造下一代数字化商务解决方案，更好地为客户服务。数字化商业中心倡导以客户为中心的数字化思维模式，使客户沟通与互动更加便捷、愉悦、高效。该中心配备最先进的技术，能快速测试、开发、部署数字化解决方案，从而创造需求、优化客户体验，并应对产品进入市场的挑战。

（四）以人为本，关心未来

除了在中国进行生产与研发相关的资产投资，陶氏在人才培养和企业社会责任领域也投入大量的资金和精力，回馈社会。

人才发展是陶氏在华业务增长并取得成功的核心，在积极实施符合中国政府和市场的发展重点的业务战略的同时，陶氏始终致力于打造最佳工作场所，通过倡导多元化和包容性文化鼓励员工释放潜力；推动在岗学习机制，发展和培养本土人才。

从几十人的办事处发展成在中国拥有 5000 多名员工的大型企业，陶氏为中国员工提供令人振奋的发展机会、灵活的工作地点选择以及具有竞争力的福利薪酬。多年来，陶氏的员工流动率保持在制造行业最低的位置。

陶氏为员工提供多样的培训和学习机会，以适应中国市场日新月异的变化和挑战。在陶氏的内部网站上，各种培训和学习项目多达 1000多种，员工可以选择在工作时间不断更新知识和技能结构，以最佳状态投入工作。

陶氏在中国的员工中 99% 是本土人才，各种管理岗位中本土人才的比例高达 95%，是跨国外企在中国本土化的典范。

陶氏内部设有九大员工多元文化小组，对来自不同文化背景和理念的同事提供资源，帮助他们在职场中全情投入，实现事业成功。

在中国，陶氏始终致力于履行企业公民责任，在倡导可持续发展理念、科学教育、推动社区成功等方面支持并参与许多项目，产生了深远的影响。同时，作为可持续发展领先企业，陶氏与政府及相关机构共同开展一系列能力建设项目，与中小企业分享最佳实践，帮助提高行业的可持续发展水平。

陶氏与非营利教育机构国际青年成就组织（JA）中国部从 2008 年起共同实施的"我们的城市"可持续发展教育选修课程，受益学生已经超过 48 万名。

陶氏与中国科协合作，在天津和黑龙江省科技馆开设"陶氏化学实验室"，每年接待观众人数近 30 万，让观众在互动中了解化学对人们日常生活和社会可持续发展所带来的巨大贡献。

陶氏自 2013 年起作为唯一官方合作伙伴，赞助支持中国化学奥林匹克竞赛，每年 15 万高中学生参加此项竞赛，探秘科学。

陶氏已通过中国青少年发展基金会捐建了 13 所希望学校。

在过去的十几年间，陶氏在各类企业公民责任项目中累计投入近1000 万美元。

陶氏凭借其以人为本的企业文化、卓越的企业公民责任表现而屡获殊荣，包括被中国社工协会企业公民委员会连续 5 年评选为"中国优秀企业公民"，以及连续 11 年获得由中国杰出雇主调研机构授予的"中国杰出雇主"认证。

三、未来展望

随着中国市场的不断开放和经济结构改革的深化，庞大的中国消费者群体需要更安全的食物、更舒适的产品、更便捷的服务以及更环保的技术；因此，中国市场对高端材料的需求将长期保持增长态势。与此相应，化工行业已经进入一个全新的投资周期，国内外化工领军企业通过并购和投资，着眼未来的市场机遇。

陶氏将继续寻求在中国的投资机会，完善产品线，提升服务水平，在积极与当地客户以及合作伙伴一起探索创新产品的同时，利用自身技术优势和可持续发展经验，为筑造中国绿水青山的未来做贡献。2018年 7 月，陶氏宣布位于张家港生产基地的全新聚氨酯生产线全面投产，这是一种可以广泛用于家居、汽车以及建筑等行业的材料。新工厂的产能将用于满足下游市场对高端材料的需求，以应对国内市场消费升级所带来的新挑战。这是陶氏对中国市场充满信心的证明，也是陶氏始终着眼市场变化、不断优化投资价值的体现。

案例 4 理光在中国

伴随着中国改革开放的深入，中国进入了一个经济腾飞、科技进步和社会发展的新时期，一大批跨国公司紧跟中国经济社会发展的节奏，不断超越自我、引领行业发展，日本理光集团就是在这样的背景下在中国发展和壮大起来的一个成功典范。

2018 年 7 月 19 日，在半年内两次访问中国之后，理光集团全球 CEO 山下良则宣布：理光将投资 75 亿日元，在广东东莞建设一个组装工程和工厂运输全部自动化的智能工厂，从而提高生产效率、减少 20% 生产成本。按照山下良则的设想，这个即将在 2019 年 8 月投入使用的全自动化工厂，将充分利用中国的优秀技术人才，引入本土工业用机器人，成为理光集团未来的全球示范性工厂。该工厂也将承接为客户智能定制产品的职能，而此前这一职能只能在美国、英国实现。在办公室数字化的背景下，这次新设工厂也被认为是理光集团整体改革的重要一环，通过整合高效的生产体制，改善主营业务的收益。

而在稍早前的 3 月 22 日，在北京，理光软件研究所（北京）有限公司的总经理于浩博士，宣布理光将与一家中国创业企业，中科利丰科技有限公司，联合成立"可再生能源人工智能联合实验室"，开启跨境孵化和国际化跨界合作新阶段。双方将在可再生能源领域重点合作，推进人工智能、信息技术、大数据、云计算、智慧能源等项目的研究及产业化。在签约仪式现场，理光软件研究所旗下的大河理光创新加速器还同步展示了众多孵化项目的创新成果。同中国本土创业企业合作研发的光伏电站巡检无人机、全景视觉 VR/AR 应用、竞争情报分析系统、智能汉语教学和个性化服装彩色印刷等创新成果纷纷亮相。

新的高效全自动智能工厂、和本土创投领域的创业企业、投资人和政府的深度孵化合作，2018 年理光通过这些标志性事件已经向全世界展示了扎根中国、从制造转向智造的决心，而所有这些都与理光创业 80 年以来的创新基因紧密相连。

一、不断创新的 80 年

理光的历史就是面向市场不断创新的历史。理光创业初期是以生产感光纸为主，其生产技术起源于当时的日本理化学研究所。理光创始人市村清于 1936 年创立理研感光纸有限公司，以生产、销售感光纸为主营。1950 年，理光率先在日本建立了相机的批量生产体系，促进了相机的普及。1955 年，"Ricopy 101"复印机问世，从此理光开始正式进入办公设备的领域。1974 年，世界首款办公用高速传真机"Rifax 600S"面世。

1977 年理光在业界首次提出了"OA（办公自动化）"的概念。到了 20 世纪 80 年代，作为办公自动化（OA）概念的先驱，理光先后推出了办公室电脑、文字处理机、光盘存储系统、激光打印机等产品，为提高办公室效率发挥了作用。作为数字化革新的开创者，1987 年，全球首创的 MFP（多功能一体机）IMAGIO320 面世。1996 年推出小型低价位的"imagio MF200"MFP，为数字复印机的普及做出了贡献。此后，理光不断推进复印机的网络化和色彩化。作为迈向全球化企业的引领者，从 20 世纪 70 年代初，理光就作为一家原始设备制造商，开始向海外市场拓展。1995 年，理光集团收购了英国 Gestener 公司，开始建立一个全球性的销售支持结构，推进全球拓展。

企业无论是转变经济增长模式还是坚持走可持续发展路线，都必须通过技术创新才能有效实现。翻开理光近百年的编年史可以看到，理光集团自1936年成立以来，始终坚持为客户提供创新的产品与服务。所有的员工都坚持理光模式，贯彻其创业精神，使得公司不断发展，成为值得信赖且举足轻重的企业公民，为客户与社会创造了价值。在当今激烈的市场竞争中，只有发展符合客户需要的优秀产品、优质服务的企业才能在市场竞争中立于不败之地。面对不断变化的市场，企业必须具有不断进取的创新理念，创新是企业前进的动力，而高速度的创新和面向市场的产品开发正是理光竞争优势之所在。目前，享誉全球的理光集团在世界200个国家和地区开展商务运行，全球营收超过2万亿日元。其产品涵盖OA、工业、消费品等多个领域，包括能提供文档输出管理服务和IT解决方案等解决方案的办公图像处理设备（如多功能一体机、打印机等）、生产型数码印刷机、数码相机和工业产品诸如热敏媒体、半导体和工厂自动化摄影机。

随着中国市场全方位地向世界敞开大门，经济迅速与世界接轨，为世界各个国家实力雄厚的公司进入中国市场创造了历史机遇。理光集团更是准确把握商机、捷足先登，以优质的产品、先进的经营理念和完善的服务体系，在激烈的市场大潮中脱颖而出。从1972年中日邦交正常化迄今，理光已经在中国已经扎根近50年。

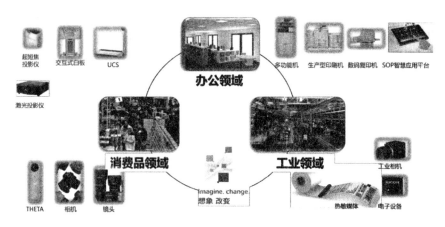

图1　理光创新产品和服务

二、从销售到制造　理光扎根中国

理光早期是通过进出口贸易方式进入中国。伴随 1972 年中日邦交正常化，理光顺应时代潮流，走上一条跨国公司进入新市场的惯常路线——通过贸易方式向中国销售商品，从而打开了中国这片广大的市场。理光 1972 年首先出口的产品是复印机和传真机。之后从 1978 年开始，陆续在香港、深圳、上海等地成立销售公司，作为理光在中国的销售点，开始开展包括对中国大陆地区的业务。

在邓小平南方谈话之后，随着中国的进一步改革开放和经济发展，理光公司在中国的投资也在不断扩大。1993 年在上海成立上海理光传真机有限公司，以中国法人的形式开始直接销售；1995 年成立理光电子技术（上海）有限公司，提供直接售后服务；1997 年在上海保税区内成立理光国际（上海）有限公司；2000 年开始进口 MFP（多功能一体机）开始在中国的销售，到 2002 年就已经累计生产传真机突破 100 万大关。

中国加入世贸组织之后，理光更是进一步加大力度投入中国。时任理光株式会社董事长樱井正光在 2003 年表示，中国经济的高速发展，已经得到世界企业的广泛关注。针对中国这个将和欧美国家并驾齐驱的大市场，理光将加强本地研发和生产功能。从那时起，理光就看重中国市场的技术能力，开始依靠中国本土力量进行产品的改良开发。

2003 年为了提高整个中国地区的销售和服务能力，合并了之前成立的 5 家公司，成立跨国公司在中国的地区总部理光（中国）投资有限公司，统筹管理在中国大陆的营销工作；2004 年在北京成立理光软件研究所（北京）有限公司，在中国进行人工智能、大数据等尖端科技的研发，人员规模超越欧美仅次于本部；2006 年理光加速向中国转移开发设计业务；2009 年理光原进口数码印刷机全部实现国产化；2011 年投资 7360 万美元，设立理光高科技（深圳）有限公司，从事高科技产品的精益制造。

时至今日，作为地区总部，理光（中国）投资有限公司目前旗下集中了设计与研发、生产、物流、销售与服务 13 家不同职能的子公司，开始"四位一体"的经营模式，从业人员超过 10000 人。2017 年，理光（中国）投资有限公司除上海总部之外还有 5 家分公司、2 个营业网点共计 8 个地区开展直接销售业务。此外，中国的其他省市，理光通过全国的代理商网络在中国全国开展业务。面对不断变化的中国市场，理光在中国一直传承创新的精神，不断探索如何更好地为顾客着想，把研发和市场结合起来，在产品研发和设计领域精耕细作，开发并提供真正适合中国用户的产品和服务，与用户保持长期的紧密沟通，已努力发展成为备受中国用户喜爱和信赖的品牌。

理光中国的核心业务是从传真机开始，包括复印机和打印机等办公室图像输出业务。为了对应客户需求多样化和市场环境的变化，一站式

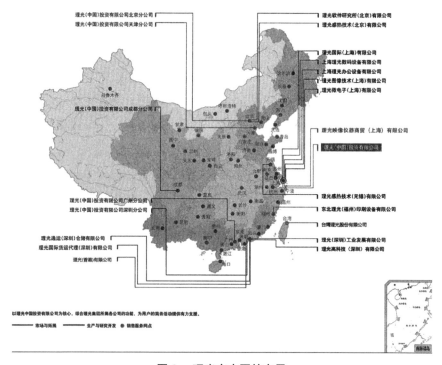

图 2　理光在中国的布局

地解决办公室工作的各种困扰，陆续推出了视觉影像（投影机和互动电子液晶显示器）产品和 IT 服务。另外，为了将业务从办公室扩展出来，2010 年开始又进军了生产型打印（印刷行业）市场。直接销售方面，目前已经成功拥有约 2 万家客户，其中不仅有具有代表性的国有企业，还有很多大型外资和日资企业。除此之外，随着理光产品在中国全国的推广，理光在全国范围内有超过 250 家代理商网络，其中有 20% 和理光有着 10 年以上的合作经历。如此坚固可靠的合作伙伴是理光中国成功的基础。现在理光已经成功进入了生产型打印领域，正在实现飞速的成长。

三、从制造到智造 本土化研发拓宽在华之路

理光集团的全资子公司理光软件研究所（北京）有限公司于 2004 年在北京市海淀区成立，是理光布局在中关村区域的世界一流尖端技术和解决方案研发中心，在人工智能、机器视觉、嵌入式系统开发、无线网络传输、大数据挖掘和自然语言处理等前瞻性技术领域，取得位居世界水平前列的成果。在中国及海外获得多项专利，其中国内累计申请 400 余项发明专利，已获得 146 项专利授权，其方案被广泛应用于国内外的工业自动化、自动驾驶、无人机和大数据挖掘等行业。

2013 年以后，理光软件研究所不仅承接理光集团的研发工作，也开始更多地针对中国市场上需要进行研发工作。跨国公司研发企业的本土化，除了管理层人员的本土化外，还在中国市场收集本土研发需求，并将针对性新研发的技术重新拿到母公司，扩大母公司的研发范畴。在政府的支持扶植以及"大众创业、万众创新"的良好氛围下，理光软件研究所走出了一条全新的本土化研发道路。

2016 年 1 月 18 日，理光软件研究所与北京大河汇智投资管理有限公司进行了战略合作签约，成立了大河理光创新加速器，由理光研究所方面为创业团队提供技术创新、引进、授权和支持，大河创投则作为资

金方面的后盾。这是日本跨国公司基于其技术研发体系，首次与中资创投机构的全面跨界合作。在 2017 年 1 月 9 日，依据《中关村国家自主创新示范区创业服务平台支持资金管理办法》（中科园发〔2015〕61 号），经中关村管委会主任专题会审议，"大河理光创新加速器"作为本次通过审核的 17 家创业服务机构之一，被纳入中关村示范区创业服务支持体系，并授予"中关村国家自主创新示范区创新型孵化器"称号。

从北京中关村各家跨国企业的研发状况看，一个共同的问题是，研发企业在中国的事业开展方面做了很多"热身"，但最后能具体推进下去的项目不多。究其原因在于，跨国企业给本土研发公司的费用及授权有限，一个项目在推进时，母公司的审核过程十分烦琐，虽说有好的"点子"却很难得到孵化。跨国企业过去的薪水相比之下会比中国企业要高一些，这些年薪水上的优势也在不断减弱。

但是，跨国企业有较多的技术积累，有将技术商品化的成熟经验，与本土市场、本土需求很好地结合起来，跨国企业的研发体系将会更快地获得成功。理光软件研究所在完成母公司交付的研发工作之外，加大了与中国企业、中国市场的关联。特别是中国政府推出了"大众创业、万众创新"政策，这让理光有了与中国企业一同探索知识产权的产业化、市场化模式转变的机会。立足于全球化视野，致力于推进和提高外资研发机构从研发到产品化、市场化的转化速度，这是日本跨国大企业在中国市场中所孕育出的从研制到商业化机制模式的一次创新。

随后，北京的一家新能源创业企业——中科利丰科技有限公司，于 2017 年正式入孵大河理光创新加速器。在理光有力的技术和商业化支持下，中科利丰与理光联合开发的应用于光伏电站运维和检测的无人机智能巡检系统，已经于当年投入正式商用。该系统基于日本理光先进的图像识别算法和机器视觉技术，采用深度神经网络学习的方法，代替传统的人工巡检模式，解决了太阳能光伏电站巡检效率低、准确性差、成本高等问题。该系统可以探测发现组件故障并精准定位，其提供的导航工具、远程诊断系统和大数据趋势分析功能，极大地提高了电站运维巡检水平，有效提升电站的发电量，降低运维成本，增加了可靠性，最大程度地保障了投资者的收益。广泛地应用于新建电站验收、建成电站运维、电站交易评估等方面。目前该产品和技术，在国内处于领先地位，并通过大河理光创新加速器的成熟机制，借助理光全球渠道推向日本等海外市场。

2018 年 3 月 22 日，理光和中科利丰进一步合作，联合成立"可再生能源人工智能联合实验室"，作为国内可再生能源领域科技创新企业与国际化大企业跨境孵化和跨界合作的典型，充分将大河理光创新加速器、理光和中科利丰的优势发挥到最大。利用理光软件研究所在图像处理、机器视觉、人工智能等领域的尖端技术，发挥理光集团在全球完善的可再生能源软硬件产品供销网络和客户资源，发挥中科利丰在可再生能源行业的资源能力、运营能力，将推动创新成果从研发到产品化、市场化的转化速度，推动创新成果在国际化市场上快速获得验证。

通过大河理光创新加速器这样的创新协作机制，类似的本土化研发合作将越来越多的开花结果，实现理光在中国从制造向智造的华丽转身。

案例5　霍尼韦尔在中国

2018 年，中国迎来改革开放 40 周年。在改革开放之后，霍尼韦尔在华发展的脚步越来越快，以自身的科技力量伴随着中国共同成长。

一、与龙共舞：霍尼韦尔在中国不断发展

霍尼韦尔的历史可以追溯到 1885 年，这家百年老店就是由富于创造力的技术人员和出色的领导层一步步创建和发展起来的。这些共同的价值观为公司注入了源源不断的发展动力，霍尼韦尔的高科技解决方案涵盖航空、汽车、楼宇、住宅和工业控制技术，特性材料以及物联网。公司致力于将物理世界和数字世界深度融合，利用先进的云计算、数据分析和工业物联网技术解决最为棘手的经济和社会挑战。

在中国，霍尼韦尔高科技始终伴随着这条东方巨龙一起腾飞。霍尼韦尔在华的历史可以追溯到 1935 年。当时，霍尼韦尔在上海开设了第一个经销机构。1972 年，美国总统尼克松访华时，应中国政府之邀从十大领域推荐精英企业来华促进中国的现代化建设。霍尼韦尔 UOP 公司是炼油石化领域唯一被选中的公司。如今霍尼韦尔 UOP 在华发展迅猛。2018 年 1 月，霍尼韦尔在张家港投资的全新催化剂生产线正式投产，用于生产霍尼韦尔 UOP 煤制塑料工艺中的专有催化剂，以满足中国市场对塑料产品日益增长的需求。同日，霍尼韦尔 UOP 在中国全新的研

发及工程技术中心正式在张家港成立，旨在支持亚洲地区业务发展，满足不断增长的工程和技术服务需求。

2017 年 5 月，中国商用飞机有限责任公司研发的 C919 大型客机首次在上海浦东机场试飞成功。C919 的成功首飞不仅是中国商飞发展道路上的重要里程碑，同时也将载入中国乃至全球航空发展史。首架自主研发大型客机的成功首飞让中国翱翔天际的"中国梦"也随之腾飞并壮大。霍尼韦尔很荣幸能为 C919 的首飞贡献一己之力。一直以来，霍尼韦尔始终为帮助中国航空业提升在全球市场的竞争力而努力。面向未来，霍尼韦尔也期待与中国商飞加强合作关系，在远程宽体飞机及更多项目中做出更大贡献。

改革开放的 40 年，霍尼韦尔业务在华发展蒸蒸日上，特别是过去的 15 年，霍尼韦尔积极参与到中国的经济社会发展之中，累计在中国的投资额达到 10 亿美元。从 2004 年到 2017 年，霍尼韦尔在中国的员工从 1000 人增长到 13000 人。2017 年的营收相比 2004 年增长了 6 倍。2013 年，中国成为霍尼韦尔美国市场以外最大的市场。

目前，霍尼韦尔四大业务集团均已落户中国，上海是霍尼韦尔亚太区总部，同时在中国的 30 多个城市设有多家分公司和合资企业。霍尼韦尔在中国的员工人数现约 13000 名，其中 2600 人为研发人员，共同打造万物互联、更智能、更安全和更可持续发展的世界。

二、成为中国式竞争者

中国面临的挑战正是全世界面临的挑战，比如能效、环境、安全等问题。与此同时，从高端、中端到低端，中国市场的需求极其多元化。因此，跨国公司需要更好地借助中国的本土力量，针对中国的需求和问题来开发产品，把中国看成是全球化业务的一部分。事实证明，一旦找准了中国的问题，生产出针对中国问题的产品，就会发现这些问题跟世界其他国家和地区的问题是很类似的。在中国市场上获得成功的产品，也将有助于进一步打开其他新兴市场，甚至是欧美发达市场。

很多跨国公司当初进入中国市场的时候，把在西方开发的成熟产品与技术引进到中国市场，这被称之为"西方服务于东方"（West for East）的做法。霍尼韦尔早在 2004 年提出了"东方服务于东方"（East For East）中国市场发展战略，即通过一系列立足本地的产品开发和创新来满足中国市场需求。之后，霍尼韦尔又提出"东方服务于世界"（East to Rest）的战略，即利用霍尼韦尔在中国所取得的巨大成功，进一步加强创新，并将针对中国市场开发的创新产品、技术和解决方案推广到全球市场、发达地区或者高增长市场，然后再根据霍尼韦尔所服务的不同市场的需求对这些产品、技术和解决方案进行定制化，由此推动霍尼韦尔的"中国创造"服务全球。

中国市场的广阔容量，及其多元化的形态，为中国本土各类企业的发展和成长提供了理想的平台。从 2010 年开始，霍尼韦尔已经不再和其他跨国公司做对比，而是和中国的一些强有力的本土公司去对比，立志于让霍尼韦尔成为一个"中国式的竞争者"。霍尼韦尔相信，如果能够比中国公司做得更好，那就能在中国取得成功。

中国本土企业有着独特的优势，敢于幻想，勇于冒险，速度快。跨国公司必须在方方面面去和这些本土公司进行比较。中国公司普遍在生产成本上控制得很好，但成本的控制只是一个方面，还涉及研发的投入、市场渠道的拓展等。

"中国式竞争者"对霍尼韦尔而言意味着什么？霍尼韦尔不仅需要吸取中国企业的长处，还要思考怎样才能让霍尼韦尔在中国的 1.3 万名员工能像小型企业一样反应灵敏，行动迅速？要具有长远的愿景，敢于梦想；要有智慧地去冒险，并对熟悉的和新的想法采取开放的态度；要具备创业家的精神，要具有"只能成功不许失败"的态度，要快速决策并执行。

"成为中国式竞争者"是一种心态的转变，核心就是速度和放权，必须授权给最优秀的员工，很多决策都能在本地实时决定，必须带着极大的紧迫感在中国做事。中国的发展速度对跨国企业而言是个挑战。那些能够成功面对这些挑战的企业，将会成为真正的领头羊。

三、契合中国发展的宏观趋势

中国正在加快建设创新型国家。创新一直是霍尼韦尔可持续发展的推动力，因此非常高兴看到中国不断提升的创新能力，这也有利于霍尼韦尔这样跨国公司在中国市场的发展。

霍尼韦尔将继续抓住中国宏观发展趋势，从而更好地满足中国市场的需求。这些宏观趋势涉及数字经济、"一带一路"、美丽中国、智能制造等，这为霍尼韦尔带来广阔的发展机遇，使其能够在这一充满活力的市场发挥更大作用。

霍尼韦尔不断通过增加在中国的研发投入助力中国发展。例如，霍尼韦尔 2016 年在上海张江投资 1 亿美元扩展其位于上海的亚太区总部和中国研发中心，将研发和办公区域扩增了 50%。目前，霍尼韦尔在北京、上海、南京、苏州和西安均已设立研发中心，共配备 2600 多名科研人员，其中一半人员和软件相关。

中国近年来的数字化革命，正通过令人兴奋的新产品改变着人们的生活和工作方式，这些产品将每个人连接在一起，并以全新的方式将软件和数据融入其中。霍尼韦尔正从软件、数据和服务等方面迅速推进公司进入"软硬结合"的数字化新时代，软件将成为公司核心竞争力。霍尼韦尔于 2017 年年初在中国专门成立企业智联（Connected Enterprise）团队，这也是美国市场以外唯一的地区团队，足见公司对中国市场的重视和信心，希望霍尼韦尔的互联解决方案可以为助力中国蓬勃发展的数字经济。

霍尼韦尔在中国制定的独特的"紧盯增长机遇"战略与"一带一路"倡议高度吻合。在此倡议下，霍尼韦尔与中国的领先企业携手"走出去"，尤其在基础设施建设和能源开发领域展开合作。目前霍尼韦尔在"一带一路"沿线已有 20 多个分支机构、3200 多名当地员工。

霍尼韦尔提供广泛的本土生产、全球领先的解决方案，涵盖自动化控制、能效、建筑、安全和安防等领域，能够解决城镇化进程中的关键宏观问题。这些解决方案应用于主要垂直市场，包括油气、机场、地铁、酒店、城市综合体、医疗等。

2017 年 5 月，霍尼韦尔与惠生工程（中国）有限公司签署了合作协议。根据协议内容，双方将共同为海外客户提供甲醇制烯烃 (MTO) 工艺技术和工程总承包（EPC）服务。作为中国领先的化工领域工程总承包商，惠生工程正积极拓展海外甲醇制烯烃业务，尤其是覆盖从中国，经亚洲和欧洲，直至非洲的"一带一路"沿线区域。

中国正在建设的美丽中国为霍尼韦尔这样的公司带来很多机会。霍尼韦尔 50% 以上的产品和技术都与环保和能效相关。霍尼韦尔在可持续发展和节能方面拥有 100 多年的丰富经验，能为中国改善环境做出贡献。

霍尼韦尔在空气和水的净化以及个人防护设备方面拥有创新的专业知识，可以满足中国在个人健康方面的日益增长的需求。霍尼韦尔的清洁能源和过程控制解决方案支持中国的工业升级，帮助中国企业加快转型和提升能效。

2018 年 5 月，霍尼韦尔发布首份针对中国大气质量的相关研究报告，即《霍尼韦尔产业绿色升级报告之大气环境治理篇》，详细分析中国当下主要大气环境问题的成因，提供相应解决方案，帮助企业在国家环境政策的引导下，实现"环境保护"与"经济效益"之间的平衡。该报告介绍了多种先进技术、服务以及产品，以助力实现"美丽中国"的良好愿景。

在发布报告的当天，霍尼韦尔同时宣布成立霍尼韦尔（中国）有限公司环境保护研究院。该研究院隶属于霍尼韦尔特性材料和技术集团，将以市场和技术研究为主，计划每年对外发布一至两份针对中国环保现状和市场以及环保技术应用和前瞻的报告，同时为企业和政府提供相应的咨询服务。另外该研究院还将积极与各大院校、研究机构、环保组织展开交流合作，推动创建中国环保发展的跨产业联盟，集结各方力量共同为"青山绿水"做出贡献。

四、伴随中国发展的霍尼韦尔离不开政府支持

霍尼韦尔积极融入中国的改革开放建设之中。在三四十年的快速发展之中，霍尼韦尔一直保持与中国各级政府的密切合作。

霍尼韦尔在各个层面与政府保持密切的沟通和交流，了解政策动态，推荐和引进新技术，反映公司运营中遇到的困难和需求，分享霍尼韦尔全球化经营的经验和技术积累，为国家经济和行业发展建言献策。霍尼韦尔也与中央各部委保持紧密合作，在新技术引进和推广方面得到了各部门的大力支持。霍尼韦尔航空航天集团积极参与中国民用航空局牵头的新技术推广应用，在相关标准制定和审定上得到了中国民用航空局各级领导的支持，为中国民航安全、效率和低碳环保做出积极贡献。霍尼韦尔被选为 C919 国产大飞机的重要供应商之一，也得到了工业和信息化部的认可和支持。在国家发展和改革委员会和商务部的支持下，霍尼韦尔与美的集团开展了节能低碳发泡剂在冰箱中的应用，项目被列为中美两国气候变化合作的典范案例。在国家发展和改革委员会和国家能源局的指导下，霍尼韦尔与中国石油天然气集团公司共同研制了航空生物燃油，并与中国国际航空公司合作进行了试飞。与国家电网合作，示范自动需求响应技术在智能电网中的应用。此外，霍尼韦尔也与国家安全生产管理总局（现国家应急管理部）建立合作伙伴关系，共同推动安全生产新技术的引进和应用。

中国政府对霍尼韦尔的支持也体现在其他方面。商务部积极回应公司在运营过程中遇到的困难和需求，帮助公司反映、协调和解决问题，在反倾销、企业并购和产品最终用户使用证明等方面都给予指导和支持。

在国家知识产权局、地方政府和相关执法部门的支持下，霍尼韦尔多次成功打击非法侵权行为，维护了霍尼韦尔在华知识产权合法权益。

霍尼韦尔在华投资项目的落地和运营也得到了地方政府的支持。以上海市政府为例。上海市领导多次考察霍尼韦亚太区总部和研发中心，了解公司在沪发展情况，倾听公司运营中遇到的困难和需求，鼓励公司加强本土研发，加强与本土企业合作，增强公司在沪发展信心。上海市各部门也一直关心霍尼韦尔在沪发展动态，积极回应公司诉求，在企业设立、变更、增资、人才引进、通关贸易、外汇结算给予大力支持，帮助解决诸多日常运营中遇到的问题和困难，落实各项优惠政策，为企业扎根发展提供了良好的环境。类似的故事也发生在霍尼韦尔投资的其他省份和城市，比如西安、张家港、天津和深圳等。各地政府的大力支持保障了公司的顺利运营，坚定了公司在各地投资发展的信心。

五、未来展望

展望未来，霍尼韦尔对中国市场充满信心。作为传统的工业企业，霍尼韦尔正积极拥抱互联网时代，致力于成为一家全球领先的互联工业企业。在"物"方面霍尼韦尔希望继续得到政府的政策支持，助力先进制造企业向工业互联转型；在"联"方面霍尼韦尔需要拥有互联工业软件人才，希望政府在软件人才招聘方面打造更加良好的环境，给予更多的激励措施。在政府的大力支持下，相信霍尼韦尔不仅能够直接生产高品质的"物"，未来更是有能力实现高水平的"联"，为推动中国工业化和数字化深度融合发展做出切实的贡献。

中国将全面提升制造业发展质量和水平，实现从工业大国到工业强国的跨越，而外资企业已经成为中国工业发展不可分割的一部分。霍尼韦尔作为一家在华扎根发展80多年的外资企业，将会积极参与中国发展战略，在政府营造的公平竞争的市场环境下，加强与国内行业和企业的合作，为中国跻身制造业强国行列做出积极贡献。

参考文献

（1）邓小平.邓小平文选.北京：人民出版社，1994.

（2）李岚清.中国利用外资基础知识.北京：中共中央党校出版社，中国对外经济贸易出版社，1995.

（3）李岚清.突围.北京：中央文献出版社，2010.

（4）陈文敬，李钢，李健.振兴之路——中国对外开放30年.北京：中国经济出版社，2008.

（5）郝红梅.中国利用外资30年.北京：中国商务出版社，2008.

（6）刘向东等.对外开放起始录.北京：经济管理出版社，2008.

（7）谷牧.谷牧回忆录.北京：中央文献出版社，2009.

（8）隆国强等.加工贸易——工业化的新道路.北京：中国发展出版社，2003.

（9）江小涓.中国的外资经济：对增长、结构升级和竞争力的贡献.北京：人民大学出版社，2002.

（10）金碚.中国工业化60年的经验与启示.求是，2009（18）.

（11）汪洋.推动形成全面开放新格局.人民日报，2017-11-10.

（12）郭克莎.外商直接投资对我国产业结构的影响研究.管理世界，2000（2）.

（13）张幼文.改革开放使中国在世界发展竞争中赢得比较优势.求是，2015（6）.

（14）赵昌文．把握新时代新型工业化的新内涵．人民日报，2017-11-26.

（15）赵学军．资本形成的中国道路．经济学动态，2017（5）．

（16）米高·恩莱特．助力中国发展：外商直接投资对中国的影响．北京：中国财政经济出版社，2017.

（17）叶军．中国利用外资研究．北京：中国商务出版社，2007.

（18）联合国贸易和发展会议．世界投资报告．unctad.org，1994—2017.

（19）国家统计局．中国统计年鉴．www.stats.gov.cn，1999—2017.

（20）国家税务总局．中国税务年鉴．2000—2017.

（21）商务部．2017中国外商投资报告．mofcom.gov.cn，2017.

（22）商务部．2017年中国外资统计．mofcom.gov.cn，2017.

（23）桑百川．外商直接投资企业对中国的就业贡献．开放导报，1999（四）．

（24）罗良文，阚大学．对外贸易和外商直接投资对中国人力资本存量影响的实证研究——基于岭回归分析法．世界经济研究，2011（4）．

（25）赵晋平．利用外资与中国经济增长．北京：人民出版社，2001.

（26）崔新建．中国利用外资30年．北京：中国财政经济出版社，2008.

（27）桑百川．开放视角下的中国经济．北京：中国财政经济出版社，2010.

（28）张宇．中国模式：改革开放三十年以来的中国经济．北京：中国经济出版社，2008.

（29）崔学臣．外商对华直接投资的贸易效应．学术交流，2003（8）．

（30）庄芮．FDI在华布局变化对我国外贸转型升级的影响．国际贸易，2013（1）．

（31）桑百川，李玉梅．外国直接投资与我国对外贸易失衡．国际贸易问题，2008（6）．

（32）桑百川，李林元. 外商直接投资与我国外贸失衡. 对外经贸实务，2008（2）.

（33）盛光祖. 外商投资是导致我国贸易顺差的主要原因. 经济参考报，2010-4-21.

（34）隆国强. 推动加工贸易转型升级的方向与政策. 开放导报，2012(6).

（35）崔大沪. 外商直接投资与中国的加工贸易. 世界经济研究，2002(6).

（36）外商投资促进处. 浅析外国直接投资对我国外贸收益的影响. 商业时代，2009（24）.

（37）江小涓. 中国出口增长与结构变化：外商投资企业的贡献. 南开经济研究，2002（2）.

（38）连娟. 我国机电产品出口竞争力提升与发展对策研究. 全国流通经济，2018（2）.

（39）中国机电产品进出口商会. 2017年机电产品进出口分析. 2018（4）.

后 记

外商投资，作为中国对外开放的重要组成部分，伴随中国改革开放40年。其间，有起伏波动，有赞誉毁谤，但总是一直向前，终使中国成为世界最大外商投资东道国之一。外商投资在中国获取良好回报的同时，也为中国经济社会发展做出了重要贡献。当此之际，梳理外商投资的发展历程，展示中国吸收外商投资的成就，总结经验教训，是极为必要的。

为此，在出版此套庆祝改革开放40周年丛书时，全面回顾中国利用外资40年的本书也名列其中。商务部研究院外国投资研究所负责本分册的撰稿工作，马宇任主编，郝红梅、聂平香、张菲、李洪涛、林志刚、孙宇、张彩云参与撰稿。

在本分册撰写过程中，江苏省商务厅、浙江省商务厅、福建省商务厅、湖北省商务厅、安徽省商务厅、江西省商务厅、苏州市商务局、天津经济技术开发区管委会、广州经济技术开发区管委会、苏州工业园区管委会以及正大集团、英特尔、陶氏化学、理光、霍尼韦尔等在华投资企业提供了重要帮助，谨致谢意！

作者

2018 年 10 月